BIOÉTICA E VULNERABILIDADE

BIOÉTICA E VULNERABILIDADE

Coordenação de
ANA SOFIA CARVALHO

BIOÉTICA E VULNERABILIDADE

COORDENAÇÃO
ANA SOFIA CARVALHO

EDITOR
EDIÇÕES ALMEDINA, SA
Avenida Fernão de Magalhães, n.º 584, 5.º Andar
3000-174 Coimbra
Tel.: 239 851 904
Fax: 239 851 901
www.almedina.net
editora@almedina.net

PRÉ-IMPRESSÃO • IMPRESSÃO • ACABAMENTO
G.C. – GRÁFICA DE COIMBRA, LDA.
Palheira – Assafarge
3001-453 Coimbra
producao@graficadecoimbra.pt

Fevereiro 2008

DEPÓSITO LEGAL
272361/08

Os dados e as opiniões inseridos na presente publicação
são da exclusiva responsabilidade do(s) seu(s) autor(es).

Toda a reprodução desta obra, por fotocópia ou outro qualquer processo,
sem prévia autorização escrita do Editor,
é ilícita e passível de procedimento judicial contra o infractor.

ÍNDICE

Nota introdutória
ANA SOFIA CARVALHO 7

Bioética e vulnerabilidade

Solicitude e Vulnerabilidade.
MICHEL RENAUD... 11
Complexidade do eu, tu e o outro: alguns efeitos da vulnerabilidade e das doenças na vida da pessoa
BERNARDO DOMINGUES 21

Vulnerabilidade no início da vida humana

1. A infertilidade do ponto de vista psicológico: origens, funcionamento e consequências.
   JOÃO MIRANDA JUSTO 31
2. Mudam-se os tempos, manda a vontade. O desejo e o direito a ter um filho.
   MARIA DO CÉU PATRÃO NEVES 49
3. A vida crio-preservada.
   DANIEL SERRÃO... 69
4. A criança nascida de PMA – o direito do mais fraco.
   FILIPE ALMEIDA... 85
5. As técnicas de procriação medicamente assistida com recurso a gâmetas estranhos ao casal (fertilização heteróloga)
   WALTER OSSWALD 93
6. Procriação medicamente assistida com final feliz? Prematuridade e gemelaridade.
   HERCÍLIA GUIMARÃES 99

7. Questões éticas da prematuridade
   ERNESTINA BATOCA SILVA 107
8. Viver um dia de cada vez. Nascer prematuro: limites e riscos.
   HERCÍLIA GUIMARÃES 129
9. Sobre a interrupção voluntária da gravidez – breves tópicos no plano da ciência jurídica.
   AUGUSTO LOPES CARDOSO 137
10. O problema da liberalização do aborto: questões incómodas...
    MARIA DA CONCEIÇÃO FERREIRA DA CUNHA 155

Vulnerabilidade no fim da vida humana

11. Morrer em pediatria
    FILIPE ALMEIDA 167
12. Viver e morrer entre máquinas. Cuidados paliativos a recém nascidos.
    MARIA DO CÉU SOARES MACHADO 177
13. Três comentários à "Vida de Sílvia" de Marianne Rogoff: Estar grávida é estar de esperanças.
    MARIA DO CÉU SOARES MACHADO, TERESA MORAIS BOTELHO
    e FILIPE ALMEIDA 187
14. Psicologia do envelhecimento e vulnerabilidade
    ANTÓNIO M. FONSECA 195
15. A experiência da subjectividade: elementos para uma filosofia da dor e do sofrimento
    JOÃO VILA CHÃ 219
16. Controlar a dor e outros sintomas – um incontornável dever.
    JOÃO AMOEDO 243
17. Futilidade terapêutica
    ALEXANDRE LAUREANO SANTOS 253
18. As unidades de cuidados intensivos pediátricos
    FILIPE ALMEIDA 265
19. Cuidados intensivos e cuidados paliativos
    ANTÓNIO CARNEIRO 271
20. Quem cuida de quem cuida
    WALTER OSSWALD 287
21. Antropologia da Morte
    MICHEL RENAUD 293
22. No tempo de morrer
    DANIEL SERRÃO 309
23. Sobre a morte e o morrer
    JOÃO LOBO ANTUNES 317

NOTA INTRODUTÓRIA

Vulnerável é a vida humana. Desprovido de armaduras que o protejam, nascido indefeso e carente, enfrentando infecções e hostilidade do meio ambiente e até das próprias células, que podem multiplicar-se desordenadamente no tumor maligno ou atacar outras, na doença auto-imune, o corpo humano é, desde a concepção até à morte, precoce ou tardia, extremamente vulnerável. Mas também o espírito que o anima não está isento de susceptibilidades e fragilidades face a tantos escolhos e agressões a que está sujeito, como é resignadamente reconhecido por todos.

Mas há situações especialmente apelantes, em que a vulnerabilidade passa de eventual acontecimento a permanente realidade. Seres especialmente vulneráveis são os que vivem os primeiros estádios da vida, ainda albergados no claustro materno; bem como os que, por razões várias, se vêem forçados a abandonar com excessiva precocidade o organismo da mãe, para encetarem a dura e incerta luta da vida prematura. Por outro lado, em sempre de novo glosado paralelismo com os estados iniciais da vida humana, a etapa final do percurso terreno é especialmente atreita a agressões, angústias e até a maus-tratos.

Parece pois justificado que se reúnam num mesmo volume os textos com que os palestrantes nas jornadas de estudo sobre vulnerabilidade, organizadas pelo nosso Instituto com o apoio da Fundação Grünenthal, generosamente quiseram contribuir. Assim, para além do considerável êxito conseguido junto dos que nas jornadas participaram, ouvindo, interrogando, comentando, torna-se extensiva a muitos outros a oportunidade de reflectir, a partir de excelentes textos, sobre problemas mais situados no concreto quotidiano, que exigem um olhar ético e um empenhamento no reconhecimento e na defesa da dignidade, integridade e liberdade dos mais vulneráveis membros da família humana.

Não seria possível acolher nestas páginas contribuições de tantos especialistas, altamente versados nas matérias de que tratam com razão e coração, sem lhes agradecer, igualmente com a razão e o coração, a sua preciosa colaboração

ANA SOFIA CARVALHO,
*Directora do Instituto de Bioética
da Universidade Católica Portuguesa*

BIOÉTICA E VULNERABILIDADE

SOLICITUDE E VULNERABILIDADE

MICHEL RENAUD
*Professor de Filosofia da Faculdade de Ciências Sociais
e Humanas da Universidade Nova de Lisboa*

Quando nos pomos a pensar no tema da solicitude, uma ideia surge no limiar da reflexão. A solicitude é uma atitude concreta que julgamos conhecer e que evoca imediatamente, por exemplo, o amor materno ou a benevolência de amigos íntimos; mas quanto à sua elaboração filosófica, raras vezes constituíu um núcleo de pensamento particularmente importante. Do mesmo modo, a vulnerabilidade não parece oferecer nem muitos segredos, nem muitos motivos de reflexão. Salvo, com certeza, no campo da psicologia assim como no das relações internacionais; a este último nível, a vulnerabilidade é recíproca da potencialidade, sendo este binómio, enunciado no plural, das potencialidades e das vulnerabilidades mais conhecido dos analistas políticos do que dos filósofos. Assim, entre uma atitude ética aparentemente desprovida de problema – a solicitude – e um complexo nó político-estratégico, sem falarmos da psicologia, temos que encontrar um caminho de reflexão capaz de tecer ligações talvez menos visíveis, mas pertinentes e comprováveis.

A solicitude é uma atitude ética, mas será isso o seu primeiro ou único sentido? Quanto à vulnerabilidade, não pertencerá à teoria antropológica antes de ser cativada pela psicologia e pelas relações internacionais?

1. A solicitude

As recentes análises filosóficas, por exemplo as de Paul Ricoeur, assim como as explorações de ética aplicada ao campo da bioética, suscitaram um acréscimo de interesse para com a solicitude. Não partiremos do sentido etimológico que todos os dicionários repetem: «solicitar: verbo, do latim sollicitare, mexer muito, agitar fortemente; perturbar; inquietar; atormentar; solicitar; atrair», diz o dicionário etimológico da língua portuguesa de José Pedro Machado[1]. «Secouer violemment, d'où inquiéter puis exciter, inviter. (...) *Sollicitudo* "trouble moral". V. soucier. De même sollicitude signifie dans l' ancienne langue "souci, inquiétude" sans la nuance moderne», comenta o dicionário etimológico da língua francesa[2].

Hoje, contudo, é no campo da ética que a solicitude deve ser analisada. O sentido da nossa reflexão consistirá porém em procurar para este conceito uma certa fundamentação do lado da compreensão filosófica do ser humano.

A solicitude evoca a relação de sujeito a sujeito, mas nas relações curtas que marcam o encontro de um «eu» com um «tu». Não sou capaz nem de conhecer nem de encontrar "pessoalmente" senão uma quantidade limitada de seres humanos. A solicitude tem portanto um limite inferior e superior; limite inferior, porque não se fala de solicitude de mim para comigo; este tipo de atenção centrado sobre o «ego», atenção que não se pode confundir com o egocentrismo, precisa de se abrir à alteridade de um outro em carne e em ossos para se descentrar e se tornar solicitude. O descentramento do ego está portanto implicado em todas as formas de solicitude. Mas a solicitude viva e atenta não pode, em virtude das limitações inerentes à condição humana, alargar-se a todo o anonimato das pessoas que, por exemplo, se encontram abrangidas pela minha acção profissional. Neste sentido, o carácter de relação concreta, viva e pessoal marca o limite superior da solicitude. Além deste limite, a atenção para com todos os outros dependerá da justiça na sua dimensão ética, social e política. Ricoeur reconheceu com grande brilho o lugar da solicitude entre a di-

---

[1] MACHADO. José Pedro. Dicionário etimológico da língua portuguesa. Lisboa 1990: Livros Horizonte, vol. 5.°, p. 223.
[2] O. BLOCH – W. VON WARTBURG, Dictionnaire étymologique de la langue française, Paris. PUF. 1986 (7.' ed.; 1932.1.' ed.) p. 597.

mensão de autonomia de que se reveste a pessoa humana e a tematização da justiça[3]. Assim marcadas as fronteiras da solicitude, podemos retomar a nossa questão, que nos serve de óculo para nos aproximarmos da «solicitude».

A solicitude manifesta-se com e pelo descentramento do sujeito considerado na sua autonomia ética. A condição deste descentramento reside na possibilidade de dirigir a nossa atenção para outra coisa que o «eu». Interessa notar que, diferentemente dos animais, podemos ocupar-nos de outra coisa que de nós próprios; com certeza, o animal que procura a sua alimentação ou o parceiro sexual «ocupa-se» com outra coisa também; mas esta ocupação é instintiva, o que significa que o seu «eu» não existe senão «inconscientemente» projectado sobre o objecto dos seus apetites. Na vida animal, o eu não existe reflexivamente para ele próprio, mesmo se ele se vive nesta ocupação. Em sentido oposto, o homem tem esta capacidade de viver a sua identidade projectando-se nos objectos da sua ocupação, mas dispõe da capacidade reflexiva de saber que é ele que está em causa no seu modo de se projectar para os objectos e os resultados das suas acções. Noutros termos, a fenomenologia ensina que o ser humano é consciência precisamente na medida em que vive a sua identidade na saída de si para a frente, sendo esta «frente» o conjunto dos «objectos» sobre os quais incide o seu agir.

A intersubjectividade começa então quando estes «objectos» da ocupação humana não são objectos inertes ou puramente materiais, mas «objectos» de natureza também pessoal, isto é, quando se trata de outros seres humanos, reconhecidos enquanto tais. Dois conceitos pre-éticos perfilam-se ao mesmo tempo: o de ocupação e o de reconhecimento.

A ocupação humana é especificamente humana quando se torna preocupação. A *Sorge,* a preocupação, o cuidado é um conceito que a análise existencial de Heidegger tematizou longamente em *Sein und Zeit.* Para nós importa somente indicar que a preocupação não é antes de mais nada uma experiência psicológica, mas um modo de ser que visa a capacidade de não se «perder» nos objectos do mundo. Não se perder significa manter a consciência prereflexiva por um lado, da *minha* presença no seio das *minhas* actividades e, por outro, da relação da *minha* actividade com um outro eu, com um «tu» no horizonte desta actividade. Tudo se passa como se o «pre» da preocupação dirigisse a minha ocupação para a frente dela, anteci-

---

[3] RICOEUR. Paul, Soi-même comme un autre. Paris, Seuil, 1990. pp. 254-264.

pando, no comércio com as coisas, o encontro com um outro. É por isso que, em nosso entender, posso ocupar-me e ficar absorvido nas minhas actividades, mas é só um outro ser humano que pode «preocupar-me». O que se entende em geral por preocupações são as dificuldades que o agir suscita ou encontra; mas debaixo destas preocupações psicológicas, existe uma «preocupação» que assenta desde o princípio até ao fim na presença de um outro «eu».

Assim entendida, a preocupação evoca o cuidado. O cuidado activo é a actividade que se enxerta sobre a preocupação, que lhe dá uma dimensão prática e não somente teórica. Deste modo, não repetimos as análises heideggerianas, mas situamo-nos mais rapidamente no campo da razão prática. O cuidado é a expressão ética, activa e axiologicamente positiva, da relação intersubjectiva; ele corresponde, ao nível prático, à noção de *interesse* no campo do conhecimento teórico, Quando estou *interessado*, posso dizer que algo «me capta» a atenção, monopolizando por assim dizer as minhas energias mentais. A resposta do *interesse* que suscita assim a minha atenção é a centração e concentração sobre alguns elementos do campo de consciência, os quais passam a ocupar deste modo o centro da atenção. O cuidado é a atenção activa, mas activa não no sentido de activamente mantida – com efeito, não sairíamos assim da observação teórica –, mas activa no sentido de desencadeando em mim uma acção dirigida para o outro e destinada a induzir nele uma reacção. O cuidado é a face activa do meu encontro com o outro, ou do encontro com o outro na medida em que este encontro depende de mim.

Até agora, operámos uma derivação de conceitos em proveito de uma melhor compreensão teórica da solicitude. Intersubjectividade, lugar intermediário ou «mediato» entre autonomia e justiça, ocupação, preocupação, cuidado, tais são as facetas que nos fizeram progredir nesta análise. É tempo de dar direito de cidadania a uma dimensão que deve ter uma posição de destaque: a autenticidade.

Ser autêntico, «agir da sua própria autoridade», como diz a etimologia, importa muito hoje. Mas discernimos algo de estranho, do ponto de vista de uma simples observação quase do tipo socio-cultural. A insistência sobre a necessidade de ser autêntico é directamente proporcional à extensão e à importância do papel da imagem social. Tudo se passa como se devessemos cada vez mais avançar mascarados no desempenho das nossas funções sociais; como se devessemos coincidir com a imagem gerada pela profissão ou pelo lugar socialmente ocupado. O político deve mostrar-se calmo e tendo sempre a situação sob controle; o professor deve dar a imagem da competência e do trabalho dedicado e assíduo, mesmo quando não faz nada; o médico deve mostrar-se primordialmente preocupado com o bom tratamento dos pacientes, mesmo quando pensa em despachá-los e aumentar a sua conta bancária; o jornalista deve dar a imagem da maior imparcialidade, mesmo quando falta gravemente ao respeito pelas pessoas, etc. Em resumo, tudo se faz em nome da autenticidade; em contrapartida, a vida social, económica e política verifica hoje, mais do que nunca, que o modo de se apresentar tem mais força que a qualidade do conteúdo ou da verdade proposta. Muitos dos nossos colegas universitários já perceberam isso e praticam visivelmente uma «teatralidade» que não resiste a uma análise fina e somente traduz uma ausência de *autenticidade, ausência* que se esconde na própria máscara do charme, da competência, da dedicação ou do «cuidado». A solicitude desapareceu por detrás da sua máscara; o outro, que está à espera do meu cuidado, que está «a meu cuidado» já não existe realmente, mas somente como motivo para que eu obtenha dele um reconhecimento – na verdade, enganado – da minha solicitude fictícia.

Na problemática de Ricoeur, a solicitude é conjuntamente ética e moral. Ética, na medida em que é encarada no percurso da realização da minha autonomia e como reconhecimento da autonomia do outro. Moral, enquanto é suportada pelo peso e pela força racionalmente directiva da lei moral. Mas Ricoeur assinala que mesmo em Kant, no qual a dimensão do *deon*, do imperativo é tão fortemente sublinhada, se nota, nas várias formulações do imperativo categórico, uma diferença de acento: assim se mostra que a *universalidade* da lei moral não pode ser separada da dimensão ética e teleológica da realização ética; ao enunciar o imperativo moral como a necessidade de tratar o homem sempre como um fim em si e nunca como um meio, Kant liga a dimensão *formal* da universalidade com o discernimento do conteúdo da humanidade do homem, isto é, com o facto de ser um fim em si.

Quanto a nós, diremos que a solicitude ética se torna lei moral quando encontra um obstáculo: «quem corre por gosto não se cansa»; do mesmo modo, quem manifesta a sua solicitude por amor está aquém e além da lei moral da solicitude. Mas quem deve tratar o doente por inerência de função, por exemplo, no caso do pessoal de saúde, está na situação de «dever» prestar um serviço de «solicitude», não necessariamente por amor para com a pessoa do outro, mas por obrigação profissional. Nessa altura, se o obstáculo surgir, se o doente é cansativo, se o médico ou o enfermeiro está esgotado, a lei moral lembra, pela sua força racional, que a *solicitude enquanto dever* existe. Não se trata com efeito de um serviço profissional que se exerce com a finalidade de modificar <u>coisas</u>, dado que o que está em causa é o contacto com uma <u>pessoa</u> a curar.

A solicitude enquanto dever corresponde a um cuidado provindo de uma opção feita por mim próprio, na dependência da minha autonomia ética; esta opção não sofre nem tolera então o duplo jogo da máscara e da ficção do cuidado. A autenticidade está deste modo implicada na solicitude compreendida como cuidado.

2. A vulnerabilidade

Como é que a solicitude chama o tema da vulnerabilidade? Suspeitamos com efeito que uma ligação secreta, mas forte, justifica esta aproximação. A vulnerabilidade evoca o «*vulnus*», a ferida; mas a ferida, pelo menos de modo simbólico, evoca por sua vez a abertura, sangrenta, dolorosa e sofrida. Ela faz parte do sofrer, o qual aparece como a vertente ligada ao agir. Agir e sofrer, actividade e passividade delineiam assim a estrutura de base da reflexão sobre a vulnerabilidade.

A compreensão desta estrutura conceptual joga sobre o duplo sentido do «sofrer», indicando conjuntamente a *receptividade* que aparece como o reverso da iniciativa e, por outro lado, o *sofrimento* que sublinha o seu carácter penoso. Assim, a vulnerabilidade pode ser ferida e sofrimento enquanto exposta a uma passividade e a uma receptividade não susceptível de ser inteiramente transformada em acção.

A análise filosófica da acção ensina que não existe ao nível humano nenhuma acção pura, totalmente desligada de condicionamentos ou de «circunstâncias» envolventes; se houvesse, a acção seria princípio absoluto, criação pura, «acto puro» de natureza propriamente divina. Mas a mesma tese pode receber uma formulação mais adequada para a compreensão do nosso assunto: todo o agir humano implica a dimensão do sofrer, toda a acção se erige sobre condicionamentos forçosamente aceites, toda a criação humana surge de um fundo de passividade. O envolvimento recíproco da passividade e da actividade pode ser interpretado também como envolvimento de uma situação e de uma iniciativa. Ora, a dependência que toda a iniciativa apresenta relativamente à situação de que emerge torna esta iniciativa frágil: ela ilustra a vertente do «sofrer» inerente à iniciativa. Antes de compreender este «sofrer» como ferida, é preciso discernir nele a faceta de fragilidade. A possibilidade de destruição ou de «fractura» que a fragilidade enuncia será tanto mais importante e dramática quanto maior e mais brilhante for a acção realizada.

O resultado da acção transforma-se em «acção feita», em facto, o qual por sua vez ganha a fragilidade de todo o facto e de toda a situação criada pelo seu autor.

Nesta elementar dialéctica entre a fragilidade e a grandeza da acção discernimos o momento mais importante da análise da vulnerabilidade. Não podemos com efeito pôr a fragilidade de um lado e a grandeza do outro lado, como se tivéssemos a capacidade de separar as duas vertentes com uma nítida linha de demarcação. Pelo contrário, a imbricação recíproca dessas dimensões faz delas outra coisa que duas vertentes simétricas, de tal modo que uma cresce à medida da outra e no seio dela. Os exemplos desta interligação entre fragilidade e iniciativa abundam e, na verdade, encontram-se em todos os campos de actividade da existência humana. O nó desta interligação desvenda-se-nos como vulnerabilidade da força e, de certo modo, como pobreza da riqueza. Ao nível estratégico e militar, a posse de meios de destruição deve ser protegida contra as ameaças de terrorismo; quanto mais meios bélicos um Estado possuir, mais dramática será a sua perda ou destruição. Ao nível dos bens privados, a mesma dialéctica de vulnerabilidade e de riqueza é patente; a posse de muitas jóias valiosas gera a angústia do seu possível roubo; em muitos países, as habitações mais ricas devem proteger-se graças a condomínios fechados destinados a assegurar a sua protecção. Ao nível político, o poder absoluto gera a vulnerabilidade da desconfiança, que surge da possibilidade da sua contestação, Toda a riqueza, interior ou exterior, deve deste modo ser *protegida,* precisamente por causa da sua precariedade e fragilidade.

Se nos deslocarmos para o plano da vida psicológica e ética, reconhecemos a presença de uma semelhante relação dialéctica entre riqueza e vulnerabilidade. Se a riqueza já não provém de bens exteriores, mas de uma qualidade interior, esta será mais vulnerável ao ataque que eventualmente provém das acções dos outros. Os seres humanos «sensíveis» são mais frágeis, precisamente porque a sua sensibilidade os torna mais facilmente a presa da agressão de seres desprovidos de sensibilidade e movidos pela violência. Toda a riqueza psicológica deve ser *protegida* na medida em que ela faz do seu detentor um sujeito de sofrimento. A este nível, a receptividade do *sofrer* reduplica-se em capacidade de *sofrimento*.

A vulnerabilidade já não é pura possibilidade lógica de ser *ferido*, mas ela é percebida como fraqueza e, na maior parte das vezes, como fraqueza que, em virtude da sua própria riqueza, já tem sido agredida e integra a lembrança ou a marca de antigas feridas. A vulnerabilidade tece então com o «vulnus», com a ferida. uma ligação íntima e indissociável. Não será por isso que quem ama mais, sofre mais? Quem é mais sensível, igualmente, ao sofrimento dos outros, é mais afectado por esse sofrimento. A extensão do campo da psicologia pode também fazer-se em direcção a várias formas de sensibilidade, sensibilidade artística, religiosa, sensibilidade ética. Quem apresenta uma sensibilidade estética mais apurada sentir-se-á mais facilmente agredido pela degradação do ambiente e pela falta de gosto dos responsáveis políticos do urbanismo.

Deixámos aparentemente o terreno da ética longe atrás de nós, afim de salientar a relação entre as múltiplas formas de *riqueza* e a sua respectiva *vulnerabilidade*, Qual será porém a expressão ética desta relação?

A sensibilidade ética inclui, ela também, uma maior vulnerabilidade; se a consciência ética proíbe uma resposta que utilize os meios dos ataques e das agressões sofridas, este «*sofrer*» provindo do facto de ser vítima do mal é já *sofrimento,* físico, psicológico e moral. O mal por outros cometido atinge-nos sem que possamos responder-lhe do mesmo modo, sob pena de penetrar no seu universo de degradação ética. Tal será o primeiro plano da vulnerabilidade especificamente ética. Esta atinge contudo níveis de maior profundidade à medida do crescimento do sentido ético, É aqui que voltamos a encontrar o cuidado que já foi objecto de análise. Quem manifesta um maior cuidado pelo outro sofre mais por ele, no duplo sentido do termo «sofrer»: ele é mais afectado pela atitude, activa e reactiva, do outro, sendo atingido mais fortemente pelo impacto do agir dele; mas, ao mesmo tempo, esta situação implica que o outro o pode magoar mais facilmente. Numa palavra, o cuidado é vulnerável, vulnerável enquanto exposto à reacção do outro, objecto do «nosso» cuidado.

Do ponto de vista ético, a entrada no mundo da solicitude é uma riqueza ética que faz também penetrar na terra desconhecida da vulnerabilidade. As surpresas serão de certeza múltiplas e exigirão uma real grandeza ética para quem quiser permanecer na atitude do cuidado. Aceitar o outro numa atitude de cuidado implica que se aceite igualmente a vulnerabilidade que faz indissociavelmente parte dela. Quem ama mais é mais vulnerável, dissemos. De onde provêm com efeito as grandes feridas psicológicas e «morais» que mais nos fazem sofrer senão das pessoas que mais próximas nos são, isto é, cuja proximidade física é ao mesmo tempo proximidade afectiva?

Acabamos de evocar a afectividade enquanto forma de proximidade. Mais do que fonte de sentimento e de sentimentos, a afectividade é a capacidade de ser afectado, pelas situações, pelos factos, mas principalmente pelas pessoas. O que, com efeito, notámos em relação com a *preocupação* é simétrico da observação que se destaca da *afectividade*. Embora possamos à primeira vista, sermos *afectados* pelas coisas e pelos factos, é na medida em que estes factos incidem sobre o curso da existência humana que somos atingidos na nossa *afectividade*. Noutros termos, a afectividade compromete-se com seres humanos antes de mais nada, o que mostra que a nossa capacidade de sermos afectados culmina – tem a sua finalidade – na *afectividade* pela qual nos deixamos abrir à presença de outros seres humanos.

Retomando a questão pelo seu outro lado, perguntaremos pela razão que faz da afectividade o lugar por excelência da vulnerabilidade e uma fonte permanente de sofrimento. A resposta orientar-nos-á para a relação da afectividade com a abertura. Ser afectado, é expor-se, abrir-se, não se fechar à vinda do outro no espaço invisível da nossa consistência e da nossa existência. Tal como a análise do cuidado, é também a da afectividade que reintroduz o tema da abertura. Mas tudo se passa como se estivéssemos no limite do pensamento especulativo: a «abertura» é uma metáfora, que dirige a nossa atenção para o tema ético da «exposição»; é pelo facto de «nos expormos» ao outro que lhe deixamos a possibilidade de nos afectar e que ele passa a contar aos «olhos» da nossa afectividade. Se a solicitude se descobre vulnerável, em sentido contrário, a vulnerabilidade torna-se o índice da nossa riqueza afectiva. A solicitude é assim um modo privilegiado de desenvolver a riqueza afectiva, através e além dos sentimentos que espontaneamente podem nascer em nós. Reciprocamente, a vulnerabilidade não é uma falta a apagar, mas provavelmente a expressão *ética* do carácter lacunar do nosso desejo, da sua tensão nunca saturada que nos define como seres humanos conjuntamente isolados e abertos uns aos outros. É por isso que solicitude, cuidado, afectividade e vulnerabilidade crescem em conjunto. A vulnerabilidade deixa de ser um obstáculo à liberdade; pelo contrário, ela é o terreno no qual a liberdade adquire a sua autêntica figura.

No termo desta análise da vulnerabilidade, que me seja permitido evocar uma lembrança. Na cidade francesa de Caen na Normandia, ao sair do museu do desembarque e da batalha de Normandia na segunda guerra mundial, depois de ter ouvido o eco longínquo e próximo de tantas tragédias, de tantos massacres, de tantos esforços heróicos, fica-se sem vontade de falar e devo dizer que as lágrimas nos vêm então aos olhos quando lemos à saída a única inscrição posta em grandes letras no muro exterior: «De ma blessure a jailli un fleuve de liberté», «Da minha ferida brotou um rio de liberdade». Será que há verseto ou palavra mais admirável e comovente para exprimir a esperança dos homens no fim de um conflito bélico?

Que o *vulnus*, que a ferida e que toda a vulnerabilidade seja fonte de liberdade, eis o nosso sonho e a nossa convicção íntima. Mas a liberdade está no horizonte de toda a solicitude, como o resultado que se promove na reciprocidade dos seres humanos que vivem no contexto do cuidado activamente oferecido ou recebido. Noutros termos, a liberdade encontra-se no fundamento que unifica vulnerabilidade e solicitude.

Mas também há uma coisa estranha, que não é nem necessária nem imediatamente assinalável: no Evangelho de São João (19,34) fala-se também de uma outra ferida que recapitula por assim dizer uma enorme vulnerabilidade[4]: «mas um dos soldados abriu-lhe com uma lança o lado e imediatamente saiu sangue e água». Ora, a insistência que o autor do Evangelho põe em sublinhar que houve testemunhas deste facto e que aquele que viu garante que isso é bem verdade, mostra a importância deste episódio, que à primeira vista podia aparecer como simplesmente anedótico. Para o Evangelho joánico, o sangue é símbolo da eucaristia e a água, símbolo do baptismo em Cristo. Traduzamos então essas palavras em termos contemporâneos e poderemos dizer, falando de Cristo na terceira pessoa: «da sua ferida brotou um rio de vida divina».

Sem querermos misturar a esperança política dos homens num mundo melhor com a esperança religiosa da presença gratificante e feliz de Deus entre nós, podemos contudo, a título de conclusão, salientar esta ligação poética, política e religiosa entre a ferida, o *vulnus*, a vulnerabilidade, por um lado, e a liberdade, por outro.

Em suma, a liberdade não se ganha no fecho solipsista sobre a autonomia própria, mas no diálogo da solicitude, a qual abre em nós a sua ferida específica. Oxalá que possa então surgir também, ao nível microscópico da nossa acção, uma verdade homogénea ao admirável verso do muro da Normandia e às mais misteriosas palavras joánicas: «da nossa pequena ferida nasceu para os outros um rio de solicitude e de liberdade».

---

[4] «all' 'heis tôn stratiôtôn logchê autou tên pleuran enuxen. kai exêlthen euthus haima kai hudor» (Evangelho de São João, 19.34).

COMPLEXIDADE DO EU, TU E O OUTRO: ALGUNS EFEITOS DA VULNERABILIDADE E DAS DOENÇAS NA VIDA DA PESSOA

BERNARDO DOMINGUES, O. P.
*Professor Jubilado de Teologia
na Universidade Católica Portuguesa*

Cada pessoa tem uma trajectória sanitária diferente a partir do potencial genético, dos caracteres prevalentes e recessivos herdados, dos elementos congénitos, dos problemas de gestação e parto, além dos múltiplos acidentes e traumas que ao longo da vida atingem a integridade do ser pessoal, inscrevendo nele múltiplas rupturas ou especiais fragilidades, ora na componente física ora na psíquica, mas atingindo sempre a totalidade do ser pessoal, dado que somos constituídos como uma unidade substancial, que se manifesta no ser e agir de cada um.

Nas múltiplas experiências pessoais, na assimilação e vivência duma determinada cultura e respectivos valores, também se aprende a apreciar algumas perspectivas sobre a qualidade de vida, a promover ou fragilizar a saúde nas modalidades de vida adoptada, em termos alimentares, ritmos de trabalho e lazer, nos riscos, experiências, acidentes sofridos, etc. Tudo pode concorrer para a definição da pessoa saudável ou enfermiça. Mas há situações imprevisíveis, há doenças que nos atingem, por vezes de repente e gravemente, e que desencadeiam rupturas que nos marcam negativamente de modo mais ou menos profundo e estável acelerando a entropia negativa. Independentemente dos dados já enunciados, há factores comuns que a todos atingem e, entre eles, temos a dimensão tempo. Este pode ser considerado como sendo a cósmica medida das coisas; e nesse sentido é totalmente homogéneo e neutro; sob o ponto de vista biológico, referencia as etapas do desenvolvimento, da involução, desagregação e morte. Mas há o aspecto psicológico que grava as marcas afectivas deixadas pela intensidade e densidade com que certas experiências foram vivenciadas. A nossa memória é a história arquivada com especial impacto; a fixação e facilidade de rememoração depende de determinados acontecimentos necessariamente fixados num tempo, um «antes» e um «depois» que se tornam marcos de referência.

Efectivamente quem é que não referencia a sua vida a certas situações de ruptura, como sejam, acidentes físicos ou afectivos, a doença ou sofrimentos que parecem ter interrompido a continuidade homogénea ou o equilíbrio interessante da vida?

Por vezes é possível recomeçar, noutras situações é preciso adaptar-se e alterar a anterior relação ao meio e às pessoas. De facto, os choques violentos tendem a desencadear a melancolia e depressões, a baralhar os conceitos do significado das coisas e dos valores, a pôr em questão o sentido do sofrimento, da vida e da morte.

A doença, sobretudo certo tipo de doenças irreversíveis, revela a vulnerabilidade da vida humana, a violência do real sofrimento físico, psíquico e imaginário. É que todo o nosso mundo simbólico e projectado é posto em questão. É doloroso o contraste entre o prazer, a satisfação, a alegria da criatividade, as experiências de vida com sucesso e a situação de limite, de sofrimento, de angústia, de vazio insignificante, medo do futuro e a eventualidade da desagregação pela morte.

Temos consciência de que o nosso corpo não é tudo, mas tudo passa por ele: a consciência de existir em si e de poder relacionar-se com outros passa pelo corpo; no e pelo corpo acontece e se manifesta a nossa situação na história e no espaço, mas também é nele e por ele que se revelam e manifestam as fragilidades e capacidades. O trabalho, a relação, a amizade revelam-se na vida física; também é no e pelo corpo que temos consciência da fragilidade. A doença altera os nossos conceitos de ser senhor de si e introduz o de precaridade e que o meu corpo se torna outro, dependente dos outros, incapaz de servir e até de complicar a vida dos outros que me servem. A experiência da doença é diferente em cada pessoa; mas revela a todos facetas da complexidade da vida com poder ou degradada. Mais: revela, a quem pode entender, que a solidariedade e a humildade devem dar sentido à partilha de vida, em todas as situações, porque a vocação sadia de todos é a solidariedade exercida com competência e persistência.

As alterações graves no nosso equilíbrio instável, poderão empurrar-nos para a condição de doentes ou com estatuto de doente «crónico». E, em estado de crise aguda, o recurso ao internamento hospitalar tornou-se uma dolorosa rotina. Cada hospital é diferente e cada pessoa sofre diversamente da doença e do internamento; mas há alguns traços comuns: a situação de hospitalizado caracteriza, de modo marcante, o estado ou situação de doente. A palavra hospital deriva do latim e inclui o conceito de hóspede a acolher de forma personalizada e dedicando-lhe os cuidados ajustados às suas necessidades físicas, psíquicas e morais. Mas a experiência de internamento quase sempre deixa uma imagem negativa, transmitida nas conversas de família e sociais, o que predispõe as pessoas para a resistência à separação dos seus e receio da solidão e vida controlada por técnicos estranhos à sua vida normal saudável.

Frequentemente, os internados tendem a alternar o ensimesmamento com explosões de cólera, de acusação e não participação activa nos esforços dos cuidados de apoio e ajuda, resultantes de um diagnóstico suposto incorrecto. É uma expressão de revolta. A sensação de vazio e de inactividade junta-se, negativamente, à situação de pessoa prisioneira de doença injusta. A espera e a incerteza perturbam a avaliação acerca da evolução e das perspectivas do futuro.

A uniformidade, o anonimato, a dependência das máquinas sinistras, as frequentes recolhas de matérias biológicas para testes ou análises, e a pouca disponibilidade para serem escutados, agrava a ansiedade e a sensação de perda da própria identidade que se traduzia no modo personalizado como se assumia a sua vida anterior – com um papel, uma função e estatuto, reconhecidos e apreciados.

O ambiente de dor, de sofrimento, de angústia que cada um sofre e todos observam à sua volta, pode desencadear processos de revolta e impotência. As sondas de oxigénio, as sondas gástricas, as algálias, as máquinas dos cuidados intensivos, os membros engessados, etc., tudo revela e provoca sofrimento gratuito e inútil. O conceito da capacidade humana tende a traduzir-se em formas pessimistas.

A experiência dolorosa da pessoa doente pode desencadear e cavar fossos de separação e de distância física e sobretudo psicológica. Quanto mais longo e difícil for o estado do doente, mais tendem a rarear as presenças interessantes. O ditado «longe da vista, longe do coração» agrava-se pelo facto da doença tomar o doente uma presença pouco interessante e estimulante.

A incomunicabilidade não é sadia, mas é frequente quando e na medida em que a doença é grave, dolorosa, prolongada e sem perspectivas de recuperação. Sob a capa de não fatigar, de economizar energias, de não perturbar o doente, pode-se instaurar o regime de criar distâncias sistemáticas. É nestas situações que o doente tende a alhear-se do esforço de recuperação, a não participar no projecto de cura, sofrendo por tomar consciência de que é um peso inútil para a família e aqueles que o tentam auxiliar a viver. Frequentemente perde o interesse pelo mundo que o rodeia; aceitando passivamente a autoridade, recupera certas atitudes narcisíacas, próprias da infância. A doença, que vai corroendo a sua entidade, faz com que a noção de tempo e de duração perca a sua verdade objectiva, fixando-se numa subjectividade plena de confusões; o que «interessa» relativamente são as refeições, o sono, evacuação, tratamentos, etc. A atitude regressiva atinge quase todos os horizontes da história vivida e deixa de lhe interessar: reage agressivamente ou em forma de sedução, relativamente às suas necessidades, queixando-se ou agradecendo de forma aparentemente incoerente, nas formas de chamar ou afastar os outros. Por vezes refugia-se em sonhos acordados, durante o tempo rarefeito da vida de hospitalizado, que provoca incertezas sobre o presente e o futuro. É importante «pedir-lhe contas» sobre a evolução da sua vida, melhoras, relações, etc, para o retirar do "isolamento psíquico" e da sensação de anonimato, solidão e angústia. Mas não o agredir com acusações de desinteresse, de não participação no esforço dos que o tratam. Chamar-lhe «egoísta» seria agressividade, nem se apresentar como exemplo, porque só agravaria a situação dolorosa com a de culpabilidade de que seria pessoa acusada.

A pessoa doente, e segundo a situação própria das estruturas, tende a dramatizar os acontecimentos de forma patológica. E a tentação dos sãos será de se tornarem «moralistas de ocasião» e de forma gratuita, o que não só é inadequado como pode ser forma de indirectamente agredir quem sofre e se queixa. Há situações em que a presença amiga e silenciosa é a forma mais adequada e eloquente. Em certos momentos os discursos moralistas, edificantes ou de colaboração religiosa, são formas vazias e fatigantes, visto que o receptor não está apto a receber, descodificar e assimilar a mensagem. Falar de um Deus poderoso, amigo, sofredor, etc., poderá soar a falso. A felicidade provoca mais facilmente abertura ao transcendente do que uma situação de sofrimento e de vida sem horizonte e sem sentido; no primeiro caso é o ser que procura a plenitude, no segundo é o vazio que perturba a ordem de ser e agir normal.

A comunicação, a comunhão, a presença acolhedora, sem juízos de valor, poderá ser a ajustada em certas situações de depressão e recusa.

A Equipa de Saúde e cooperantes, saberão discernir, embora sempre sujeitos a fracassos, as situações que são de prevenção, cura, de recuperação e indicadoras de novas saídas para o futuro estilo de vida. A esperança e o realismo devem alimentar o discurso e as atitudes relacionais. A obrigação de todos é esforçar-se por viver uma vida saudável e não agredir a saúde física ou psíquica dos outros. Os serviços de saúde deverão auxiliar e prevenir a doença, a recuperar a saúde, auxiliar a aceitar os próprios limites e a reintegrar-se na vida familiar e social, assim como ajudar a aceitar a morte e a assumir o luto dos familiares e amigos.

Hoje em dia fala-se muito de «atitude cuidativa», orientadora de uma pedagogia de auxiliar cada um a participar na restauração da sua própria saúde e qualidade de vida possível. A «pedagogia curativa» deve ter em conta a situação cultural da pessoa doente, respectiva escala de valores e atitudes face à vida disponível, a viver com equilíbrio e verdade. É frequente encontrar pessoas que, ao sentirem melhoras físicas ou psíquicas, entram na disponibilidade cooperante. Por vezes surge até uma extraordinária vontade de viver e de "recuperar o campo perdido», que se tornou, indirectamente, escola de encarar a vida com novas e interessantes perspectivas; é que a cura dá-lhe confiança e esperança e ao mesmo tempo a consciência dos riscos que não se deve correr.

Na definição de cura conseguida, de saúde recuperada, há elementos objectivos de tipo clínico, anatómico, radiológico, etc., e outros de tipo psicológico, tais como sofrimentos ultrapassados, "prisão hospitalar» resolvida, energias que regressam, relações humanas que se retomam, projectos que se elaboram.

É evidente que a "verdade possível» deve ser comunicada lealmente à pessoa que regressa à vida autónoma e social, de modo a que tome as devidas precauções relativamente aos próprios limites, aos tratamentos a continuar. E se há "lesões irreversíveis», doenças de tipo canceroso ou outras semelhantes, a pessoa e familiares devem saber os cuidados, possibilidades e ritmos a seguir na vida disponível. É que todas as curas são parciais; é de bom senso adaptar-se à nova situação, sem perder a memória do sofrido, disfrutar e saborear as energias disponíveis. Realismo, esperança e iniciativa devem ser comandados pela prudência, ou seja, agir bem no momento oportuno.

EM CONCLUSÃO:

No cuidar humano, todos devemos respeitar alguns princípios tendo em conta o pluralismo e a não descriminação nas opções. São conhecidos os princípios básicos da deontologia ou tratado dos deveres profissionais a ter em conta:

– A autonomia possível: liberdade e responsabilidade a assumir;
– A beneficência ou busca do bem maior ou do mal menor, em situações negativas;
– A não maleficência, a si mesmo ou aos outros por acção ou omissão;
– A justiça comutativa e distributiva na base da equidade e da limitação dos bens disponíveis;
– A igualdade de oportunidades, sem fazer acepção das pessoas a cuidar;
– A excelência e eficiência cuidativa que implica competência, honestidade e vigilância no diagnóstico, prognóstico e proporcionado plano de cuidados;
– A confidencialidade ou seja o sigilo natural, prometido e profissional com atitude respeitadora dos direitos recíprocos e da solidariedade eficaz;
– A informação prévia e o consentimento explícito e personalizado entre o emissor e o receptor, entre o profissional de saúde e o utente / cliente / enfermo. Haverá sempre situações de eventual dúvida: na busca da verdade com lealdade e respeito, procurem a unidade ou convergência no essencial, respeitando as diferenças que são do domínio do opinável, segundo as normas e a consciência ética bem informada e formada, sempre fiel à pessoa e ao seu valor intrínseco de ser único e irrepetível.

Portanto, para bem cuidar dos outros, cada um deveria promover e apurar permanentemente:
– A maturidade intelectual, afectiva e social para saber discernir, ponderar e decidir com razão e coração a tempo e horas e efectiva estabilidade emocional;
– Bem desenvolver a cortesia, a empatia e a sintonia possível para poder comunicar e promover a convergência no essencial e desenvolver a cultura do suficiente;

- Tornar-se competente e acessível para desenvolver as capacidades de acolhimento, discernimento e saber distinguir o que é urgente do que pode esperar;
- Aprofundar o carácter de fidelidade e fiabilidade, capaz de desenvolver o diálogo conclusivo, sem preconceitos ou resistência às justas e aconselháveis mudanças;
- A auto-imagem fundamentada na capacidade para perceber as situações e responder com verdade e flexibilidade ajustada às necessidades de cada necessitado;
- Desenvolver a ciência, apurar a consciência profissional para superar o pessimismo e desenvolver a esperança fundamentada na base da verdade a que vamos tendo acesso de modo a transmitir a verdade possível, para cada pessoa assumir e gerir as próprias responsabilidades e limitações, auxiliando-a a prevenir as dependências;
- Devemos superar os preconceitos, o egocentrismo ou individualismo e as dependências, sempre com efectivo respeito pelas diferenças aceitáveis enquanto fundamentadas, sem fazer acepção de pessoas, fazendo por elas o que "fariam se soubessem, pudessem e quisessem».

VULNERABILIDADE
NO INÍCIO DA VIDA HUMANA

A INFERTILIDADE DO PONTO DE VISTA PSICOLÓGICO: ORIGENS, FUNCIONAMENTO E CONSEQUÊNCIAS.

João Manuel Rosado de Miranda Justo
*Faculdade de Psicologia e de Ciências da Educação
da Universidade de Lisboa*

INTRODUÇÃO

A teorização psicológica da infertilidade humana não tem sido rígida nem estável. Ao longo do século XX, à medida que o conhecimento médico evoluía nos campos do funcionamento ginecológico em geral e da infertilidade em particular, os investigadores das relações entre o funcionamento psicológico e o funcionamento do organismo fizeram um esforço notável para gerar uma nova visão sobre as vicissitudes dos casais inférteis, bem como para propor novas formas de auxílio a estes casais. Enquanto o conhecimento médico se desenvolvia neste campo, ficava claro que os casos de infertilidade mais adversos se dividiam em dois grupos: o grupo onde era possível diagnosticar um problema médico (na mulher, no homem ou no casal) suficientemente importante para justificar a dificuldade de reprodução, e o grupo onde não era possível realizar um diagnóstico médico justificativo da situação vivida. Naturalmente, a primeira preocupação da investigação psicológica vai ser o esclarecimento destes "casos de infertilidade sem causa biológica conhecida". No entanto, devemos evitar a tentação de considerar que alguns casos de infertilidade possam ser exclusivamente psicológicos. Tal como Kroger (1962-b, p. 339) já referia há quatro décadas atrás, a hipótese de a infertilidade ser "psicogénica ou (vs.) orgânica" tem de ser substituída por uma hipótese interactiva do tipo "psicogénica e orgânica", quer dizer psicossomática. Indo um pouco mais fundo nesta questão, Heiman (1962; p. 359) alertava para o facto de que esta condição psicossomática é de natureza conjugal, uma vez que envolve factores somáticos e psicológicos tanto da mulher como do homem.

A REMISSÃO ESPONTÂNEA DA INFERTILIDADE

Uma boa parte da teorização psicológica acerca da infertilidade sem causa médica conhecida resulta da ocorrência de casos de remissão espontânea. Tratando-se, em geral, de casos de infertilidade previamente estudados do ponto de vista médico, a reacção natural face à remissão espontânea consiste em considerar que os casos onde a remissão teve lugar não tinham uma patologia orgânica subjacente, resultando, pelo contrário, da presença de algum factor psicológico adverso. A remissão espontânea era então considerada como o sinal de que o obstáculo psicológico havia sido removido, ou ultrapassado, graças a factores psicológicos, ou devido a acontecimentos de impacto suficientemente forte para poderem causar uma mudança positiva no funcionamento psicológico da mulher ou do casal infértil.

Um primeiro exemplo de remissão espontânea da infertilidade é publicado em 1941 por Orr. Este autor é, na altura, supervisor de dois casos seguidos em psicanálise. Estes dois casos, homem e mulher do mesmo casal, procuram vencer a sua infertilidade e, havendo desistido do tratamento médico resolvem optar pela adopção de uma criança. Pouco depois do primeiro contacto com a criança disponível para adopção na instituição escolhida, a mulher em causa descobre que está grávida. Ciente desta gestação inesperada, Orr articula os dados obtidos nas duas análises e tenta explicar a remissão observada. De acordo com a sua descrição, neste casal o homem é o elemento passivo enquanto a mulher é o elemento activo que assume a liderança familiar. Esta especificidade conjugal parece resultar de dois factores. Do lado do homem, observa-se uma intensa necessidade de dependência face à esposa. Do lado feminino, temos uma identificação da mulher à figura paterna da sua infância, o que pode ser interpretado como sinal, ou como resultado, de uma impossibilidade de identificação da mulher com a sua mãe. De facto, esta mãe era recordada como tendo feito todos os esforços para que, em termos estéticos e comportamentais, esta filha assumisse o lugar do filho de sexo masculino que nunca nasceu. Neste contexto, o desempenho profissional da mulher surge como o esteio onde fluem todas estas dificuldades. Para esta mulher: trabalhar significava a adopção de um papel eminentemente masculino, a insistência do marido para preservar o seu posto de trabalho era sentida como um prolongamento das relações infantis (em que não lhe era permitido ser menina) e, portanto, a gravidez só seria atingível quando o seu esforço laboral fosse encerrado. De acordo com a descrição de Orr, esta situação teve o seu desenlace quando três aspectos coincidiram num período de tempo relativamente curto: a) a decisão de adoptar uma criança, b) a decisão de abandonar o emprego e, c) o contacto com a instituição de adopções e subsequente contacto com o bebé a adoptar.

Que a infertilidade pode ser ultrapassada espontaneamente após a concretização de uma adopção é um dado adquirido após a investigação de Hanson e colaboradores (1950). Situando a taxa de remissão espontânea da sua amostra em 15,7%, estes investigadores salientam ainda que estes casos de sucesso tiveram lugar apesar da presença de factores de infertilidade particularmente adversos (oligospermia, ciclos anovulatórios e imaturidades uterinas). No entanto, a possibilidade de a adopção exercer uma influência benéfica nos casais inférteis é difícil de apreciar, pois no estudo citado não existia um grupo controlo. Deficiências semelhantes foram detectadas na metodologia dos estudos mais recentes sobre este tema, levando a considerar que a questão se encontra em aberto (Mai, 1971).

Um outro caso de remissão espontânea é relatado por Helene Deutsch (1945). Uma mulher sem filhos após vários anos de casamento, enceta um relacionamento psicanalítico com a autora que estamos a citar. Neste percurso terapêutico, fica claro que: I – se trata de uma neurose obsessiva, II – os sintomas atenuam-se à medida que o tratamento progride e, III – a infertilidade está ligada à culpabilidade que caracteriza as neuroses deste tipo. No entanto, a gravidez espontânea só acontece após o diagnóstico de uma doença incurável que, a breve prazo, vai conduzir a um desfecho fatal. De acordo com Deutsch, a ameaça de morte foi vivida como punição, o que, na linguagem infantil do inconsciente neurótico, é um sinónimo de expiação. Quer dizer, depois do alívio da culpabilidade, já não há obstáculo à vivência da maternidade e das capacidades femininas necessárias ao seu percurso.

Talvez o caso mais curioso de remissão espontânea da infertilidade seja o descrito por Anselmino (1947). Recorrendo a uma recolha de informação exaustiva relativamente às mulheres observadas na sua prática clínica, Anselmino extrai algumas conclusões relevantes sobre as suas pacientes que padeceram de períodos longos de infertilidade: a) as suas famílias de origem são descritas como neuróticas e conflituosas; b) a situação conjugal durante o período de infertilidade é considerada como geradora de tensão e conflitos e, c) a gravidez ocorreu apenas quando o estado de tensão conjugal foi ultrapassado na sequência de eventos exteriores à dinâmica familiar. O exemplo mais elucidativo é o das quatro mulheres separadas dos maridos devido à II Guerra Mundial, cujas casas foram destruídas devido aos acontecimentos bélicos do momento. Nestas pacientes, a gravidez ocorre após o primeiro contacto com os maridos regressados da frente de batalha. Esta coincidência temporal foi interpretada por Marie Langer (1983) de acordo com a simbologia psicanalítica. Neste contexto, a casa é um símbolo da figura materna. Defendendo que as identificações da mulher infértil com a figura materna são particularmente conflituosas e difíceis, Langer atribui à destruição casual da casa familiar um papel relevante na vida inconsciente das pacientes de Anselmino: a destruição seria vivida como um alívio ou apaziguamento da culpabilidade sentida na relação com a mãe.

Outro tipo de remissão espontânea da infertilidade é o que ocorre após cirurgia mutilante. São do conhecimento médico, casos de infertilidade prolongada em que o estudo ginecológico e andrológico não permite situar um diagnóstico justificativo da infertilidade, onde uma gravidez bem sucedida surge inesperadamente após uma intervenção cirúrgica específica. Nos casos a que nos referimos, a cirurgia parece até constituir um obstáculo à fertilidade, pois consistiu na ablação de uma parte do aparelho ginecológico (um ovário, uma trompa e uma porção do útero) motivada por uma situação clínica crítica e insuperável de outra forma. Poderíamos esperar que, para um casal infértil há longos anos e sem solução à vista, esta situação fosse vivida com desespero ou dificuldades psicológicas acrescidas. O interessante é que, em vários casos, estas vicissitudes são experienciadas com um aparente alívio e bem-estar a que se segue a gravidez e o nascimento de um bebé capaz de pôr um ponto final na infertilidade em causa.

Os médicos que se especializaram no acompanhamento de casais inférteis conhecem, pormenorizadamente, os casos de remissão espontânea que ocorrem pouco antes, durante, ou pouco depois do percurso hospitalar de combate à infertilidade. Em primeiro lugar, temos as mulheres que engravidam pela primeira vez enquanto aguardam a primeira consulta especializada nos serviços de infertilidade (isto é, engravidam no período que medeia entre a marcação e a realização da consulta inicial). Em segundo lugar, temos as mulheres que engravidam entre a primeira consulta e o início dos procedimentos de diagnóstico. E, para além de um sem número de situações particulares, temos ainda as mulheres que engravidam após o abandono do percurso hospitalar de diagnóstico e tratamento. Não raras vezes, a descrição que estas pacientes produzem é de que o abandono ocorreu num momento de revolta e hostilidade contra a infertilidade e contra o percurso hospitalar. Finalmente, casos mais recentes ligados à prática da reprodução medicamente assistida dão-nos conta de que a remissão espontânea da infertilidade também pode ocorrer após uma gravidez induzida por procedimentos clínicos (inseminação artificial, fertilização in vitro ou injecção intracitoplasmática, e transferência de embriões). Nos casos em que este tipo de ocorrência surge na ausência de diagnóstico de factores masculinos ou femininos capazes de explicar a infertilidade anterior, é difícil fugir à hipótese de que a reprodução medicamente assistida e bem sucedida trouxe ao casal infértil um trunfo inestimável para combater a culpabilidade e o sofrimento associados à reprodução e à vivência da maternidade. Não poderíamos terminar esta discussão da remissão espontânea sem mencionar o trabalho de Jean Reboul (1976). Simultaneamente ginecologista e adepto dos grupos Balint, este clínico pratica um tipo de consulta onde o desenvolvimento psicológico do casal, e o seu apoio, são cuidados de forma muito especial. O aspecto mais interessante desta atenção é-nos revelado na apresentação de dez casos de infertilidade em que a iniciativa da intervenção médica surge apenas depois de obtidos sinais de que uma evolução psicológica saudável está a decorrer. Neste ponto, a intervenção médica limita-se à prescrição de um regulador hormonal. A resposta a esta sequência é o aparecimento de uma gravidez. A possibilidade de esta gravidez ser independente do medicamento administrado toma forma quando percebemos que em vários casos o regulador hormonal já fazia parte da história clínica da mulher, sem que tivesse contribuído para o aparecimento de uma gestação. Além disso, também devemos referir que em alguns casos a gravidez surge ainda antes de o referido medicamento ser consumido. Tendo em conta que, na maioria dos casos apresentados por Reboul, a infertilidade é já um processo clínico longo e alvo de vários tratamentos ineficazes e diagnósticos improdutivos ou insuficientes, parece que o sucesso em causa se deve a uma conjugação feliz de três factores: a) o conhecimento do ginecologista; b) o cuidado "psicoterapêutico" inspirado pelos grupos Balint e, c) o uso da prescrição medicamentosa como reforço positivo do processo de mudança psicológica em curso.

Se bem que a ocorrência de remissões espontâneas não seja suficiente para demonstrar a existência de casos de infertilidade psicogénica, nem forneça indicações seguras sobre o *modus operandi* dessa possibilidade, tem pelo menos um valor criativo. Em primeiro lugar, sugere-nos que factores emocionais da personalidade da mulher (culpabilidade inconsciente, dificuldade de identificação à figura materna) se associam com factores da personalidade do homem (passividade, dependência) criando um terreno propício para frustrar os desígnios da reprodução e da maternidade. Em segundo lugar, confirma que o terreno da infertilidade é um espaço onde variáveis difíceis de definir operam de forma inesperada e difícil de compreender.

AS TEORIAS PSICOSSOMÁTICAS DA INFERTILIDADE

Ao longo da segunda metade do século XX, vários estudos de caso com mulheres inférteis foram realizados no sentido de aclarar as condições psicológicas mais comuns às mulheres que vivem esta vicissitude. Destes estudos de caso, alguns autores pretendem retirar uma categorização dos casos de infertilidade, enquanto outros visam concluir de forma geral acerca dos factores psicológicos que podem boicotar a fertilidade humana.

No âmbito da sua experiência clínica, Helene Deutsch (1945) formaliza a existência de cinco tipos psicológicos de esterilidade psicogénica: 1 – a mulher física e psicologicamente infantil; 2 – a mulher que investe as suas qualidades maternais exclusivamente na relação conjugal, como forma de proteger um marido incapaz de aceitar a paternidade; 3 – a mulher que desinveste a maternidade em benefício de outros interesses; 4 – a mulher masculina-agressiva, que recusa aceitar a sua feminilidade e, 5 – a mulher que receia a maternidade enquanto fonte de cargas emocionais excessivas.

Marie Langer (1958) oferece-nos uma descrição detalhada de oito casos de mulheres inférteis que acompanhou em psicoterapia individual. Entre os factores comuns a estes casos, três adquirem uma relevância especial: 1) famílias de origem compostas por uma mãe predominante e um pai fraco, rejeitante ou ausente; 2) frustrações orais graves na infância destas mulheres e, 3) ocorrências trágicas relacionadas com a maternidade (morte da mãe em trabalho de parto, psicose puerperal da mãe, ou falecimento de um irmão mais novo). Na opinião desta autora, verdadeiramente comum à vida psicológica destas oito mulheres era o facto de carregarem dentro de si uma imagem materna destruída, a qual, de alguma forma, foi confirmada pela realidade.

A hipótese de os ciclos anovulatórios serem originados por dificuldades emocionais da mulher infértil foi defendida por Therese Benedek e colaboradores (1953) com base na observação de um grupo muito particular de mulheres inférteis. Tratava-se de mulheres cuja infertilidade era atribuída apenas à falta de qualidade do líquido seminal dos maridos. Por este motivo, a inseminação artificial foi considerada como tratamento mais adequado. Como é óbvio, este tipo de intervenção requer da parte da mulher condições fisiológicas óptimas, entre as quais regularidade menstrual, e ciclos ovulatórios. O que tornou este grupo alvo de investigação psicológica foi a apresentação de ciclos anovulatórios coincidentes com a data escolhida para praticar a inseminação artificial. Recomendadas para psicoterapia após várias repetições desta coincidência, a análise detalhada dos casos destas mulheres veio permitir a sua divisão em dois subgrupos: a) no primeiro grupo temos as mulheres tímidas e aparentemente passivas e, b) no segundo grupo temos as mulheres activas, ambiciosas e agressivas. O mais interessante é que as mulheres de ambos os grupos apresentavam uma dependência intensa e invulgar face à figura materna. Entre as suas queixas mais frequentes temos a vivência de frustração e de carência na relação com a mãe, medo da maternidade, medo de que a gravidez possa aleijar o corpo, e medo da criança como se de um inimigo se tratasse. Além da análise das mulheres deste grupo, a investigação de Benedek ficou célebre por ter defendido (devíamos dizer criado) o conceito de que a infertilidade psicogénica não é um problema da mulher, mas sim o resultado da interacção emocional entre os parceiros conjugais.

Marie Langer e Raúl Ochandorena (1953) defenderam que a via concreta da infertilidade de causa psicológica é o espasmo das trompas de Falópio. Mediante a análise detalhada de sete casos em que a impermeabilidade tubária é vencida com o chamado "Teste de Rubin" (Rubin, 1945), e constatando a associação "infertilidade primária-espasmo tubário-frigidez", os autores concluem que a contracção da musculatura involuntária deve ser entendida como uma defesa face a um perigo; quer dizer, é a última barreira que pode ser erguida pela mulher que sente a gravidez e a maternidade como uma ameaça à sua integridade psicológica.

Mais recentemente, surgiu uma nova hipótese para explicar a infertilidade de causa psicológica. Tendo em conta que a produção excessiva das secreções cervicais pode impedir a ascensão dos espermatozóides no útero e boicotar as possibilidades de contacto com os óvulos, Seguy (1980) propõe que o mecanismo que origina este problema deve ser de tipo psicossomático. Na sua investigação foram estudados 100 casais inférteis, seguidos em consulta de infertilidade (pelo menos durante um ano), e que conseguiram engravidar durante os três anos seguintes à primeira consulta. Destas gravidezes, 87 decorreram durante ou imediatamente após uma intervenção médica, admitindo-se, por isso, a existência de uma relação de causa-efeito. As 13 gestações restantes surgiram um ano, ou mais, após o abandono dos tratamentos médicos. Entre as mulheres deste último grupo, 11 apresentavam secreções cervicais que se opunham à ascensão do líquido seminal. Dessas mulheres, 10 foram entrevistadas e, a conclusão parece ser pertinente: 5 casos de recusa inconsciente da maternidade (medo de deformações corporais, medo do parto, medo de perder a sua própria liberdade ou de perder o emprego), dois casos de percepção desvalorizante da maternidade (má imagem corporal, medo de o marido se desinteressar, etc.), um caso de má imagem da sua própria mãe (abrangendo a maternidade em geral), um caso de desejo de permanecer menina (rejeitando a maternidade como passagem à vida adulta) e um caso de desejo de maternidade direccionado para agradar ao marido (em simultâneo com o desejo de fracasso do tratamento médico).

Num conjunto de dezasseis mulheres inférteis, Jean Reboul (1976), utilizando três testes psicológicos (M.M.P.I., Rorschach e TAT), encontrou sinais quase omnipresentes de imaturidade afectiva, dificuldades de identificação feminina e conflitos edipianos não resolvidos.

Alguns dos estudos até agora referidos, não só apontam a importância dos factores psicológicos na origem e na vivência de múltiplas situações de infertilidade, como também sugerem a existência de vias privilegiadas para a concretização psicossomática deste problema. Entre estas vias temos: I) os ciclos anovulatórios, II) o espasmo das trompas de Falópio e, III) o excesso das secreções cervicais. Na opinião de Mandy e Mandy (1962; p. 348), estas três situações (às quais se devem associar inúmeras dificuldades menstruais, que de uma forma ou de outra podem contribuir para a génese da infertilidade) deveriam resultar da influência

negativa que as perturbações emocionais exercem sobre o eixo "córtex-
-hipotálamo-hipófise", salientando-se a possibilidade de o hipotálamo
modular a capacidade secretora da pituitária por via neuro-humoral.

Assim sendo, o corolário desta discussão científica deveria acontecer
com a confirmação psicométrica das hipóteses já referidas. Dito de outra
forma, utilizando escalas e testes psicológicos para comparar mulheres
inférteis com mulheres férteis, ou comparando mulheres cuja infertilidade
é de causa conhecida com mulheres cuja infertilidade é de causa desconhecida, deveria ser possível apontar quais as variáveis que diferenciam
estes grupos. A verdade, como aponta Jean Reboul (1976), é que inúmeras investigações falharam este objectivo. Quando uma diferença significativa é alcançada, é mais fácil interpretá-la como sinal de sofrimento
psicológico causado pela infertilidade do que o contrário. Independentemente das razões desta dificuldade, a existência de sinais de sofrimento
psicológico nas pessoas que sofrem de infertilidade merece uma atenção
pormenorizada.

A VIVÊNCIA PSICOLÓGICA DOS CASAIS INFÉRTEIS

A vivência da infertilidade é forçosamente penosa. Pessoas casadas,
com um projecto de vida em comum, rodeadas de familiares que perguntam quando é que nasce o terceiro elemento da família, observando bebés
e crianças no dia-a-dia da comunidade em que vivem, não podem deixar
de se auto-questionar sobre esta partida do destino. Se a tudo isto adicio-
narmos a realidade dos maus tratos e da negligência de crianças, ou os
casos das gravidezes não desejadas, é fácil concluir que, do ponto de vista
do casal infértil, o mundo que habitamos, ou a vida que levamos, é um
absurdo. Mais difícil de aceitar é o facto de os médicos não possuírem
uma resposta rápida e eficaz para este tipo de problema. Além de tudo
isto, não podemos ignorar que a fertilidade e a sua ausência estão ligadas
a aspectos tão íntimos como o desempenho sexual e tão críticos como
as expectativas sociais inventadas para as pessoas maduras e compe-
tentes.

Barbara Menning (1980) descreveu uma sequência de sentimentos
vividos pelos casais inférteis quando tentam lidar com a sua incapacidade
de reproduzir. Na experiência desta autora, os sentimentos que identificou
surgem, regra geral, nesta ordem: surpresa, negação, raiva, isolamento,

culpa, mágoa e resolução. Ainda de acordo com Menning, a evolução dos casais nesta sequência não é superficial nem isenta de custos emocionais.

Alguns estudos debruçaram-se sobre as vicissitudes psicológicas resultantes não só da infertilidade, mas também do prolongamento no tempo (por vezes vários anos) dos tratamentos médicos que visam restaurar a fertilidade. Os resultados encontrados indicam, regra geral, que a experiência da infertilidade se traduz por incrementos em variáveis como a depressão, a ansiedade, o stress, e sentimentos de culpa, inferioridade e isolamento (Guzmán et al., 1984; Lalos et al., 1985; Pesch et al., 1989), em simultâneo com diminuições da auto-estima, do controlo interno e da qualidade de vida (Abbey et al., 1992). Além disso, foram também identificadas áreas de funcionamento em que as repercussões são particularmente negativas: a) relacionamento sexual (Lalos et al., 1985), b) relacionamento conjugal (Lalos et al., 1985) e, c) conflitos interpessoais (Abbey et al., 1992).

Entre os possíveis problemas sexuais causados pela infertilidade temos a perda da líbido, a inibição do orgasmo e a impotência (Elstein, 1975). Esta realidade é mais um motivo para que certos exames médicos se revistam de cuidados particulares. Muito em especial, o teste pós-coital é uma situação suficientemente stressante para poder gerar problemas sexuais até aí inexistentes (De Vries et al., 1984).

Uma das perguntas que podemos fazer diz respeito ao momento em que os indicadores de sofrimento apresentam resultados mais preocupantes. De acordo com Connolly e colaboradores (1992), e também com Anderson e colaboradores (2003), no início do processo médico da infertilidade, os casais com infertilidade primária não apresentam níveis particularmente elevados de ansiedade ou de depressão. Entre o início do processo médico e o fim da primeira fase de diagnóstico (7 a 9 meses), os sinais de sofrimento psicológico parecem diminuir, excepto nos homens em que se diagnosticou um problema de infertilidade (Connolly et al., 1992). A avaliação da coesão e da adaptabilidade conjugal também não consegue discriminar entre casais férteis e casais inférteis na primeira fase de diagnóstico da infertilidade (Hidalgo et al., 2004). Segundo Benazon e colaboradores (1992), daqui para a frente, a evolução dos sinais de sofrimento psicológico parece depender de se ter conseguido, ou não, obter uma gravidez. Na amostra destes investigadores: a) um ano após o início do processo médico, as mulheres que não conseguiram engravidar apresentavam níveis de stress mais elevados e níveis de satisfação sexual mais baixos do que as mulheres que engravidaram; b) no início, o stress dos homens é mais baixo do que o stress das mulheres; c) um ano depois, as mulheres que não engravidaram apresentavam níveis de stress mais elevados do que as mulheres que engravidaram; d) a satisfação sexual das mulheres que engravidaram parece ter diminuído durante o primeiro ano de tratamento, o que não ocorreu com as mulheres que não engravidaram e, e) o ajustamento conjugal não parece ressentir-se negativamente durante o primeiro ano de diagnóstico e tratamento da infertilidade. Em relação a esta última conclusão, os autores em causa sublinharam dois aspectos. Em primeiro lugar, trata-se de casais cujo casamento resistiu a um período de infertilidade sem apoios nem explicações, após o que resistiu a outro período de "stress hospitalar"; provavelmente, trata-se de casais especiais. Em segundo lugar, e isto é válido para o carácter benigno dos sinais psicológicos na primeira avaliação, o início do tratamento é visto por estes casais como uma fonte de esperança e de apoio; razões para que durante algum tempo, o sofrimento psicológico esteja, de alguma forma, contido.

O mesmo não se pode dizer quando os diagnósticos não apontam uma conclusão esclarecedora, ou quando os tratamentos não conseguem superar a ausência de gravidez, ou ainda, nalguns casos, a ausência de reprodução. O anúncio de que a inseminação artificial não produziu a esperada gravidez é o ponto de partida para um aumento significativo dos sintomas de depressão psicológica (Berghuis e Stanton, 2002).

Segundo Morrow e Thoreson (1995), os melhores preditores do sofrimento psicológico em homens e mulheres inférteis são a auto--culpabilização e o estilo evitante na forma de lidar com os problemas decorrentes da infertilidade. Especificamente em relação à evolução da depressão durante o percurso da infertilidade, Berghuis e Stanton (2002) observaram que os casais que lidam com as vicissitudes deste processo utilizando mecanismos de evitamento (avoidant coping) são particularmente vulneráveis. Naturalmente, face à frustração relacionada com o insucesso médico, vão apresentar uma reacção emocional mais depressiva do que os casais que lidam com o processo médico da infertilidade utilizando mecanismos baseados na resolução de problemas e no processamento e expressão das emoções.

Na realidade, o sofrimento psicológico dos casais inférteis parece evoluir de acordo com o tempo de tratamento. Se numa primeira fase (após o primeiro ano), os sinais de sofrimento não são particularmente elevados, e se numa segunda fase (terminado o segundo ano) podem mesmo reduzir-se a ponto de a sua detecção ser difícil, numa terceira fase (após o terceiro ano) a sua evolução é de tal forma negativa que podemos assistir à sua expansão em áreas como a satisfação sexual e o ajustamento conjugal (Berg e Wilson, 1991). Ainda de acordo com Pepe e Byrne (1991), as consequências negativas que se podem observar nos domínios da satisfação sexual e conjugal tanto podem ser detectadas após como durante o tratamento da infertilidade. Por este motivo, o prolongamento do processo hospitalar destes casais deveria ser abordado com cautela. O arrastar de exames e intervenções ineficazes por mais do que três anos não deveria ocorrer na ausência de um prognóstico relativamente favorável e, nesse caso, um limite máximo de cinco anos deveria constituir um horizonte razoável. Provavelmente, a existência de um horizonte final para os procedimentos clínicos deveria constituir matéria de entendimento prévio entre os casais inférteis e os técnicos de saúde que os vão ajudar. Além disso, e conhecendo as vicissitudes que este tipo de processo arrasta, os casais em diagnóstico e em tratamento deveriam ser alvo de ajuda psicológica desde o início do seu acolhimento nos serviços de infertilidade.

AS INTERVENÇÕES PSICOLÓGICAS COM CASAIS INFÉRTEIS

Um aspecto crucial, frequentemente citado pelos clássicos desta problemática, é a importância da interacção que surge na relação terapêutica com os casais inférteis. Não só somos alertados para o facto de que cada paciente, ou cada casal, tem um timing próprio para ultrapassar as dificuldades que obstaculizam a sua reprodução (sobretudo quando se trata de questões emocionais não conscientes e ligadas a vivências precoces), como somos muitas vezes confrontados com a eficácia da combinação entre as intervenções médicas e psicológicas. Por esse motivo, urge olhar para as tentativas mais bem sucedidas neste campo.

Tão longe quanto 1950, Kroger e Freed advogavam a necessidade de os especialistas da infertilidade assumirem uma atitude psicoterapêutica favorável ao desenvolvimento psicológico dos protagonistas da infertilidade. Em anos mais recentes, surgiram relatos acerca de intervenções psicoterapêuticas, individuais ou de grupo, capazes de restaurar o processo de desenvolvimento psicológico das mulheres inférteis, de as relançar na reconstrução das suas relações conjugais e sociais, e de as dotar de uma nova capacidade de lidar com as vicissitudes do percurso da infertilidade (Ferber, 1995).

Além das psicoterapias individuais e de grupo, têm sido propostas intervenções com casais baseadas no "modelo das relações próximas" (Higgins, 1990), e também intervenções do foro da terapia familiar (Meyers et al., 1995-a; Meyers et al., 1995-b). Uma das questões que se podem levantar ao trabalho com mulheres, casais ou famílias inférteis numa base individual (isto é, com uma só mulher, com um só casal, ou com uma só família de cada vez) é o acréscimo de dificuldade psicológica que vai ser vivida pelos protagonistas da infertilidade. É que estes casais, ou estas famílias, vivem na proximidade de sentimentos muito fortes de culpabilidade e de sofrimento emocional. A sua abordagem psicoterapêutica corre o risco de despertar e incrementar o seu sofrimento, podendo gerar movimentos adversos ao relacionamento familiar e ao envolvimento destas pessoas no processo de tratamento médico.

Como alternativa, a intervenção psicoterapêutica com grupos de mulheres ou de casais inférteis pode constituir um alívio, por si só. O reconhecimento real de que a frustração ligada à vivência da infertilidade não é um castigo individualizado, mas sim uma condição médica e social partilhada por inúmeros outros desconhecidos, é o ponto de partida para alguns passos fundamentais na remissão deste problema: a) vencer o isolamento, estabelecendo novas relações sociais; b) melhorar as capacidades de expressão emocional, partilhando conteúdos críticos com os seus pares; c) aprender novas formas de lidar com o sofrimento psicológico, observando e reagindo face às comunicações e aos recursos dos outros membros do grupo; d) evoluir na interacção com os técnicos de saúde e com os procedimentos médicos ligados à infertilidade, etc.

A intervenção com grupos de casais inférteis mostrou ser particularmente eficaz quando decorre em paralelo com a fertilização in vitro (McNaughton-Cassill et al., 2000). Com este procedimento, alguns aspectos são claramente beneficiados: a) aquisição de conhecimentos e informações acerca da FIV; b) obtenção de apoio social, através da relação com o grupo terapêutico; c) possibilidade de pensar acerca da infertilidade de forma diferente; d) melhoria na capacidade de lidar com o stress, etc.

Um dos melhores exemplos da eficácia da psicoterapia de grupo com mulheres inférteis é a intervenção realizada por Domar e colaboradores (2000-b). No seu estudo, compararam mulheres que participaram em grupos terapêuticos especialmente criados para apoiar mulheres inférteis (dez sessões, uma vez por semana, duas horas por sessão) com mulheres sem este tipo de apoio. Alguns meses depois, constatou-se que as participantes na psicoterapia de grupo apresentavam uma melhoria em variáveis extremamente importantes: capacidade de lidar com o stress, ansiedade, dificuldades conjugais, vigor, confusão e estados emocionais. Pelo contrário, as mulheres do grupo controlo que não beneficiaram do mesmo tipo de apoio apresentavam uma deterioração nas mesmas variáveis.

Ainda mais interessante é a possibilidade de a intervenção psicoterapêutica de grupo exercer uma influência benéfica na remissão da infertilidade. Domar e os seus colaboradores (2000-a), usando a mesma amostra referida no estudo anterior, concluíram que entre as mulheres apoiadas pela psicoterapia de grupo a taxa de gravidezes viáveis supera os 50%, enquanto no grupo controlo essa taxa fica pelos 20%. Análises complementares sobre a ocorrência destas gestações parecem mostrar que a diferença entre as mulheres que beneficiaram da psicoterapia de grupo e as mulheres que não beneficiaram não é devida à intervenção médica, mas sim à participação nos grupos terapêuticos.

CONCLUSÃO

Apesar de resumida, a discussão que agora concluímos mostra que o universo da infertilidade e da reprodução medicamente assistida é extraordinariamente complexo do ponto de vista humano. Quer dizer, não há teorias simples para explicar a infertilidade na ausência de diagnósticos médicos cabais, não existem tratamentos psicológicos rápidos e totalmente eficazes para os casais que sofrem esta vicissitude, nem há promessas de remissão absoluta para quem aceita o sofrimento de vários anos de exames e tratamentos ineficazes. No entanto, e mau grado todos os obstáculos, a associação multidisciplinar de esforços entre todos os técnicos de saúde que se movimentam neste campo parece estar a dar alguns frutos.

O pormenor com que hoje conhecemos as áreas do funcionamento psicológico mais afectadas pela infertilidade e pelo seu tratamento, e a forma como encaramos o apoio psicológico a estes casais mostra que vale a pena investir neste domínio. É claro que todas as cautelas são poucas. Os esforços terapêuticos que podemos assumir têm, forçosamente, de levar em linha de conta o timing necessário para que a evolução psicológica necessária a esta estranha fase do ciclo de vida seja vivida com sucesso. E, aqui, somos forçados a fazer um parêntesis. É que a obtenção de uma gravidez, ou da viabilidade da reprodução, não é o único sucesso possível neste campo. Alguns casais vão ter de aceitar que ou a gravidez, ou a reprodução, não estão biologicamente ao seu alcance.

Nos casos em que o desfecho possível não é o mais desejado, é necessário assegurar que as pessoas em causa continuam a ser apoiadas, respeitadas na aquisição de uma nova identidade social e, além disso, continuam a ser acompanhadas na busca de uma alternativa. Qual é a alternativa mais válida para estes casais, ou qual é a melhor forma de a construir, é uma questão que está fora do âmbito deste capítulo. No entanto, acreditamos que continua a ser uma questão que precisa de ser debatida no âmbito da interacção entre todos os profissionais de saúde, não só do ponto de vista da eficácia, mas também do ponto de vista da ética e da deontologia de todos os sectores que se inserem na luta pela saúde.

BIBLIOGRAFIA

ABBEY, A.; Andrews, F.M.; HALMAN, L.J. (1992) "Infertility and subjective well-being: the mediating roles of self-esteem, internal control, and interpersonal conflict", Journal of Marriage and the Family, V. 54, n.º 2, pp. 408-417.

ANDERSON, K.M.; SHARPE, M.; RATTRAY, A.; IRVINE, D.S. (2003) "Distress and concerns in couples referred to a specialist infertility clinic", Journal of Psychosomatic Research, V. 54, pp. 353-355.

ANSELMINO, K.J. (1947) "Schwangerschaften nach langjahriger, unbehandelter Kinderlosigkeit", Geburtshilfe und Frauenheilkunde, V. 3, n.º 1, pp. 139 s. Citado por Langer, M. (1983).

BENAZON, N.; WRIGHT, J.; SABOURIN, S. (1992) "Stress, sexual satisfaction, and marital adjustment in infertile couples", Journal of Sex & Marital Therapy, V. 18, n.º 4, pp. 273-284.

BENEDEK, T.; HAM, G.C.; ROBBINS, F.P.; RUBENSTEIN, B.B. (1953) "Some emotional factors in infertility", Psychosomatic Medicine, V. 15, n.º 5, pp. 485-498.

BERG, B.J.; WILSON, J.F. (1991) "Psychological functioning across stages of treatment for infertility", Journal of Behavioral Medicine, V. 14, n.º 1, pp. 11-26.

BERGHUIS, J.P.; STANTON, A.L. (2002) "Adjustment to a dyadic stressor: a longitudinal study of coping and depressive symptoms in infertile couples over an insemination attempt", Journal of Consulting and Clinical Psychology, V. 70, n.º 2, pp. 433-438.

BLUM, B.L. (1980) (Editor) "Psychological aspects of pregnancy, birthing, and bonding", Human Sciences Press, New York.

CONNOLLY, K.J.; EDELMANN, R.J.; COOKE, I.D.; ROBSON, J. (1992) "The impact of infertility on psychological functioning", Journal of Psychosomatic Research, V. 36, n.º 5, pp. 459-468.

DE VRIES, K.; DEGANI, S.; EIBSCHITZ, I.; OETTINGER, M.; ZILBERMAN, A.; Sharf, M. (1984) "The influence of the postcoital test on the sexual function of infertile women", Journal of Psychosomatic Obstetrics and Gynaecology, V. 3, pp. 101-106.

DEUTSCH, H. (1945) "The psychology of women: a psychoanalytic interpretation", Volume I, Grune and Stratton, New York.

DEUTSCH, H. (1945) "The psychology of women: a psychoanalytic interpretation", Volume II, Grune and Stratton, New York.

DOMAR, A.D.; CLAPP, D.; SLAWSBY, E.A.; DUSEK, J.; KESSEL, B.; FREIZINGER, M. (2000-a) "Impact of group psychological interventions on pregnancy rates in infertile women", Fertility and Sterility, V. 73, n.º 4, pp. 805-811.

DOMAR, A.D.; CLAPP, D.; SLAWSBY, E.; KESSEL, B.; ORAV, J. (2000-b) "The impact of group psychological interventions on distress in infertile women", Health Psychology, V. 19, n.º 6, pp. 568-575.

ELSTEIN, M. (1975) "Effect of infertility on psychosexual function", British Medical Journal, V. 3, pp. 296-299.

FERBER, G.M. (1995) "An empathy-supporting approach to the treatment of infertile women", Psychotherapy, V. 32, n.º 3, pp. 437-442.

GUZMÁN, A.; ORTIZ, M.; ZIGHELBOIM, I. (1984) "Estudio psicosocial de la pareja infértil", Revista de Obstetricia y Ginecologia de Venezuela, V. 44, n.º 1, pp. 57-70.

HANSON, F.M.; ROCK, J. (1950) "The effect of adoption on fertility and other reproductive functions.", American Journal of Obstetrics and Gynecology, V. 59, n.º 2, pp. 311-320.

HEIMAN, M. (1962) "Toward a psychosomatic concept in infertility", in Kroger (1962-a), pp. 354-360.

HIDALGO, M.P. L.; CALEFFI, L.; BARON, A.; MATTANA, E.; CHAVES, M.L.F. (2004) "Cohesion and adaptability among individuals under treatment for infertility", Psychological Reports, V. 94, pp. 55-65.

HIGGINS, B.S. (1990) "Couple infertility: from the perspective of the close-relationship model", Family Relations, V. 39, pp. 81-86.

KROGER, W.S. (1962-a) (Editor) "Psychosomatic obstetrics, gynecology and endocrinology", Charles C. Thomas Publisher, Springfield, Illinois.

KROGER, W.S. (1962-b) "Psychosomatic aspects of infertility", in Kroger, W.S. (1962-a), pp. 339-342.

KROGER, W.S.; Freed, S.C. (1950) "Psychosomatic aspects of sterility", V. 59, pp. 867-874.

LALOS, A.; LALOS, O.; JACOBSSON, L.; VON SCHOULTZ, B. (1985) "A psychosocial characterization of infertile couples before surgical treatment of the

female", Journal of Psychosomatic Obstetrics and Gynaecology, V. 4, pp. 83-93.
LANGER, M. (1958) "Sterility and envy", The International Journal of Psychoanalysis, V. 39, pp. 139-143.
LANGER, M. (1983) "Maternidad y Sexo", Ediciones Paidós Ibérica S.A., Barcelona.
LANGER, M.; OCHANDORENA, R.P. (1953) "El espasmo de las trompas como origen de esterilidad: sus causas, mecanismo y tratamiento", Revista de Psicoanálisis, V. 10, n.° 1, pp. 103-115.
MANDY, T.E.; MANDY, A.J. (1962) "The psychosomatic aspects of infertility", in Kroger, W. S. (1962-a), pp. 343-353.
MAI, F.M. (1971) "Conception after adoption: an open question", Psychosomatic Medicine, V. 33, n.° 6, pp. 509-514.
MCNAUGHTON-CASSILL, M.E.; BOSTWICK, M.; VANSCOY, S.E.; ARTHUR, N.J.; HICKMAN, T.N.; ROBINSON, R.D.; Neal, G.S. (2000) "Development of brief stress management support groups for couples undergoing in vitro fertilization treatment", Fertility and Sterility, V. 74, n.° 1, pp. 87-93.
MENNING, B.E. (1980) "Psychological issues in infertility", in Blum, B.L. (1980), pp. 33-55.
MEYERS, M.; DIAMOND, R.; KEZUR, D.; SCHARF, C.; WEINSHEL, M.; Rait, D.S. (1995-a) "An infertility primer for family therapists: I. Medical, social , and psychological dimensions", Family Process, V. 34, pp. 219-229.
MEYERS, M.; WEINSHEL, M.; SCHARF, C.; KEZUR, D.; DIAMOND, R.; RAIT, D.S. (1995-b) "An infertility primer for family therapists: II. Working with couples who struggle with infertility", Family Process, V. 34, pp. 231-240.
MORROW, K.A.; THORESON, R.W. (1995) "Predictors of psychological distress among infertility clinic patients", Journal of Consulting and Clinical Psychology, V. 63, n.° 1, pp. 163-167.
ORR, D.W. (1941) "Pregnancy following the decision to adopt." Psychosomatic Medicine, V. 3, n.° 4, pp. 441-446.
PEPE, M.V.; BYRNE, T.J. (1991) "Women's perceptions of immediate and long-term effects of failed infertility treatment on marital and sexual satisfaction", Family Relations, V. 40, n.° 3, pp. 303-309.
PESCH, U.; WEYER, G.; TAUBERT, H.-D. (1989) "Coping mechanisms in infertile women with luteal phase insufficiency", Journal of Psychosomatic Obstetrics and Gynaecology, V. 10, pp. 15-23.
REBOUL, J. (1976) "La femme, le médecin et la stérilité, Privat/Lesot, Toulouse.
RUBIN, I. C. (1945) "Therapeutic aspects of uterotubal insufflation in sterility", V. 50, pp. 621-640.
SEGUY, B. (1980) "Stérilité féminine psychogène et glaire cervicale", Revue Française de Gynécologie, V. 75, n.° 4, pp. 215-217.

MUDAM-SE OS TEMPOS, MANDA A VONTADE: O DESEJO E O DIREITO A TER UM FILHO

M. Patrão Neves
*Professora de Filosofia
na Universidade dos Açores*

Mudam-se os tempos ...
  O vertiginoso desenvolvimento biotecnológico das últimas décadas tem revestido o Homem de um poder verdadeiramente inédito que apenas a imaginação humana, animada pelo desejo, havia projectado na literatura e no cinema de ficção.

Manda a vontade ...
  Mas a ficção vem-se tornando realidade e ao Homem cada vez menos é impossível. Hoje, conquistou o poder de "engenheirar" a vida, vegetal, animal e humana, na sua origem, no seu decurso e no seu termo.

O desejo de um filho ...
  E na origem da vida humana está o desejo de um filho que também o casal infértil pode actualmente realizar através do recurso às tecnologias reprodutivas.

O direito a ter um filho ...
  A procriação medicamente assistida permite igualmente a conversão da expressão do desejo de um filho na reivindicação do direito a ter um filho, instaurando uma nova vulnerabilidade, esta mesma paradigmática

de toda a vulnerabilidade humana: a do embrião, a da vida humana na sua pungente e indelével dependência do outro.

1. Do "desejo" ao "direito": o poder

1.1. O desejo de um filho

A prática da procriação medicamente assistida (PMA) é hoje consensualmente legítima enquanto meio para "contornar" ou "superar" a infertilidade do casal que, consciente e responsavelmente, assumiu o valor incondicionado de um filho como expressão da realização pessoal de cada um e da relação que os une. Assim sendo, a PMA é colocada ao serviço do casal, visando, do ponto de vista biológico, restaurar, ou melhor, substituir uma função ausente, que natural e normalmente seria desempenhada pelas pessoas em causa, e contribuindo, do ponto de vista humano, para dar uma expressão única a uma relação de amor já existente. Em suma, a PMA é eticamente legítima enquanto concretiza a expressão biológica de uma relação afectiva.

É neste mesmo sentido que se orientam os "Pareceres" do Conselho Nacional de Ética para as Ciências da Vida (CNECV) sobre a matéria[1], nomeadamente o n.º 3 de 1993[2], o n.º 23 de 1997[3] e, muito em particular, o mais recente n.º 44 de Julho de 2004[4]. Este último estrutura-se, na sua globalidade, a partir de dois pressupostos axiais enunciados no segundo

---

[1] Sendo o Conselho Nacional de Ética para as Ciências da Vida (CNECV) um organismo independente e pluralista e reflectindo a sua composição uma significativa diversidade de domínios científicos, os seus pronunciamentos resultam sempre de uma muito ampla discussão, que beneficia dos contributos de uma pluralidade de perspectivas, e a partir da qual se sistematizam os consensos possíveis. Os dissensos são expressos nas declarações de voto.

[2] Cf. Conselho Nacional de Ética para as Ciências da Vida, "3/CNE/93", *Documentação*, vol. I (1991-1993), 1993: 75-100.

[3] Cf. Conselho Nacional de Ética para as Ciências da Vida, "23/CNECV/97", *Documentação*, vol. IV (1997), 1998: 63-67.

[4] Cf. Conselho Nacional de Ética para as Ciências da Vida, "44/CNECV/2004", *Documentação*, 9 (2004), 2004: 67-71. Todos os "Pareceres" do Conselho Nacional de Ética para as Ciências da Vida estão disponíveis em http://www.cnecv.gov.pt

parágrafo do "Parecer": a "fidelidade ao desígnio original das técnicas de PMA" e a restrição da sua utilização a "razões médicas".

O primeiro aspecto – "fidelidade ao desígnio original" – justifica que a PMA seja apresentada como um "método terapêutico subsidiário" (44/CNECV/2004, 3), isto é, de assistência médica à infertilidade percepcionada como doença, rejeitando assim a possibilidade de vir a ser utilizada como "procedimento alternativo à reprodução natural", ou seja, como uma mera técnica reprodutiva de livre acesso aos possíveis interessados e para as finalidades por eles projectadas. Deste modo, o recurso à PMA fica circunscrito: aos casais heterossexuais inférteis, ao abrigo do "princípio da subsidiariedade", que perspectiva a utilização das biotecnologias como meio humano para restaurar uma função natural que por deficiência se não verifica; e à manipulação exclusiva dos gâmetas do casal, ao abrigo do princípio da "não instrumentalização da vida humana, decorrente do princípio da dignidade humana" (*Ibid.*, 7), na medida em que apenas a procriação assistida com os gâmetas do próprio casal garante que a finalidade do procedimento não seja a da geração de uma criança, mas a do filho daquele casal (concretização biológica de uma vivência de amor).

O segundo aspecto – a subordinação do recurso à PMA a razões médicas – surge, inicialmente, de um modo algo inesperado na medida em que já estaria contemplado no primeiro enunciado: a restrição das técnicas de PMA às situações de infertilidade equivaleria ao seu recurso exclusivo para assistência a esta doença. A especificação agora introduzida, e aparentemente desnecessária, indicia que a PMA, no seu desígnio original de superar a infertilidade, ou não a perspectivava como uma doença, e/ou que existem outras situações clínicas, para além da infertilidade, que podem beneficiar da PMA. Neste último caso, o recurso à PMA seria viabilizado para outras situações para além das de infertilidade, ao abrigo do princípio de ética médica da beneficência, como obrigatoriedade de promover o bem da pessoa doente. É também neste contexto que se justificam as derrogações que o CNECV admite tanto ao "princípio da subsidiariedade", na admissibilidade do recurso à PMA para "prevenção da transmissão de doenças graves de origem genética ou outra" (*Ibid.*, 4), como, afinal, ao da "não instrumentalização da vida humana", na admissibilidade do "recurso a doação singular de gâmetas", "quando esteja em causa a saúde reprodutiva do casal" (*Ibid.*, 8).

Estas derrogações não são consensuais – o que aliás se evidencia em diferentes "declarações de voto" a este Parecer de 2004. E não o são sobretudo na medida em que extravasam o âmbito de uma PMA dita homóloga, no sentido em que envolve apenas gâmetas dos aspirantes a pais, e se desenvolvem no âmbito de uma PMA heteróloga, isto é, envolvendo elementos estranhos ao casal. Rompe-se assim o princípio da subsidiariedade, uma vez que a acção médica já não atende única e especificamente à situação de infertilidade do casal, mas visa a produção de uma criança; a partir daqui, abre-se a porta a uma panóplia de situações que não se relacionam mais com a infertilidade, franqueia-se a possibilidade de desrespeito do princípio da não instrumentalização da vida humana, uma vez que esta é agora gerada recorrendo ao material biológico considerado necessário e independentemente da coincidência entre a "dimensão afectiva" e a "componente biológica" da procriação; e dificilmente se pode invocar o princípio de ética médica da beneficência que, no âmbito da PMA, só se aplica com propriedade a par com o da subsidiariedade. O princípio da beneficência só pode ser invocado se a PMA se aplicar como "método terapêutico subsidiário", isto é, considerando a infertilidade como doença do casal e colmatando a deficiência reprodutiva deste.

De facto, estas derrogações só se compreendem cabalmente ao abrigo do princípio da autonomia, isto é, do respeito da vontade livremente expressa por cada pessoa, e na afirmação da preponderância deste princípio ético em relação a outros, numa clara assunção de um sistema liberal de valores de pendor libertário. Com efeito – importa reconhecê-lo –, o recurso à doação de gâmetas para a produção de um novo ser não supera ou contorna a infertilidade do casal, cuja relação permanece sem expressão biológica, nem tão pouco favorece a assunção da condição de infertilidade do casal, mais facilmente conduzindo a uma atitude de má-fé, sob a pretensa exclusiva exigência de respeito pela sua autonomia.

A invocação do princípio da autonomia para o recurso à PMA implica o deslocamento da atenção à doença do casal e ao seu tratamento para a pessoa individual e os seus interesses o que, relativamente à geração de uma nova vida, favorece o deslocamento da atenção do filho a gerar, enquanto projecto parental, para os candidatos a pais, enquanto sujeitos dotados de vontade própria e livres. Em suma, a consideração exclusiva do princípio da autonomia no âmbito da PMA conduz à conversão do comum desejo de um filho, enquanto expressão de um projecto parental, num reivindicado direito a um filho, enquanto visado pela liberdade dos candidatos a pais.

1.2. *O direito a um filho*

Consideramos pois que a PMA dita heteróloga, pretendendo ser apoiada por diferentes princípios éticos, só se justifica verdadeira e amplamente a partir do princípio da autonomia e na afirmação deste como preponderante, no caso de dilema com outros princípios. Daí que, sendo a PMA com recurso a dador uma prática comum no mundo ocidental e também em Portugal, ela seja invariavelmente reclamada no âmbito de uma designada liberdade reprodutiva. Esta, inicialmente reivindicada como direito de cada um a decidir o número de filhos a ter e a ocasião para os gerar, no âmbito do controlo da fertilidade, vê-se hoje pervertida numa reivindicação do direito a ter filhos e de opção quanto às modalidades disponíveis para os gerar, agora no âmbito do controlo sobre a infertilidade. A diferença qualitativa mais significativa é a de que o primeiro direito enunciado incide sobre o corpo do próprio, sendo um direito negativo, de não ingerência, enquanto o segundo se exerce sobre uma nova vida, um outro ser humano, sendo um direito positivo, de exigência de realização e/ou posse de um bem, neste caso, de um filho.

A legitimação da prática da PMA apenas pelo princípio da autonomia permite que ela venha a ser utilizada numa crescente diversidade de situações, de modalidades de intervenção e de número de protagonistas envolvidos no processo reprodutivo, a partir do recurso, potencialmente cumulativo, à doação de esperma, criopreservado em bancos de esperma, à doação de ovócitos, *in vivo*, à utilização do útero de uma outra mulher que não a que aspira a ser mãe. A partir daqui os cenários possíveis multiplicam-se quase exponencialmente.

No que se refere à doação de esperma, podemos mencionar, a título de exemplo, a mulher lésbica que, independentemente de ser infértil, recusa manter uma relação heterossexual e opta por recorrer a um banco de esperma para que, através de uma inseminação artificial ou de uma fertilização *in vitro* possa vir a engravidar e ter um filho; ou ainda um caso menos comum como é o da pastora norte-americana Lesley Northrup que, em 1987, solteira e virgem, recorreu à doação de esperma para se tornar numa mãe-virgem. O recurso a bancos de esperma é já hoje uma prática não rara que, além de desrespeitar o princípio da subsidiariedade – não há qualquer infertilidade diagnosticada –, instrumentaliza a vida humana porque produz uma criança fora de uma relação afectiva – realidade única que justifica e legitima a sua existência[5] – e introduz uma assimetria no casal – apenas um dos membros do casal mantém uma relação biológica com o filho – ou satisfaz um desejo egoísta – no caso da mulher singular que priva intencionalmente o novo ser da presença e mesmo do conhecimento de um dos seus progenitores biológicos, o pai.

Já no que se refere à doação de ovócitos, podemos aqui lembrar, mais uma vez a título de exemplo, a mulher pós-menopausa que recorre a ovócitos de mulheres jovens, a serem fertilizados *in vitro* pelo esperma do seu marido, sendo o embrião posteriormente transferido para o seu útero. Estes casos, não obstante ainda relativamente escassos, são empenhadamente divulgados pela comunicação social, granjeando um significativo impacto no público, tal como aconteceu com a romena Adriana Iliescu que bateu o record da parturiente mais velha do mundo, com 66 anos. Mais uma vez se desrespeita o princípio da subsidiariedade – uma vez que o factor impeditivo da procriação natural da mulher não é a infertilidade mas o envelhecimento –, bem como o da não instrumentalização da vida humana pelas razões fundamentais apontadas de ausência do berço da relação afectiva e da distorção de uma visão autocentrada da relação mãe-filho. Acresce, neste caso, o agravamento do inconformismo ou má-fé testemunhados no dar à luz uma criança que não é biologicamente sua e que, deliberadamente, por exclusivo interesse próprio, está sujeita a uma provável orfandade precoce[6].

---

[5] Só a existência da relação afectiva do casal legitima eticamente a geração de um filho, expressão biológica e também espiritual de uma vida partilhada pelos seus progenitores. À margem do recurso às tecnologias reprodutivas, podemos aqui referir o exemplo recorrente do casal cuja relação afectiva se está a deteriorar e que decide ter um filho para, como é comum dizer-se, "salvar o casamento". Também neste caso se assiste à instrumentalização da geração de um filho e mais uma vez se verifica a ausência de uma relação afectiva, a única que garante a dignidade do novo ser humano a gerar. Não obstante, esta realidade não invalida nem tão somente enfraquece o argumento da não instrumentalização da nova vida como contrário à PMA heteróloga. O facto desta moralmente reprovável instrumentalização de um novo ser humano ocorrer por meios naturais não pode nem deve constituir argumento favorável para a institucionalização da sua prática repetida por meios artificiais, através da PMA, no reiterar da falta moral.

[6] O facto de muitas crianças, recém-nascidos e mesmo fetos poderem ser violentamente afectados pelas circunstâncias de vida que os acolhem e acompanham o seu crescimento (por exemplo: morte do pai antes do nascimento, acidente e posterior deficiência da mãe durante a gestação, morte prematura do casal, etc.), por causas acidentais e não desejadas, é qualitativamente distinto (e, por isso, não comparável) com a geração de novas

Por fim, no que se refere ao terceiro aspecto apontado – o de útero de substituição – evocamos o exemplo da jovem que não tem útero ou que sofre de uma doença grave incompatível com a maternidade e que propõe a recolha dos seus ovócitos e do esperma do marido para que depois de gerado um embrião este possa vir a ser implantado no útero de uma outra mulher que se voluntarizou para a gestação do novo ser; ou ainda, numa situação ainda hoje igualmente rara, o caso de dois homossexuais britânicos, Barrie Drewitt e Tony Barlow, que compraram ovócitos a uma mulher norte-americana os quais, depois de fertilizados com o esperma de ambos, foram recebidos no útero de uma outra mulher, também britânica, que veio a dar à luz os gémeos (heterozigóticos) daqueles dois pais. Mais uma vez se desrespeita o princípio da subsidiariedade na medida em que a acção médica não visa a restauração da capacidade reprodutiva, absolutamente inexistente ou rigorosamente não utilizada, mas antes produzi-la onde está ausente ou tão simplesmente não exercitada. Para além da instrumentalização do novo ser em gestação e das condições adversas a que a sua vida é intencionalmente sujeita, acresce ainda a instrumentalização da mulher--gestante, reduzida agora a incubadora.

As três diversas situações de deficiência e/ou ausência de um dos três componentes biológicos para a procriação que os casos descritos particularizam – respectivamente, esperma, ovócitos, útero –, são igualmente determinadas pelo respeito pelo princípio da autonomia, singularmente considerado e perspectivado como obrigação positiva. São duas as implicações mais imediatas e graves da preponderância do princípio da autonomia. Uma primeira é a do desregramento da utilização das técnicas da PMA, cujo critério de aplicação fica essencialmente dependente de opções individuais, quer dos candidatos a pais, ditado pela sua vontade ou capricho, quer dos técnicos em geral que trabalham neste domínio, e que tanto pode ser determinado por uma suposta beneficência como pela afirmação científica, prestígio social, fama mediática, lucro económico, etc. Uma segunda implicação, ainda mais grave, é a da subordinação dos interesses da futura criança aos dos candidatos a pais, negligenciando, calculista e deliberadamente, o elementar direito de cada novo ser humano a ser

---

vidas humanas em circunstâncias antecipada e deliberadamente constituídas em prejuízo da criança (reproduzindo intencionalmente situações acidentais indesejadas). O raciocínio desenvolvido na nota anterior acerca da não reiteração institucional de uma situação natural reprovável, aplica-se de igual modo em relação à presente questão.

gerado no seio de numa relação afectiva que o deverá embalar também e acompanhá-lo na vida.

Estes aspectos evidenciam a conversão do legítimo desejo de um filho, enquanto coincidente na sua dimensão biológica com o projecto afectivo, num ilegítimo direito a um filho que, enquanto tal, seria reduzido na sua identidade a um mero objecto ou bem cuja posse seria susceptível de ser reclamada como direito por outrem. Esta é uma consequência directa da aplicação do princípio da autonomia no âmbito da PMA. Esquece-se, entretanto, que o princípio da autonomia só é eticamente legítimo em relação ao próprio ou por respeito a outrem e jamais como reivindicação do outro, neste caso, do filho. Todo o ser humano é um sujeito de direitos e o não objectivável por excelência[7]; por isso ele é um fim em si mesmo e não um meio de realização de qualquer outro projecto. Eis no que consiste a sua dignidade intrínseca, o seu valor incondicionado. Um filho está absolutamente fora do âmbito de aplicação do princípio ético da autonomia. E um direito a um filho seria incompatível com a dignidade do filho.

2. Do "direito" ao "desejo": o dever

Regressemos pois ao "desejo" de um filho, rejeitado que está o "direito" a um filho; recuperemos o sentido do "dever" nas modalidades de utilização da PMA, excluída que está a possibilidade de usar esse "poder" indiscriminadamente.

Este sentido do dever é sempre duplamente enunciado. Ele exprime--se primeira e mais amplamente como legitimidade ética, sendo esta hoje fundada, enquanto ética social, em valores partilhados, numa moral comum e num processo de deliberação dialógico e promotor de consensos. Neste plano, introduzimos já a posição do Conselho Nacional de Ética para as Ciências da Vida que, como vimos, se pronunciou repetidas vezes

---

[7] O debate em torno da PMA está inquinado por várias falácias, algumas das quais temos vindo a apontar. Nesta fase da exposição seria oportuno apontar mais uma que se refere ao reconhecimento, praticamente universal, de que todo o ser humano é um sujeito de direitos não podendo, por isso, tornar-se posse de quem quer que seja numa sua consequente redução ao estatuto de coisa. Compreende-se assim que os pais não são "donos" da criança nascida mas, tão mais sublime, apenas cuidadores ou guardiães responsáveis.

sobre as condições em que considera o recurso à PMA eticamente legítimo. Mas o dever exprime-se também, num sentido posterior e mais restrito, como legalidade jurídica, fundada então nos Códigos Civil e Penal. É, aliás, a enunciação do dever jurídico que evita o desregramento da utilização das técnicas reprodutivas, pelo que a elaboração de legislação específica se torna imperativa, tal como afirma a Assembleia Parlamentar do Conselho da Europa na sua Recomendação n.º 1046, de 1986, em que sugere a todos os Estados membros que definam os termos a respeitar no âmbito da PMA[8].

O ano de 1986 é também o do nascimento do primeiro bebé português criado por fertilização *in vitro*. E, todavia, apenas no presente ano de 2006, e depois de algumas iniciativas jurídicas que por diversas razões não se vieram a concretizar[9], se aprovou finalmente em Portugal uma lei da procriação medicamente assistida – Lei 32/2006, de 26 de Julho[10] – isto é a enunciação do sentido jurídico do dever. Consideremo-lo confrontando-o com o sentido ético do dever expresso pelo CNECV.

Entendemos que uma lei nacional sobre PMA se define no seu perfil ético-jurídico e comparativamente com outras segundo a comum classificação de liberal, moderada ou conservadora a partir do que estipula em relação a quatro matérias fundamentais: finalidade, beneficiários, material biológico envolvido e disposições relativamente aos embriões, nomeadamente os embriões excedentários.

Finalidade da procriação medicamente assistida

No que se refere à finalidade da PMA, a Lei 32/2006 é inequívoca na afirmação de que se trata de "um método subsidiário, e não alternativo, de

---

[8] A Recomendação n.º 1046, de 1986, incide sobre "o uso de embriões e fetos humanos para fins de diagnóstico, terapêutico, científico, industrial e comercial", podendo ser consultada em:
http://assembly.coe.int/Documents/AdoptedText/ta86/erec1046.htm

[9] A iniciativa jurídica de regulamentação da PMA que alcançou maior desenvolvimento antes de fracassar foi a desencadeada em 1997, pelo Governo de então. Este apresentou uma proposta de lei que veio a ser aprovada e convertida em decreto pela Assembleia da República (n.º 415/VII), tendo sido posteriormente vetada pelo Presidente da República (30 de Julho de 1999 – Diário da República, II Série, 82, p. 2316), devido à inexistência de um amplo consenso em matéria de procriação medicamente assistida e questões afins.

[10] Disponível em: http://dre.pt/pdf1sdip/2006/07/14300/52455250.PDF

procriação" (art. 4.º, 1), o que denota a perspectivação das tecnologias reprodutivas exclusivamente como meio de intervenção médica.

Porém, esta orientação não restringe a PMA ao tratamento de situações de infertilidade. Aquela abre-se a um amplo, quiçá algo indeterminado, leque de possibilidades de intervenção como sejam o "tratamento de doença grave ou do risco de transmissão de doenças de origem genética, infecciosa ou outras" (art. 4.º, 2) e ainda para obtenção de um embrião de um determinado grupo HLA[11] compatível com o de outrém afectado de doença grave e para tratamento deste (art. 7.º, 3). A ambiguidade do texto da lei na admissibilidade da PMA para "tratamento de doença grave" "ou outras", sobretudo sem precisar estas últimas, imprime-lhe uma amplitude sob qualquer perspectiva excessiva. Quanto ao alargamento do recurso da PMA às três situações especificadas – evitar a transmissão de doenças de origem genética, de doenças infecciosas e viabilizar a obtenção de um embrião de um determinado grupo HLA – é comum a vários países ocidentais, particularmente aqueles com uma legislação liberal sobre a matéria.

Com efeito, a PMA é já hoje bastante utilizada, nos países ocidentais, entre casais que, sendo férteis, têm razoável probabilidade de transmitirem uma doença genética ao seu futuro filho. Nesta situação, aconselha-se a PMA seguida de diagnóstico genético pré-implantação com o objectivo de "identificação de embriões não portadores de anomalia grave, antes da sua transferência para o útero da mulher" (art. 28.º, 1). A PMA tem sido também utilizada por casais em que o homem tem SIDA ou é seropositivo, havendo assim oportunidade para proceder a uma lavagem de esperma prévia à fertilização *in vitro*, procedimento que diminui o risco de transmissão do VIH. Por fim, a situação de um casal recorrer à PMA para obtenção de um embrião de um determinado grupo HLA tem-se verificado como processo de obtenção de um dador de medula compatível com outrem, frequentemente com um anterior filho desse casal afectado de leucemia.

Estas três situações em que a lei portuguesa permite que a PMA extravase a sua finalidade originária de tratamento da infertilidade apresentam problemas éticos diversos. No primeiro caso, a questão radica na

---

[11] O HLA (*Human Leucocyte Antigen*) é determinante na ocorrência de eventos imunológicos.

prática do diagnóstico genético pré-implantação (DGPI). Este visa, em termos gerais, avaliar a condição do embrião relativamente a anomalias genéticas associadas à expressão de doenças ou deficiências graves. Assim sendo, viabiliza a transferência para o útero da mulher apenas dos embriões diagnosticados como saudáveis, ao mesmo tempo que implica a destruição dos embriões portadores de anomalia genética, ao abrigo do princípio da beneficência. Simultaneamente, nestas situações em que o DGPI é medicamente recomendável, há vantagens em produzir (por fertilização *in vitro*) um número de embriões superior ao susceptível de ser transferido para o útero da mulher, de modo a aumentar as probabilidades de obter embriões saudáveis. Desta forma, avança-se para a produção de embriões inevitavelmente excedentários, ou seja, que são excluídos do projecto parental originário, e cujo fim oscila entre a destruição imediata (dos portadores de anomalia genética) e a criopreservação (dos saudáveis), no adiamento de um destino incerto. Sendo hoje possível alcançar um consenso significativo relativamente à destruição de embriões detectados como portadores de doença genética (a partir do DGPI e sob níveis de restrição variáveis), o destino dos embriões excedentários testados como saudáveis mantém-se como eticamente controverso. As principais questões éticas suscitadas pelo DGPI são, pois, relativas às acções praticadas sobre o embrião, quer na produção de embriões excedentários, o que o Parecer do CNECV reprova, quer ainda na manipulação do embrião para escolha de determinadas características como, por exemplo, do sexo, que a Lei 32/2006 não autoriza (art. 7.º, 2), ou de um determinado tipo de HLA, que a lei admite (art. 7.º, 3), como vimos anteriormente[12].

A segunda situação, em que o recurso à PMA é justificado por razões médicas distintas da infertilidade, é a de prevenção da transmissão do VIH por um homem com SIDA ou seropositivo que deseja ser pai. Este caso encontra-se implicitamente contemplado no Parecer do CNECV como justificando uma "derrogação" ao princípio da subsidiariedade, a autorizar

---

[12] As questões éticas relativas ao diagnóstico pré-implantação são numerosas e complexas, pelo que o Conselho Nacional de Ética deliberou elaborar um Parecer autónomo sobre esta matéria, anunciando-o na "introdução" ao seu Parecer sobre Procriação Medicamente Assistida. A Lei 32/2006, da PMA, apresenta o "diagnóstico genético pré-implantação" entre as "técnicas de procriação medicamente assistida" (art. 2.º, e)), o que efectivamente não é (não obstante apenas se poder aplicar a partir do sucesso da PMA), e dedica-lhe o capítulo V que inclui dois artigos (o 28.º e o 29.º).

por "uma entidade independente" (44/CNECV/2004, 4). Apesar de, na situação descrita, este princípio não ser efectivamente cumprido, a PMA é, não obstante, utilizada como auxiliar "da concretização de um projecto parental" (*Ibid.*, 5) o qual, na ausência das técnicas da PMA, o casal talvez não prosseguisse. Simultaneamente, esta prática obedece ao princípio da beneficência, na medida em que contribui para diminuir a probabilidade da criança nascer seropositiva.

A terceira situação indicada refere-se ao recurso à PMA como uma técnica ou meio de obtenção de um embrião de um determinado grupo HLA. As objecções apontadas às anteriores situações agravam-se agora. No presente caso, não se regista qualquer infertilidade e torna-se também conveniente a produção de um número elevado de embriões, a que acresce o facto de se requerer a prática do DGPI para selecção do embrião a ser transferido para o útero, a partir de um critério exclusivamente utilitário. Os embriões a transferir são seleccionados pela possibilidade que apresentam de se virem a tornar dadores de células, isto é, por uma finalidade instrumental, e os embriões a eliminar podem ser saudáveis, sendo todavia considerados como inúteis para o fim em vista, no reiterar de um puro utilitarismo. A utilidade é um princípio ético que enuncia a exigência de maximização do bem-estar ou da felicidade do indivíduo, factor inalienável em todo o processo de tomada de decisão. Não obstante, importa reconhecer que o princípio da utilidade não se pode aplicar à vida humana sem entrar em contradição e excluir o princípio da dignidade humana: o valor da vida humana é incondicionado e assim absolutamente independente de qualquer utilidade[13]. Havíamos já anteriormente concluído que o princípio da autonomia não se deve aplicar hegemonicamente à procriação medicamente assistida; acrescentamos agora que o princípio da utilidade não deve ser ponderado neste mesmo âmbito, sob o risco de suprimir a exigência de respeito pela dignidade humana.

---

[13] Neste contexto, o recurso à PMA para produção de um embrião de um determinado tipo HLA só seria admissível, excepcionalmente, se o casal não excluísse do projecto parental os embriões produzidos (reconhecendo a incondicionada dignidade de todos), se bem que desse prioridade à gestação daquele cujo tipo de HLA correspondesse ao desejado (reivindicando o princípio da utilidade). Este ponto de equilíbrio instável e teoricamente débil, não justificaria ainda a interrogação pela legitimidade de recurso a uma criança como dadora, o que só deve acontecer em inquestionável benefício próprio, garantido pelos pais como seus primeiros e mais plenos guardiães.

Esta terceira situação destacada, evidenciando uma instrumentalização da vida humana, na medida em que a perspectiva não em si mesma mas como um meio técnico ou processo terapêutico (também commumente designado por "embrião medicamento"), não cabe nas possíveis derrogações ao princípio da subsidiariedade que o CNECV admite, após autorização de uma "entidade independente, de natureza pluridisciplinar, destinada ao acompanhamento técnico, ético e social da utilização das técnicas de procriação medicamente assistida" (44/CNECV/2004, 4). A Lei 32/2006, pelo contrário, e tal como já o dissemos, admite o recurso à PMA como meio de obtenção de um embrião de um determinado grupo HLA. Em todo o caso, subordina-o à autorização de uma "entidade independente", cuja criação era recomendada pelo Conselho Nacional de Ética, e a que a lei da PMA vem conferir existência legal, designado-a por Conselho Nacional de Procriação Medicamente Assistida (CNPMA). Este Conselho deverá autorizar o recurso da PMA para obtenção de um determinado grupo HLA "caso a caso" (art. 30.°, 2, q)).

Brevemente, a PMA pode ser hoje perspectivada como um processo subsidiário de reprodução humana, uma terapêutica ou uma técnica. O CNECV limita a sua finalidade à primeira função e admite derrogações em relação à segunda; a lei nacional regulamenta a prática da PMA nas suas três possíveis funções, se bem que apenas considere a terceira excepcional e casuisticamente.

Beneficiários da procriação medicamente assistida

No que se refere aos beneficiários da PMA, a lei portuguesa enuncia-os de forma restritiva, limitando-os às "pessoas casadas que não se encontrem separadas judicialmente de pessoas e bens ou separadas de facto, ou as que sendo de sexo diferente, vivam em condições análogas às dos cônjuges, há pelo menos dois anos" (art. 6.°, 1). O recurso à PMA é ainda limitado a pessoas com idade superior ou igual a 18 anos e ainda a quem não se encontre "interdito ou inabilitado por anomalia psíquica" (art. 6.°, 2).

O primeiro enunciado exclui o acesso à PMA aos casais homossexuais, bem como a pessoas singulares o que, contrariando práticas comuns em países liberais, está em sintonia com o pronunciamento do CNECV sobre a matéria (44/CNECV/2004, 6.). Assim sendo, as situações em que a PMA heteróloga é autorizada são limitadas, ficando proibidas algumas das práticas denunciadas anteriormente como de exercício de um reivindi-

cado "direito a um filho" – a paternidade/maternidade de homossexuais –
e outras ainda não referidas como seja a da maternidade *post mortem*
(art. 22.º, 23.º e 26.º)[14].

O segundo enunciado, referindo-se à idade dos possíveis beneficiários da PMA, estabelece apenas uma idade mínima sem qualquer indicação de uma idade máxima ou nomeação de outros critérios cuja aplicação conduza a uma limitação etária no acesso à PMA. Deste modo, não se inviabiliza a maternidade pós-menopausa, amplamente condenada em todo o mundo e à qual já fizemos referência. O Parecer n.º 44 do CNECV, sem se pronunciar especificamente sobre a maternidade pós-menopausa, reprova-a ao restringir as técnicas da PMA à utilização dos gâmetas do casal. A gravidez post-menopausa exige a doação de ovócito a ser eventualmente fertilizado pelo esperma do marido da candidata a mãe. Esta receberá posteriormente o embrião resultante, desenvolvendo uma gravidez e vindo a dar à luz uma criança que não partilha do seu património genético. A Lei 32/2006, ao não excluir a doação de gâmetas, nem estabelecendo uma idade máxima para acesso às tecnologias reprodutivas, viabiliza a maternidade pós-menopausa.

Brevemente, os beneficiários da PMA podem ser casais heterossexuais, casais homossexuais e pessoas singulares. O CNECV restringe os beneficiários ao primeiro grupo e a Lei 32/2006 também.

Material biológico envolvido na procriação medicamente assistida

A PMA, tal como a reprodução natural, exige a presença de ovócitos e espermatozóides e a sua fusão num embrião a implantar-se nas paredes de um útero – envolvendo, pois, três tipos de material biológico. As questões éticas específicas às técnicas da PMA prendem-se com a identidade ou proveniência deste material biológico indispensável à criação de vida humana. De modo particular, importa ponderar se o material envolvido na PMA, podendo proceder de diferentes pessoas, do ponto de vista técnico, o deverá, do ponto de vista ético.

---

[14] A inseminação ou fertilização *in vitro post mortem* refere-se à possibilidade técnica de uma mulher vir a engravidar, por um dos meios designados, após a morte do marido e recorrendo ao sémen deste previamente criopreservado. A lei portuguesa proíbe a inseminação ou fertilização *in vitro post mortem* mas não a transferência de um embrião criopreservado após o falecimento do pai biológico (art. 22.º, 3), o que evidencia a diferente dignidade e estatuto que atribui aos gâmetas e ao embrião.

A Lei 32/2006 não impõe restrições nem à doação de ovócitos, nem à de espermatozóides, viabilizando assim a PMA com recurso a material biológico exterior ao casal (art. 10.°). O Parecer do CNECV também admite a doação de gâmetas, se bem que apenas "excepcionalmente e por ponderadas razões estritamente médicas, quando esteja em causa a saúde reprodutiva do casal" (44/CNECV/2004, 8), tal como já tivemos oportunidade de apontar. Simultaneamente preconiza "a doação singular de gâmetas" (Ibid., 8.) o que garante que, mesmo no caso de uma PMA heteróloga, a futura criança tenha uma relação biológica com, pelo menos, um dos membros da sua família social e legal. Esta salvaguarda não está prevista no texto da lei portuguesa, pelo que se torna possível (não obstante improvável) que um casal venha a recorrer à doação simultânea de ovócitos e espermatozóides, vindo a ter um filho sem relação biológica com nenhum dos membros do casal de acolhimento.

O Parecer do CNECV não se refere especificamente ao recurso a úteros de substituição. Todavia, podemos concluir que não o admite a partir da leitura integral do Parecer, destacando articuladamente a exigência do princípio da subsidiariedade, a restrição da PMA a casais e a prescrição da utilização de gâmetas do casal, cuja excepção se aconselha dever ser autorizada pela anteriormente referida "entidade independente". Pelo contrário, a Lei 32/2006 refere-se especificamente a úteros de substituição proibindo o "negócio jurídico" e estabelecendo que "a mulher que suportar uma gravidez de substituição de outrem é havida, para todos os efeitos legais, como a mãe da criança que vier a nascer" (art. 8.°, 1-3). Deste modo, resolve-se a dificuldade jurídica de estabelecimento da filiação – principal preocupação suscitada pela gravidez de substituição –, mas não se assume inequivocamente uma posição ética em relação a esta matéria.

Brevemente, a procriação medicamente assistida pode ser praticada recorrendo exclusivamente ao material biológico do casal candidato a pais (homóloga), no mais estrito cumprimento do princípio da subsidiariedade. Esta é a posição do CNECV que apenas admite derrogações autorizadas superiormente e limitadas à doação singular de gâmetas. A lei portuguesa permite a PMA com recurso a doação de gâmetas (heteróloga), a que acrescenta a definição jurídica de maternidade para eventuais casos de "maternidade de substituição"[15].

---

[15] O CNECV limita os intervenientes no processo reprodutivo assistido por técnicas reprodutivas a dois – os elementos constituintes do casal coincidindo com os pais

Destino do embrião humano in vitro

Entre a pluralidade e a complexidade das questões suscitadas pela PMA destaca-se invariavelmente a da manipulação e destino dos embriões produzidos *in vitro*.

O Parecer n.° 44 do CNECV insiste sobre a protecção devida ao embrião preconizando-a essencialmente em dois diferentes níveis. Num primeiro, relativo à prática da PMA, afirmando que "a implementação das técnicas de PMA deve impedir a produção de um número de embriões superior ao destinado à transferência" (44/CNECV/2004, 18), isto é, de embriões excedentários. Num segundo, relativo ao futuro dos embriões excedentários, reflectindo sobre os três destinos possíveis a dar-lhes: adopção, utilização em investigação científica e destruição. A adopção embrionária é considerada o único destino eticamente não controverso, na medida em que reintegra o embrião num projecto parental, permitindo assim o seu desenvolvimento (*Ibid.*, 20). A disponibilização dos embriões para investigação científica só é eticamente legítima se for feita em benefício do embrião e, consequentemente, não implicar a sua destruição (*Ibid.*, 22). Este enunciado geral admite derrogações quando a única alternativa for a destruição do embrião, uma vez esgotado o prazo de criopreservação em que a sua viabilidade se encontra garantida, e resultando a sua utilização na investigação científica em benefício da humanidade (*Ibid.*, 22). Finalmente o Parecer considera inaceitável a "criação de embriões apenas para fins de investigação científica" (*Ibid.*, 25)[16].

---

biológicos –, abrindo excepcionalmente a possibilidade de três intervenientes – os dois elementos constituintes do casal e um dador de gâmetas. A lei portuguesa abre a possibilidade de intervirem quatro pessoas – os dois elementos constituintes do casal e dois dadores de gâmetas –, não ficando totalmente excluída a hipótese de um quinto interveniente, uma designada "mãe de substituição" que disponibilize o seu útero para a gestação de um embrião. Esta é uma situação teoricamente possível, ainda que remota na prática devido a uma pluralidade de factores entre os quais destacamos dois: escasso interesse dos candidatos a pais e escassa adesão de profissionais de saúde.

Acrescente-se ainda que tanto o Parecer do CNECV, como a Lei 32/2006 se referem à "doação" de material biológico, excluindo assim a sua eventual venda (como é frequente verificar-se especialmente em relação a ovócitos). O Conselho especifica inequivocamente o carácter gratuito de toda a doação (44/CNECV/2004, 9) e a lei nacional proíbe "a compra ou venda de óvulos, sémen ou embriões" (art. 18.°).

[16] Acrescente-se que "a criação de embriões humanos com fins de investigação é proibida", art. 18.°, 2, da Convenção sobre os Direitos do Homem e a Biomedicina,

Consideremos seguidamente a protecção que a Lei 32/2006 estabelece para o embrião, nos dois níveis agora estruturados, tendo presente que a Convenção sobre os Direitos do Homem e a Biomedicina, aprovada pelo Conselho da Europa em 1997 e ratificada por Portugal em 2001, afirma que "quando a pesquisa em embriões *in vitro* é admitida por lei, esta garantirá uma protecção adequada do embrião" (Convenção, art. 18.°, 1)[17].

No que se refere ao enunciado primeiro nível de protecção do embrião, anteriormente expresso na rejeição de produção de embriões excedentários, a Lei 32/2006 afirma que "apenas deve haver lugar à criação dos embriões em número considerado necessário para o êxito do processo" de PMA (art. 24.°, 1) o que, sem proibir ou mesmo desaconselhar directamente a produção de embriões excedentários, visa o decréscimo desta. Quanto ao enunciado segundo nível, que incide sobre os embriões excedentários já existentes e/ou outros eventuais que possam vir a ser criados, a lei portuguesa apenas regulamenta a "investigação com recurso a embriões" (art. 9.°). A possibilidade da sua destruição não é ponderada. A "adopção embrionária", sendo indirectamente reconhecida como admissível no art. 10.° sobre a "doação de espermatozóides, ovócitos e embriões" e no art. 18.° que proíbe "a compra ou venda de óvulos, sémen ou embriões e outro material biológico", não é directamente apresentada como alternativa à destruição de embriões ou à investigação com embriões.

No que se refere este último aspecto, à "investigação com recurso a embriões", o art. 9.° da Lei 32/2006 estabelece as várias situações em que esta é lícita, a saber: "prevenção, diagnóstico ou terapia de embriões, de aperfeiçoamento das técnicas de procriação medicamente assistida, de constituição de bancos de células estaminais para programas de transplantação ou com quaisquer outras finalidades terapêuticas" (art. 9.°, 2), "desde que seja razoável esperar que daí possa resultar benefício para a Humanidade, dependendo cada projecto científico de apreciação e decisão do Conselho Nacional de Procriação Medicamente Assistida

---

pronunciamento reiterado pela Lei 32/2006, art. 9.°, 1: "É proibida a criação de embriões, através de procriação medicamente assistida, com o objectivo deliberado da sua utilização na investigação científica."

[17] O decreto do Presidente da República n.° 1/2001, de 3 de Janeiro, ratificando a Convenção sobre os Direitos do Homem e a Biomedicina, encontra-se disponível em: http://www.porto.ucp.pt/ibioetica/II_oficina/docs/Conven%C3%A7ao%20dos%20Direitos%20Homem%20e%20da%20Biomedicina.pdf

(CNPMA)" (art. 9.°, 3). O primeiro enunciado citado é francamente abrangente, viabilizando o recurso a embriões numa ampla diversidade de projectos científicos. O segundo, pelo contrário, restringe o anterior obrigando a que o projecto científico reverta em benefício da humanidade e também subordinando-o à autorização do CNPMA. Em última instância, uma orientação liberal, moderada ou restritiva em relação a esta matéria ficará dependente dos membros que compõem este Conselho e seus critérios de decisão.

Este artigo 9.° regulamenta mais detalhadamente a "investigação com recurso a embriões" no seu ponto 4 ao restringir a disponibilização dos embriões para a investigação aos "criopreservados, excedentários, em relação aos quais não exista nenhum projecto parental" (alínea a)), "cujo estado não permita a transferência ou a criopreservação com fins de procriação" (alínea b)), "portadores de anomalia genética grave, no quadro do diagnóstico genético pré-implantação" (alínea c)), e "obtidos sem recurso à fecundação por espermatozóide" (alínea d)). As alíneas b) e c) não suscitam problemas éticos específicos na medida em que se referem a embriões com graves anomalias. A alínea a), enunciada na ausência de qualquer referência temporal que aponte para a exclusão definitiva do embrião de todo o projecto parental por se ter tornado inviável, não exclui a possibilidade de utilização em investigação de embriões saudáveis e viáveis, cujos pais os tenham entretanto rejeitado. A alínea d) invoca uma situação mais grave do ponto de vista ético, a de produção de embriões não singaméticos, ou seja, clonados para efeitos de experimentação humana[18]. Esta hipótese aqui formulada é de algum modo reforçada no artigo 36.° relativo à "clonagem reprodutiva". Este proíbe a transferência para o útero de um embrião clonado, seja por transferência nuclear somática (ponto 1), seja por cisão embrionária (ponto 2), "salvo quando essa transferência seja necessária à aplicação das técnicas de procriação medicamente assistida" (art. 30.°, 1), o que, de um modo algo surpreendente e eventualmente equívoco[19], abre a possibilidade à clonagem reprodutiva. Simultaneamente, ao admitir a transferência para útero de um embrião clonado em

---

[18] O art. 9.°, 1, da lei portuguesa apenas proíbe a criação de embriões singaméticos para efeitos de investigação biomédica e admite os produzidos por outro meio, a saber, por clonagem (transferência nuclear, cisão embrionária, partenogénese): cf. art. 9.°, 4. d).

[19] O art. 7.°, 1, da Lei 32/2006, afirma que "é proibida a clonagem reprodutiva tendo por objectivo criar seres humanos geneticamente idênticos a outros."

situações excepcionais, reforça a hipótese da sua produção deliberada para fins de investigação biomédica.

No que se refere ao requisito inicial anteriormente apontado de protecção do embrião mesmo "quando a pesquisa em embriões *in vitro* é admitida por lei", a Lei 32/2006 apenas lhe alude vagamente no art. 3.°, sobre a "dignidade e não discriminação", ao afirmar que "as técnicas de procriação medicamente assistida devem respeitar a dignidade humana".

Não surpreenderá, pois, que o Presidente da República, em mensagem dirigida à Assembleia da República aquando da promulgação da Lei 32/2006[20], tenha chamado a atenção para "a necessidade de regulação complementar no domínio da protecção efectiva da vida humana embrionária – um imperativo tanto mais relevante quanto se dá o caso de o objecto do diploma transcender o âmbito estrito da procriação medicamente assistida". Neste âmbito, enuncia "o imperativo de se garantir uma protecção efectiva de embriões criopreservados e qualificados como viáveis" (i) e a "preocupação de se assegurar, em intervenções legais subsequentes que incidam em matérias como a transferência nuclear somática e a investigação científica em células estaminais, que, mesmo quando a lei permita a investigação em embriões "in vitro", fique garantida a dignidade do embrião excluído de um projecto parental" (iii). Simultaneamente inclui uma referência à "necessidade de eventuais lacunas e disposições normativas de sentido indeterminado constantes da lei, e respeitantes à matéria disciplinada pela Convenção para a Protecção dos Direitos do Homem e da Dignidade do Ser Humano face às Aplicações da Biologia e da Medicina, e pelo seu Protocolo Adicional que Proíbe a Clonagem de Seres Humanos, deverem ser, respectivamente, integradas e especificadas em conformidade com essas normas internacionais" (ii).

A mensagem do Presidente da República incide ainda sobre um segundo aspecto determinante da prática futura no domínio das tecnologias reprodutivas, a saber: "a composição e condições de funcionamento do Conselho Nacional de Procriação Medicamente Assistida". Sendo este "o órgão fundamental de regulação nestas matérias, uma vez que lhe é cometida a responsabilidade de avaliar as questões éticas, legais e sociais que a procriação medicamente assistida suscita e lhe cabe analisar rigorosamente os projectos de investigação em embriões excedentários" importa

---

[20] Disponível em: http://www.presidencia.pt/?id_categoria=9&id_item=1172

"garantir a independência, multidisciplinaridade e pluralismo dos seus membros, a transparência dos seus procedimentos".

Consideramos que estes dois aspectos destacados respondem cabalmente às principais questões éticas que a actual lei suscita, devendo constituir um contributo decisivo para uma boa regulamentação nacional da procriação medicamente assistida e biotecnologias complementares: em que o "desejo" a ter um filho encontre as melhores condições para se concretizar sem que se perverta num equívoco "direito" a um filho; em que a vulnerabilidade do embrião, hoje acrescida pela pluralidade de modalidades da sua manipulação, seja cuidada e protegida pelo sentido da solidariedade e da responsabilidade humanas, protagonizadas pelo imperativo ético e pela obrigação jurídica.

A VIDA CRIO-PRESERVADA

Daniel Serrão
Instituto de Bioética,
Universidade Católica Portuguesa

O título foi-me proposto. E gostei.
Mas saberei como desenvolvê-lo a gosto dos leitores?

1. Não vou escrever sobre a bizarria de alguns milionários americanos que tentam conseguir que uma boa empresa de frio os congele antes de deixarem de viver em consequência de uma doença ainda incurável que os irá matar. Inocentemente confiantes no progresso da investigação científica, estão seguros de que a sua doença mortal terá um dia tratamento e então será só tirá-los do frio para a temperatura ambiente e curá-los para que possam gozar, de novo, de uma outra presença pessoal num mundo que entretanto evoluiu no tempo cósmico – a sucessão dos dias e das noites – enquanto eles viram suspenso o seu tempo biológico que esteve parado no congelador a –170° centígrados. Pura utopia.
Contudo é livre o sonhar com a eternidade temporal, em especial para os que dispõem de dinheiro para pagar o sonho.
Também não irei relatar as terríveis experiências nazis, conduzidas com rigorosa metodologia científica, sobre a duração máxima da vida de seres humanos, colocados em temperaturas inferiores a 0° centígrados, sem alimentação nem água. Esta investigação era parte do projecto militar germano-soviético de atacar o Canadá e os Estados Unidos da América pelo Círculo Polar Ártico e pretendia obter dados científicos quanto à sobrevivência de soldados, caídos ou perdidos nas neves polares ou nas

geladas águas do Ártico. O pouco que se sabe destas experiências, relatado por sobreviventes judeus dos campos de concentração, assinala a extrema crueldade nazi sobre seres humanos indefesos. A comunidade científica recusou-se a conhecer os resultados destas investigações devido à forma, gravemente ofensiva da ética científica e da moral social, com a qual tinham sido obtidos.

Finalmente não escreverei sobre o poderoso negócio da crio--preservação da vida dos vegetais e das células vivas que os constituem. A possibilidade de servir, nos luxuosos restaurantes de Nova York, "les primeurs" das hortas francesas, frescos porque vivos, e o requinte de ornamentar as mesas desses luxuosos restaurantes, em qualquer época do ano, com tulipas holandesas, igualmente vivas, originou o desenvolvimento de uma indústria do frio que é hoje global. Numerosos e gigantescos camiões frigoríficos percorrem as auto-estradas da Europa, grandes navios cruzam os mares transformados em frigoríficos flutuantes e muitos aviões-cargo sobrevoam o Atlântico e o Pacífico, todos transportando vida vegetal e vida animal sob a forma de tecidos *vivos* de animais aquáticos, aéreos e terrestres *mortos*. Vidas crio-preservadas estas que, porém, anularam o prazer cíclico dos sabores sazonais (recusarei sempre comer lampreia em Agosto, digo aqui entre parêntesis).

A crio-preservação da vida, com fins estéticos, alimentares e até terapêuticos – lembro, um pouco ao lado do tema, a cirurgia em hipotermia e a criocirurgia – trouxe um imenso progresso na área alimentar e até tem permitido, com a circulação de alimentos crio-preservados, resolver o problema de certas históricas fomes periódicas em países da faixa tropical e não só.

Associado à liofilização, o frio vai permitir conservar células vivas de organismos pluricelulares e seres vivos unicelulares, como as bactérias, durante muitos milhares, ou até milhões de anos. Os Mamutes siberianos, sepultados vivos sob toneladas e toneladas de gelo do último glaciar, estudados por cientistas de uma equipa internacional, tinham no estômago as plantas de que se alimentavam; e as células desses vegetais fizeram prova biológica de ainda estarem vivas.

A vida, na sua expressão mais elementar que é a de uma célula viva, pode ser crio-preservada; quando a célula é trazida do frio para a temperatura na qual os seus sistemas bioquímicos, em especial os enzimáticos, podem exercer, de novo, as suas funções, ela produz as actividades metabólicas que constituem a vida; em particular, a duplicação do ADN (Ácido desoxiribo-nucleico) que assim se manifesta como a autêntica macromolécula da vida. Duplicado o ADN vai dividir-se a célula em duas, sendo que a duplicação do ADN e a divisão celular são a própria expressão do que chamamos vida biológica ou vida elementar.

Nos unicelulares a vida é apenas isto: duplicação de ADN, divisão celular, vida eternamente vivida, sem morte necessária, porque não há separação entre gérmen e soma, entre duplicação germinativa e corpo celular. A crio-preservação dos unicelulares preserva a vida total e não apenas o componente germinativo que, ao duplicar-se, por neo-síntese de ADN, provoca a transformação de uma célula em duas, indefinidamente. O ser unicelular pode ser morto por acções externas, como a temperatura elevada de uma autoclave ou a acção química brutal do formol ou da lexívia. Mas a sua natureza biológica não tem inscrito um programa de morte, só tem programa de vida.

A apoptose, que é um programa de morte celular, foi descrita em células integradas num organismo pluricelular e relaciona-se com os interesses biológicos dos órgãos do pluricelular e não com os da célula, ela própria, que perdeu a autonomia biológica. A apoptose é um programa alternativo à divisão celular e à diferenciação para uma certa especialização funcional e faz sentido para manter o equilíbrio necessário à manutenção dos efectivos celulares de cada órgão, em função das perdas que são inevitáveis.

Por opção, portanto, irei desenvolver o tema "a vida crio-perservada" tratando, apenas, de vida humana.

Em que fases será possível preservar a vida humana?

Em quatro fases: gâmetas, pré-zigoto, embrião, blastocisto.

2. Crio-preservação de gâmetas

Até ao momento em que escrevo este texto – Setembro de 2006 – não há nenhum resultado científico credível quanto à crio-preservação de ovócitos humanos que tenha permitido o seu uso, após re-aquecimento, em fertilização. O que tem sido verificado é que após crio-preservação, o ovócito humano não sobrevive ao re-aquecimento, "explodindo".

O fracasso do processo de crio-preservação de ovócitos humanos, que está relacionado com a "riqueza" química do citoplasma, constitui a génese do grave problema ético da existência de embriões humanos sobrantes que, de certa forma, são vistos pelos biologistas de reprodução sem formação ética, como descartáveis. Na verdade, se pudéssemos dispor de ovócitos crio-preservados que se mostrassem viáveis para fertilização quando re-aquecidos, não haveria, no processo de fertilização *in vitro,* o insuperável problema do destino a dar aos embriões sobrantes. Com efeito, podendo dispor de ovócitos crio-preservados, o biologista da reprodução constituiria apenas os embriões que o médico decidisse, em cada caso, transferir para o útero.

A investigação científica sobre crio-preservação de ovócitos, de animais e humanos, está muito activa pelo que é legítimo esperar que venha a ser descoberto um processo de crio-preservação de ovócitos humanos que permita o seu uso, com sucesso, na fertilização *in vitro.*

Já os gâmetas masculinos, os espermatozóides, podem ser crio-preservados sem que percam, quando re-aquecidos, a sua capacidade fecundante.

A possibilidade de crio-preservar espermatozóides gerou, simultaneamente, um efeito eticamente beneficente e um efeito eticamente perverso, no meu ponto de vista.

Tratemos do efeito beneficente, eticamente correcto por esta beneficência não ser obtida com ofensa a outros valores.

Acontece, em certas situações clínicas que obrigam a quimioterapias ou radioterapias que estas irão anular definitivamente a capacidade fecundante da gónada masculina. Se o homem que vai sofrer esta esterilização por virtude de uma acção terapêutica, deseja manter a sua capacidade parental, é legítimo colher os seus espermatozóides antes de se iniciar a terapêutica que terá efeito esterilizante e crio-preservá-los.

Esta crio-preservação da vida destas células isoladas haplóides permitirá o seu uso posterior, quer por inseminação intra-uterina, quer por fertilização *in vitro,* para a obtenção de descendência..

É uma crio-preservação de vida de células isoladas para permitir a constituição de nova vida no interior de um projecto parental de um certo homem, reduzido à infertilidade, e da mulher que, com ele, partilha o projecto de conjugalidade.

Que uso considero perverso da crio-congelação de espermatozóides?

Sempre que julguei oportuno desenvolvi, por escrito, a argumentação, que considero eticamente sustentada e para esses documentos peço a atenção do leitor (Declarações de voto nos Pareceres do CNECV, referentes a Procriação Medicamente Assistida)

Resumirei, aqui, o essencial.

A legitimação da intervenção médica na procriação humana baseia-se no argumento terapêutico que é assim apresentado: se a mulher A e o homem B, que vivem um projecto de conjugalidade a dois, que inclui a geração de filhos, verificam, ao fim de algum tempo, que não há gravidez, procuram o médico. Este, após cuidadoso estudo clínico e laboratorial, conclui que o casal A+B é estéril e que esta esterilidade não pode ser tratada por intervenções sobre o homem e/ou sobre a mulher e que o único recurso a tentar é a constituição de embriões fora do corpo da mulher A, com os espermatozóides do marido B. Estes embriões, A+B, são transferidos para o útero da mulher A, e em 20% a 25% dos casos um filho A+B aparece ao fim de nove meses de gestação. É um filho do casal

Não obstante a condenação desta intervenção médica pela argumentação teológica da Congregação para a Doutrina da Fé da Igreja Católica, baseada na cisão ou rotura do carácter unitivo e procriativo da relação coital entre esposos, eu penso que a intervenção médica não se substitui à relação conjugal corporal e apenas a melhora, quando ela é unitiva mas não consegue ser procriativa por motivos alheios à vontade e aos actos do par procriador. Nesta medida considero a fertilização *in vitro* eticamente aceitável, com duas condições:

1 – Que não haja a constituição deliberada de embriões em número superior ao dos que vão ser transferidos
2 – Que só sejam constituídos embriões com os gâmetas do casal estéril, em tratamento

Estas duas condições são respeitadas em muitos Países, por imposição legal, como é o caso da Alemanha e da Áustria, ou por decisão das equipas de Biologia da reprodução, como sucede em quase todos os países europeus, no Canadá, nos Estados Unidos, na América Latina, na Austrália, na Nova Zelândia, no Japão e em muitos outros. O que se verifica, quando a lei o não proíbe, é que há Clínicas de Reprodução Humana Medicamente Assistida que constituem embriões em excesso e usam gâmetas de dadores alheios ao casal infértil, usando gâmetas masculinos crio-preservados nos casos de azoospermia e ovócitos doados directamente para fertilização nos casos em que não há ovários funcionantes.

Tenho para mim que a oposição de princípio da Igreja Católica à fertilização *in vitro* foi tomada no temor destes e de outros desvios éticos que, infelizmente, não conseguiu evitar (ver a Nota Pastoral da Assembleia Plenária da C E P sobre Procriação Medicamente Assistida de 16 de Novembro de 2006).

Porque é intrinsecamente perverso o uso de gâmetas alheios ao casal infértil, formado pela mulher A com o homem B?

A razão principal é esta: a intromissão do gâmeta C levará à constituição de embriões A + C ou B + C mas nunca ao desejado filho A + B.

Logo, a intervenção médica não trata a esterilidade do casal constituído pela mulher, A, com o homem, B, casal este que permanece estéril mesmo que no seu interior surja uma criança, nascida por intervenção de alguém, homem ou mulher, alheio à conjugalidade do casal estéril.

Quando esta situação ocorre sem intervenção médica designa-se por infidelidade e adultério e pode nunca ser do conhecimento do membro do casal que foi vítima da infidelidade; mas em caso de suspeita até recorrem a exames de perícia médico-legal e fica estabelecida, com rigor e verdade, a paternidade biológica já que a maternidade não é nunca duvidosa.

No caso de uso de gâmetas de dador, tanto a paternidade como a maternidade podem ser postas em dúvida pois o membro feminino do casal pode ter sido, de facto, apenas um útero portador de um feto constituído com ovócito de mulher alheia ao casal.

Pode ainda suceder que o feto que vai desenvolver-se no útero do membro feminino do casal e nascer, não seja filho desta mulher que o criou no seu útero nem do homem com o qual ela tem um projecto parental, porque ambos os gâmetas, ovócito e espermatozóide, foram obtidos numa mulher e num homem alheios ao casal infértil, por doação de ovócito e uso de esperma crio-preservado.

Com todo o respeito pela situação do casal infértil e pela força biológica actuante no desejo de gravidez e no desejo de dar à luz um filho, desejos que estão presentes na imensa maioria das mulheres, tenho de reconhecer que o sofrimento global de infertilidade não pode ser atenuado ou curado a qualquer preço.

Se a mulher A ou o homem B, tem uma impossibilidade absoluta de produzir gâmetas, o casal A com B é definitivamente estéril, pois método nenhum poderá curar a sua infertilidade.

Esta situação, porque é definitiva, deve ser aceite pelo casal que poderá procurar, na adopção de crianças excluídas de qualquer projecto parental, um lenitivo para a sua infertilidade. A adopção torna fecundo o casal infértil, pelo exercício de todas as capacidades de acolhimento, inculturação, educação e, principalmente, vinculação, que são a essência da fecundidade nos casais férteis. A mesma fecundidade pode ser exercida e sentida pelo casal estéril em relação aos "filhos" adoptados; como é exercida por milhares de mulheres consagradas que, por todo o mundo, adoptam, amam, criam, instruem e fazem felizes os incontáveis órfãos que o ódio ou a brutalidade das guerras deixam abandonados entre os cadáveres ou sob os escombros das habitações destruídas.

Esta fecundidade do amor pela criança perdida que foi recolhida, é bem mais sólida do que a que pode ser usada para com uma criança que o casal vai querer criar como um filho/a sabendo que, de facto, o não é. À medida que a criança cresce a mentira da filiação torna-se um pesadelo constante para o casal, agravado pelo aparecimento progressivo de características fenotípicas que denunciam a intervenção de um outro património genético, alheio ao do casal.

E o filho não terá direito a conhecer o seu progenitor biológico?

Quando começou a ser praticado, na Suécia e no Reino Unido, o uso de espermatozóides crio-preservados, o que era designado por "fertilização heteróloga", a regra era que o dador do gâmeta era anónimo. Como se o gâmeta não transportasse consigo o essencial da identidade e individualidade de uma pessoa concreta, com especificidades biológicas, emocionais e intelectuais, em larga medida condicionadas pela informação genética. Tratado como um mero "produto" bioquímico necessário para a fertilização do ovócito, o gâmeta masculino passou a existir crio-preservado, depositado em "bancos", nos quais pode ser adquirido por um preço razoável, directamente ou pela Internet, para uso na fertilização *in vitro*; também existe liofilizado e com todas as instruções necessárias para ser usado em inseminação directa, sem partici-pação masculina ou médica, por mulheres sós ou com ligação homossexual, no que é chamado, ironicamente, de "produção independente" de filhos.

Os anúncios, ridículos, de certos "bancos" que apresentam gâmetas de "génios" da matemática, da música, do basebol ou do boxe, mostram a que nível de abuso e degradação chegou o uso da técnica de crio-preservação de gâmetas masculinos.

3. Crio-preservação de pré-zigotos

De que se trata?

Quando no processo de fertilização em laboratório os espermatozóides são colocados em contacto com ovócitos, em meio de cultura adequado, ocorre a penetração de um espermatozóide, sem a cauda, no citoplasma do ovócito. Inicia-se assim o processo de fertilização que termina após quatro a seis horas de actividades morfológicas e metabólicas que culminam com a constituição do zigoto. Este é um novo ser humano, com quarenta e seis cromossomas, pronto a iniciar o processo de desenvolvimento, preparando a duplicação do novo genoma e a divisão do zigoto, que é o embrião na fase unicelular, para que surja o embrião de duas células justapostas.

Pois bem; se crio-preservarmos a estrutura que se constitui antes de se iniciar a articulação dos hemi-genomas do ovócito e do espermatozóide e à qual, legitimamente, se chama pré-zigoto, não estamos a preservar pelo frio uma nova vida humana, nem um novo ser humano com uma identidade genética única e irrepetível, mas tão somente uma estrutura que poderá vir a tornar-se em um novo ser humano.

A exequibilidade desta técnica criou as condições necessárias à realização da fertilização *in vitro* sem que haja embriões excedentários; e, também, à criminalização da constituição de embriões excedentários nos Laboratórios de Biologia da fertilização, por exemplo na Alemanha e na Áustria.

A crio-preservação de pré-zigotos é eticamente correcta e deve ser apresentada e saudada como uma boa aplicação desta metodologia. Com ela evita-se a repetição da penosa estimulação hormonal da mulher que os críticos desta técnica sempre referem como sendo a consequência da proibição de o Laboratório constituir mais embriões do que os necessários, a cada tentativa de obter uma gravidez; no caso de fracasso da tentativa o Laboratório, porque não pode ter embriões sobrantes congelados seria obrigado a repetir a estimulação hormonal da mulher para obter novos ovócitos e constituir outros embriões para segunda tentativa. Na verdade, com a possibilidade de crio-preservar os pré-zigotos, todos os ovócitos obtidos com a primeira estimulação, por hipótese 8 ou 10, vão ser colocados em contacto com espermatozóides e crio-preservados após a entrada do espermatozóide no ovócito, mas antes da conjugação. O Laboratório ficará com, na hipótese, 8, 9 ou até 10 pré-zigotos que usará nas sucessivas tentativas sem que haja necessidade de voltar a submeter a mulher a novas estimulações hormonais.

Outros críticos desta técnica, que são favoráveis à constituição livre de embriões, fecundando todos os ovócitos disponíveis e ultra-congelando os sobrantes – tema que analisarei em seguida nos seus aspectos éticos –

afirmam que a taxa de sucesso da fertilização *in vitro*, que já é baixa, é pior nos países que não permitem a crio-preservação de embriões.

Esta crítica, porém, não está apoiada em dados científicos incontroversos. Vejamos porquê.

Os factores que influenciam o sucesso de uma fertilização *in vitro*, no que se refere ao nascimento de uma criança viva e viável a partir de embriões constituídos em Laboratório, são numerosos e, certamente, alguns serão desconhecidos.

A idade da mulher interfere na qualidade do ovócito que vai ser fertilizado, na capacidade de desenvolvimento do embrião até atingir a fase de embrião de 8-16 células ou a fase de blastocisto, a sua fixação ao endométrio depois de ser transferido, o seu desenvolvimento intra-uterino até ao nascimento do feto vivo e viável.

Também a causa da infertilidade do casal influencia a taxa de sucesso. Os melhores resultados são obtidos nos casos de obstrução tubar não corrigível cirurgicamente e os piores nas formas de infertilidade dita idiopática em que tudo está normal e é favorável – mulher nova, oviductos perfeitos, ovulações regulares e marido com produção abundante de espermatozóides de grande capacidade de movimento e conservada durante bastante tempo – mas não há gravidez. Piora quando é possível demonstrar que há fecundação natural no casal mas que os embriões são eliminados muito precocemente, antes ainda da nidação.

Se uma clínica fizer selecção de casos e escolher apenas os casais que reúnem as melhores condições a taxa de nascimentos pode chegar a 40% das transferências embrionárias; sem esta escolha pode ser inferior a 20% e sempre dependerá das características dos casais inférteis que nela sejam tratados.

Há, portanto, a maior dificuldade em comparar, com rigor científico, taxas de sucesso, já que as Clínicas de fertilização, em especial as privadas, procuram seduzir, principal ou exclusivamente, a clientela que potencialmente possua os melhores indicadores de sucesso. Se, por exemplo, a taxa de sucesso for calculada pelo número de nascimentos em relação ao número de gravidezes que atingiram três meses de gestação, ela andará muito próximo dos 100%.

Um estudo recente feito com critérios científicos seguros e claros dá a esta questão uma resposta a meu ver definitiva.

Trata-se de um estudo intitulado "Outcome of *in vitro* fertilization treatment in patients who electively inseminate a limited number of oocytes to avoid creating surplus human embryos for cryopreservation" (Fertility and Sterility, vol. 84, n.º 5, November 2005) no qual são analisados, retrospectivamente, os resultados obtidos em 203 mulheres com menos de 40 anos, submetidas a fertilização *in vitro*, comparando as taxas de sucesso nas que receberam embriões seleccionados entre os melhores dos vários que foram constituídos e as que receberam embriões constituídos a partir dos 4 ovócitos que foram fecundados, sem possibilidade de escolha dos "melhores".

A conclusão deste estudo é "Inseminating fewer oocytes in patients who elect not to cryopreserve excess embryos does not adversely affect their probability of conception"

4. Crio-preservação de embriões

Deve reconhecer-se que antes de existir uma técnica fiável de crio-preservação de pré-zigotos, a única forma de poupar a mulher a sucessivas estimulações hormonais no caso, frequente, de fracasso da transferência de embriões para obtenção de feto nascido, viável, era a fertilização de todos os ovócitos obtidos com a hiper-estimulação e a crio-preservação dos que não fossem usados na primeira tentativa. Crio-preservados ficavam disponíveis para novas transferências, tornadas necessárias pelo fracasso ou pelo desejo do casal em ter um segundo ou até um terceiro filho(a).

Nalgumas Clínicas de Fertilização, por exemplo na Bélgica, o casal recebe antes de iniciar o procedimento médico para a fertilização *in vitro* uma informação completa e pode optar entre as várias possibilidades que a técnica oferece. Excluindo, curiosamente, a crio-preservação de pré-zigotos. Assim, no processo de consentimento antes de se iniciar o tratamento, o casal decide se aceita ou não a congelação de embriões. Se aceita a congelação, pode decidir que todos serão, sucessivamente, transferidos, ou que admite que haja embriões sobrantes. Se admite terá de decidir sobre um de três destinos possíveis, a saber: doação a outro casal, doação para investigação científica, manutenção em crio-preservação até que sejam considerados inviáveis; neste caso poderá, ainda, consentir no seu uso em investigação ou a sua morte "natural", sem permitir a sua utilização como material de investigação.

No plano científico é ainda muito difícil definir a inviabilidade. Se o embrião, uma vez descongelado, inicia o processo de divisão de algumas das células que o constituem, faz prova de estar vivo mas não faz prova de que vai desenvolver-se; com efeito, a divisão pode ser anormal, não haver citodiérese ou, havendo-a, as duas células resultantes serem claramente anormais ao exame microscópio, entrarem em degenerescência e morrerem.

Isto significa que, para o biólogo saber se o embrião congelado está vivo e tem condições para se desenvolver, ele precisa de o descongelar e este processo é irreversível.

Para os que, como eu, pensam que o embrião humano tem direito absoluto à vida e ao desenvolvimento, esta verificação só é eticamente legítima se existir uma mulher preparada para o receber no caso de o embrião provar que está vivo e é viável o seu desenvolvimento após transferência para um útero.

O tempo de congelação, por si só, não é garantia de conservação da vida e da capacidade de desenvolvimento. Há embriões já mortos aos dois anos e alguns ainda vivos após 10 anos de crio-preservação

Recentemente, no Reino Unido, uma mulher que tinha já uma filha com 15 anos obtida por fertilização *in vitro*, decidiu, contra a vontade do médico, que um embrião sobrante, com 15 anos de crio-preservação fosse re-aquecido e transferido para o seu útero no caso de fazer prova de alguma viabilidade.

Para surpresa de médicos e biólogos a transferência teve êxito e nasceu um segundo filho. Como a crio-preservação suspendeu toda a actividade metabólica, particularmente enzimática, que é o autêntico relógio biológico dos seres vivos, este filho nasceu com 15 anos de vida suspensa e nove meses de vida gestacional; a mãe gerou-o com um óvulo fecundado há quinze anos, tal como o óvulo que originou a gestação do seu filho que tem quinze anos de vida activa. Os dois irmãos têm a mesma idade concepcional e em relação à idade da mãe, mas têm 15 anos de diferença quanto à idade gestacional e à idade de nascimento. E em relação à idade da mãe no dia do nascimento, um é filho de uma mãe de 25 anos, outro de uma mãe de 40 anos.

A crio-preservação da vida humana origina estas diacronias que podem parecer simples curiosidade para os leigos mas que, para os especialistas de biologia humana, suscitam o enorme interesse de comparar esta suspensão da vida no período embrionário com a suspensão da vida na hibernação natural de certos animais na fase adulta.

Que dimensão tem o fenómeno de crio-preservação de embriões sobrantes?

Não é fácil ter uma resposta correcta a esta questão nem ao nível europeu nem mesmo em Portugal onde o número de Clínicas de Fertilização, públicas e privadas, não é ainda muito elevado e mais de metade são recentes.

Sejam alguns milhares, muitas dezenas de milhares ou algumas centenas de milhares, o problema ético não tem uma fácil solução.

Actualmente, com boa técnica e uma adequada gestão das particularidades de cada caso de infertilidade conjugal, a ocorrência de embriões sobrantes é muito rara. Algumas Clínicas, mesmo sem usarem a congelação de pré-zigotos, nem a cultura prolongada asseguram aos casais (com alguma imprudência, penso eu) que não surgirá o problema de embriões sobrantes sobre os quais o casal venha a ter de decidir no futuro.

Mas os embriões humanos existem, como sobras, e são vida humana crio-preservada. Que vamos poder fazer por eles?

Nada que seja verdadeiramente bom.

O embrião humano sobrante, crio-preservado, é "uma estranha forma de vida", tão estranha que nunca nenhum ente vivo da espécie humana nela devia ser forçado a permanecer. O que é vivo, o que está vivo, apela a continuar a viver e o brutal arrefecimento para temperaturas de menos de 100 graus abaixo de zero deixará nas células do embrião uma memória biológica de um altíssimo stress celular. É, em muitos casos, motivo suficiente de morte precoce do embrião *in vitro*.

A crio-preservação não é inócua mas não é este o seu malefício principal. O que é, de facto maleficente no plano ético é a crio-preservação; mesmo que não prive o embrião da sua vida biológica elementar, priva-o da possibilidade de se desenvolver e de se mostrar aos mais incrédulos, passados nove meses, como o ser humano que, incontornavelmente, já é.

Esta situação de um embrião humano estar privado de satisfazer a sua natural e intrínseca capacidade de se desenvolver, tem permitido, a muitas opiniões rabínicas no interior do judaísmo, serem favoráveis ao uso destes embriões em investigação com finalidade terapêutica; porque a tradição hebraica dá muito mais valor à reprodução e à cura das doenças e menos valor ao embrião não implantado (que alguns textos hebraicos recentes designam por pré-embrião; como, aliás, o faz a recente legislação espanhola, a qual, no Preâmbulo e em muitas das suas disposições, alinha pelas teses do judaísmo dito liberal).

O embrião humano crio-preservado e excluído de qualquer projecto parental que possibilite o seu desenvolvimento é uma forma perversa de usar o frio para conservar a vida.

Como registei na declaração de voto do Parecer do Conselho Nacional de Ética para as Ciências da Vida, afirmo que "do meu ponto de vista personalista, retirar a um embrião humano o direito à vida biológica e ao desenvolvimento pessoal é destruir, intencionalmente, um universo de realizações pessoais, imprevisível quanto às suas futuras expressões somáticas e psíquicas, mas de indiscutível e única qualidade humana.

Quem colocou estes embriões na infeliz situação de excluídos de qualquer projecto parental – situação que na maioria dos tratamentos por fertilização *in vitro* é técnica e cientificamente evitável, sem prejuízo significativo no sucesso do tratamento – é quem tem a responsabilidade pela deplorável situação na qual esses seres humanos são colocados."

5. Crio-preservação de blastocistos

O blastocisto é uma fase de desenvolvimento do embrião que é atingida ao 5.º – 7.º dia de desenvolvimento. No desenvolvimento intra--uterino este é o tempo de migração do embrião pela trompa uterina; e como, no blastocisto, já estão individualizadas e separadas, da placa embrionária, as células que irão dar as vilosidades placentares, o blastocisto está em condições de se "encostar" à mucosa uterina e iniciar o processo de nidação que estará completado em mais 3-4 dias.

In vitro, ou seja, no Laboratório de Fertilização, tem sido possível melhorar os meios de cultura e conseguir que o embrião continue a desenvolver-se para além das 72 horas atingindo a fase de blastocisto. O que se tem verificado com este progresso da técnica de cultura dos embriões é que alguns dos que, às 72 horas, pareciam de boa qualidade (à observação microscópica) não progridem e morrem sem chegarem a blastocistos. A crio-preservação de blastocistos permite tentativas posteriores pelo que é prática correcta, no plano ético, que o casal que inicia um processo de fertilização *in vitro*, aceite o desenvolvimento até blastocistos dos "seus" embriões e se comprometa a acolhê-los, por transferência, nas condições que sejam tecnicamente adequadas e reduzam, ao mínimo, o risco de gravidezes múltiplas.

A existência de blastocistos "sobrantes" cria os mesmos problemas e perplexidades dos embriões "sobrantes" pelo que deve ser activamente evitada.

A cobiça recente que caiu sobre os blastocistos, crio-preservados ou "frescos", está relacionada com a possibilidade de colher, na placa embrionária, células com características estaminais que terão a capacidade de ser imortalizadas em cultura e de serem orientadas para a evolução em direcção a vários tipos de células diferenciadas, como células nervosas, musculares, epiteliais, hematopoiéticas e outras.

Com estas células esperam os cientistas poder intervir terapeuticamente, reforçando o processo natural da regeneração que, em muitos casos, é incapaz de conseguir a "restitutio ad integrum", ou seja a restauração funcional do órgão que tenha perdido subitamente, como no enfarto cardíaco ou cerebral, um grande número de células.

Embora estas promessas terapêuticas se perspectivem num horizonte de 10 a 15 anos, a convicção de que virá a ser um negócio de incontáveis milhões de dólares (ou de euros) tem aguçado a cobiça das grandes empresas de biotecnologia que se lançam, como abutres, sobre o corpo, vivo mas indefeso, de embriões e blastocistos, existentes, como vida humana crio-preservada, nos laboratórios de Fertilização. E pelo menos um País, o Reino Unido, levou a lógica da ética utilitarista a autorizar a constituição de embriões (e blastocistos, claro está) humanos sem nenhuma relação com a clínica de infertilidade mas produzidos directamente para o uso em investigação a partir de ovócitos doados (?) por mulheres generosas e de espermatozóides adquiridos nos "bancos" de esperma. Sem qualquer relação com fertilização in vitro.

Esta terrível instrumentalização de seres humanos, que a Convenção Europeia dos Direitos Humanos e a Biomedicina expressamente condena no seu Artigo 18; 2., cria as condições para toda e qualquer manipulação da vida humana que a HEFA, a Autoridade de Embriologia Humana e Fertilização do Reino Unido não terá condições para impedir, se os interesses económicos e financeiros em jogo atingirem o elevado nível previsto pelas Empresas de Biotecnologia.

6. Conclusão

Leon Kass, até há pouco tempo Chairman do President's Council on Bioethics, dos USA, escreveu, a propósito da investigação com células estaminais embrionárias "The argument that we should not wish to live in a society that uses the needs of the next generation for the sake of its own appeals to the dignity with which we conduct ourselves, not the indisputable equity of the early embryo. It is an argument grounded in prudence and restraint, not in equality or justice". (L.R. Kass – "Human Frailty and Human Dignity". The New Atlantis (Fall 2004/Winter 2005):114.

Nesta afirmação, Leon Kass, um estrénuo defensor da fundamentação bíblica da bioética (Leon Kass – "The beginning of Wisdom. Reading Génesis". New York Free Press, 2003), aceita, e até propõe, que não é necessário invocar o argumento bíblico de que o ser humano é imagem e semelhança de Iavé, pois usar os seres humanos que seriam a nova geração, para satisfazer os nossos interesses, apela, por si só, à dignidade da nossa própria conduta, exigindo prudência e contenção. Assim se aproxima das teses do judaísmo liberal americano.

Por mim também penso que congelar a vida biológica não é, à partida, nem bom nem mau. A questão ética surge com os fins para os quais essa vida é crio-preservada.

Trazer do frio uma vida para que ela possa satisfazer a sua natural capacidade de se desenvolver é bom, é eticamente correcto. Este juízo ético favorável radica-se no respeito pela natureza própria da vida humana em qualquer fase da sua existência no mundo.

Mas ir ao fundo de um terrível frio e trazer de lá uma criatura humana que vai ser aquecida para ser usada para finalidades e objectivos que nada têm a ver com a natureza própria dessa criatura e, depois, ser destruída como um despojo inútil, aparece aos meus olhos e à dignidade de uma conduta decente como, de todo, inaceitável numa sociedade justa.

Na antiquíssima polémica entre Atenas e Jerusalém, entre Razão e Revelação, basta-me, nesta conclusão, o rigor e a clareza do filósofo; mas sem esquecer a transcendência amorosa do profeta.

A CRIANÇA NASCIDA DE PMA – O DIREITO DO MAIS FRACO

FILIPE ALMEIDA
*Professor Auxiliar de Pediatria da Faculdade
de Medicina da Universidade do Porto
Assistente Hospitalar Graduado de Pediatria
do Hospital S. João do Porto*

É sempre com imenso gosto que venho a esta casa. Não sendo a minha casa-mãe (de facto, licenciei-me na Faculdade de Medicina do Porto), nela tenho sido tão bem e tão generosamente acolhido que quase dela também já me sinto um pouco. E não deixa de ser curioso que, não sendo a casa onde nasci para a bioética, é nesta casa, que ora me acolhe nestas lides, que hoje está o meu "pai" da e na bioética. Sr. Professor Walter: condição estranha, esta, no dia de hoje: um seu "filho" da bioética, junto do "pai" numa casa que o acolhe mas que não o deu à luz! Ainda por cima, seguramente o mais fraco de quantos, aqui, hoje, passarão!

Esta despretensiosa caricatura de uma realidade que registo com tanto gosto, poderia ser um dos painéis ilustrativos das tantas variadas situações passíveis de recriar no domínio da temática que me foi proposta: um "filho", por acaso fraco, próximo do "pai", no aconchego de uma diferente "mãe".

Obrigado Prof. Walter Osswald por esta "paternidade" que, nestes convites que tanto me honram, quotidianamente se afirma!

E, para avançar na minha intervenção, gostaria de vos manifestar, desde já, como, muito genericamente, concebo a Vida. Vejo-a como um *continuum*, cujos princípio e fim desconheço em absoluto, à qual empresto a minha existência para que ela, Vida, no meu tempo de ser, se possa manifestar. A Vida não é minha. Eu é que sou da Vida! Pertenço-lhe! Não me quero servir da Vida, quero, sim, servir a Vida!

E este conceito de Vida, hoje, torna-se mais abrangente, mercê de uma indispensável atenção que devemos dispensar a uma harmonia ecológica necessária não só à eclosão como à manifestação de uma Vida boa.

Foi nos anos 70 que o oncologista Van Rensselaer Potter forjou o neologismo "bioética", chamando a atenção para este inadiável compromisso dos homens na construção de uma harmonia que, do relacionamento entre os humanos que a ética de sempre evocava, se deve, agora, estender ao relacionamento dos homens com o resto da biosfera. A ética vivificada no domínio de um relacionamento humano extravasa, assim, na leitura de Potter, para uma responsabilidade que se alarga ao domínio da vida universal. Sou, agora, também, responsável pela vida humana adventista, a que, havendo de nascer, pode já por mim ser condicionada. E condicionada não só por intervenções no âmbito por exemplo da engenharia genética, como pela afirmação de desejos quiçá redutores da dignidade de quem, ainda não sendo porque não nasceu, merece já respeito pela humanitude que inevitavelmente o inculcará.

Albert Schweitzer, ao propor-nos a ética como "o respeito pela vontade de viver em mim e fora de mim", apela a que eu viva fora de mim também eticamente, que eu viva, pois, no outro também eticamente.

Emmanuel Levinas reclama a minha responsabilidade pelo outro, denunciando que "sou responsável pela sua própria responsabilidade".

O "outro" adquire então para a definição do meu agir uma singular responsabilidade. Seja este outro já nascido, já tocável, esteja este outro porventura, no domínio dos meus projectos de vida. E, para este outro, ainda que distante materialmente mas já bem presente nos meus desejos, a minha atitude de abertura à «humanidade do outro homem» "exige da minha parte", na expressão de Michel Renaud, "o respeito que vê no olhar do outro a presença ausente do Infinito".

Respigo estas considerações porque vejo o filho, afinal o elo mais fraco de quem me é pedido para falar, hoje, nascer muito antes da sua chegada ao útero materno. Na tecitura de um quadro amoroso, ele nasce, efectivamente, no exercício de um desejo responsável, que parte de uma vontade autónoma. E é exactamente nesta temporalidade, nesta presença ausente, que ele tem de começar a ser respeitado. Respeitado na sua identidade, na sua dignidade, na sua historicidade, respeitado já na sua liberdade. É para este primórdio da concepção do meu filho que reclamo a minha particular atenção.

Não posso querer um filho para dilatar ou consolidar a minha propriedade. Julgo não existir o direito a ter um filho. Tenho, sim, o direito ao amor e, nele, o direito à criatividade e à fecundidade que se espraia no filho, porventura, a sua mais elevada expressão. Devo desejar o filho por ele mesmo, para que ele viva, não para ser minha propriedade.

Desejar o filho apenas porque quero ter um filho é talvez redutor na perspectiva do menor.

Desejar o filho "rapaz" ou o filho "rapariga" reduz ao sexo do filho a importância do filho com sexo, que desejo ter.

Desejar o filho para que possa ser útil ao outro filho que, doente, da sua medula possa necessitar, é condicionar a sua dignidade à utilidade desejada, predestinando-o a uma objectivação que lhe é intrinsecamente estranha.

Desejar o "filho que me serve" é matar o "filho que devo servir"!

Desejar o filho no desconhecimento de uma genealogia a que deve poder aceder coarcta, radicalmente, o seu direito a conhecer as suas raízes genéticas.

Desejar o filho distante de um compromisso relacional é concretizar, porventura, o automatismo biológico e, assim, reduzi-lo a uma vitalidade celular que se quer perpetuar.

Desejar o filho "a todo o custo" assume um determinismo esclavagista para um ser que reclama a liberdade.

Estamos talvez confrontados com um ser que, já neste seu tempo de existir, adquire marcada fragilidade. Menor na massa corporal, menor na capacidade reivindicativa, o filho sente, não poucas vezes e ao longo do seu desenvolvimento, a ameaça à sua dignidade.

Nem sempre a criança foi considerada como pessoa humana, assim credora de direitos fundamentais a serem preservados e garantidos. Exemplos vários encontramos na nossa História.:

- A matança dos inocentes, ordenada por Herodes, contemporâneo de Cristo
- A imolação dos primogénitos, na Antiga Grécia, para *acalmar a fúria dos Deuses quando perigava a vida do Rei*

- 1768: Edward Jenner testou a vacina para a varíola humana numa criança
- 1885: Louis Pasteur testou a vacina anti-rábica numa criança
- 1891: Carl Janson informou que as suas pesquisas sobre a varíola eram realizadas em crianças, sendo os bezerros o modelo ideal para esta experimentação
- 1956 a 1971, já a bioética se perfilava: no hospital de Willowbrook (Nova Iorque), inoculou-se o vírus da hepatite em cerca de 700 crianças, buscando a imunoterapia adrede
- 1998 – Estudo sobre a plumbémia em crianças que frequentaram creches da cidade do Porto
- 2003 – Estudo sobre a utilização de terapêuticas de cáries dentárias, proibidas nos EUA, em crianças da Casa Pia

Naturalmente que a mesma História nos dá conta de sinais de protecção aos menores:

- 400 a.C.: Platão chama a atenção dos professores para a importância de ministrar o ensino sem castigos
- Séc IV: legislação condenando o infanticídio, defendendo o direito do estado poder intervir na família em defesa da criança, contrariando o poder absoluto que, no império romano, era conferido aos pais
- Séc XVII: Sir Thomas More censura o açoite e recorre a *penas de pavão* para *bater* nas filhas
- Séc XVIII: Rousseau, alegando que as crianças são inocentes até serem corrompidas pela sociedade, apela ao fim dos castigos corporais e assinala (porventura a voz primeira?) o reconhecimento da sua "autonomia": *é altura de se falar menos nos deveres das crianças e mais nos seus direitos*
- 1901 (Prússia): proibição explícita de investigação em crianças (Director das Clínicas e Policlínicas)
- 1947: Código de Nuremberga
- 1964: Declaração de Helsínquia
- 1948: Declaração dos Direitos do Homem – ONU
- 1981: Decreto-Lei 21/81
- 1986: Carta dos Direitos das Crianças Hospitalizadas
- 1990: Convenção sobre os Direitos da Criança (ONU)

... o estabelecimento de que as crianças têm direito à liberdade, ao respeito e à dignidade, como pessoas em desenvolvimento, assegurando-lhes direitos civis, humanos e sociais, retira-as da condição de meros receptores de benefícios para satisfação das suas necessidades básicas ou objectos de intervenção e <u>eleva-as à condição de cidadãos</u>!

O principialismo de Beauchamp e Childress emerge nos finais da década de 70 e marca indelevelmente a bioética, elegendo a autonomia, a beneficência, a não maleficência e a justiça como princípios éticos fundamentais.

Pellegrino e Thomasma evocam o virtuosismo, resgatando, nos finais de 80, o modelo da virtude bem patenteado na tradição aristotélica e hipocrática. A ética das virtudes, em alternativa à ética dos deveres, fará com que uma pessoa virtuosa aja sempre bem, em qualquer circunstância.

Mas é nos finais do séc XX que a Europa, na Declaração de Barcelona, onde valoriza de forma inigualável a pessoa humana, anuncia um modelo ético que me parece de extrema adequação ao nosso desiderato de hoje. Com efeito, ao enunciar os princípios da autonomia, da dignidade, da integridade e da vulnerabilidade remete-nos para o cerne da questão que, com premência, se nos coloca.

Gostava de referir os princípios da integridade e da vulnerabilidade.

Ao suscitar o respeito pela integridade, reclama neste princípio a noção de totalidade histórica e de integralidade da minha vida: a de hoje e, na de hoje, a de ontem e a de amanhã. Em bioética, refere, "a integridade expressa o absolutamente intocável (*the intouchable core*), o núcleo secreto da vida (*the inner nucleous of life*), que não deve ser objecto de intervenção exterior".

No princípio da vulnerabilidade, sustenta as noções de dependência e de fragilidade, exprimindo a ideia de que toda a vida pode ser "ofendida, vexada e ferida de morte". Este princípio reclama a minha superior preocupação para com o ser humano mais fraco, para com o mais ameaçado na sua autonomia, na sua dignidade e na sua integridade.

E não é o menor, o filho, ainda tão só na representação diencefálica do desejo, parental ou individual, acabado de nascer ou na sua caminhada para a maturidade, expressão tão forte desta vulnerabilidade?

A esta reconhecida vulnerabilidade dever-se-á responder com um acréscimo de protecção. Mas sem aniquilar a identidade que lhe impende. É necessário respeitar esta relação paradoxal, de reconhecimento de um distinto ser humano numa dependência inevitável e desejável. É o berço-

-mãe que, aliás, já nos patenteia este relacionamento. Vejam como a barreira placentária anuncia, no plano biológico, a individualidade de dois seres humanos distintos, mãe e filho, por ela apartados mas por ela em relação constante. Barreira que, a igual, denuncia uma incontornável dependência fetal, permitindo não só trocas vitais ao feto, aportando-lhe nutrientes essenciais e depurando-o dos produtos de metabolização, como permitindo-lhe a experiência da proximidade e da relação.

Queremos, certamente, avivar os direitos destes mais fracos. Incompetentes que são para reivindicar, como atrás referi, estes seus direitos só existem nos deveres que eu sou capaz de assumir para com eles.

Devemos, talvez, recusar os direitos destes mais vulneráveis.
Devemos, creio bem, exigir os deveres dos mais fortes.
Exactamente, os deveres dos mais fortes!

– Porque eu não quero que o menor tenha o direito a ter uma família, um pai e uma mãe que o identifiquem geneticamente e lhe dêem a oportunidade da relação!

Quero, sim, que eu tenha o dever de lhe oferecer uma família, um pai e uma mãe que o identifiquem geneticamente e lhe dêem a oportunidade da relação!

– Porque eu não quero que o meu filho tenha o direito a ser expressão de uma fecundidade humana e não produto de um automatismo biológico!

Quero, sim, que eu tenha o dever de desejar um filho fruto da minha fecundidade e não produto do meu automatismo biológico!

– Porque eu não quero que o meu filho tenha o direito de nascer por si mesmo, por sua causa, pela sua própria importância e não pela minha mera realização pessoal!

Quero, sim, que eu tenha o dever de o fazer nascer por si mesmo, por sua causa, pela sua própria importância e não pela minha mera realização pessoal!

– Porque eu não quero que o meu filho tenha o direito de nascer livre e amado como é, bonito ou feio, alto ou baixo, saudável ou doente, menino ou menina!

Quero, sim, que eu tenha o dever de o fazer nascer livre e amado como é, bonito ou feio, alto ou baixo, saudável ou mesmo doente, menino ou menina!

– Porque eu não quero que o meu filho tenha o direito de nascer como exercício da minha liberdade e não por estar estacionado lá num mundo especial, à espera de ser chamado por alguém!
Quero, sim, que eu tenha o dever de o fazer nascer pela dinâmica própria da minha liberdade e não por estar estacionado lá nesse lugar, em fila de espera para nascer!

– Porque eu não quero que o meu filho tenha o direito a nascer como a não nascer, isto é, que o meu filho tenha o direito a não nascer por minha impositiva vontade!
Quero, sim, que eu tenha o dever de permitir que ele possa nascer ou não nascer, que eu tenha o dever de não o obrigar a nascer por minha estrita obstinação!

– Porque eu não quero que o meu filho tenha o direito de nascer como um acto criativo, que nele inclui tudo quanto se segue ao nascimento e ao crescimento de uma nova pessoa até alcançar a maturidade biológica, como não quero que ele tenha o direito a não nascer como uma mera excreção de um corpo feminino que, por uma qualquer razão, foi fecundado!
Quero, sim, que eu tenha o dever de o fazer nascer num acto de criação, que como tal exige um projecto educativo e recusa reduzir o seu nascimento a uma mera excreção de um corpo feminino, algures e por alguém ou alguma coisa, fecundado!

Esta é a leitura da ética que permite a concretização dos deveres dos que faço mais fracos na assunção dos deveres de quantos se reclamam como mais fortes.
Caros amigos: despida de mecanismos de auto-defesa no início da vida, neste tempo em que é tábua-rasa para a edificação do seu mundo, a criança é sempre um dos alvos possíveis da maior violência ética que se pode cometer. Por via disso, ela poderá ficar condenada a não poder aspirar à real liberdade, ao exercício pleno da sua autonomia, à felicidade ética a que tem direito. Ela será impotente para encontrar a sua própria identidade.

A *impotência* dos mais fracos terá de ser a *força* dos mais "fortes"!
O *direito* dos mais fracos terá de ser o *dever* dos mais "fortes"!

AS TÉCNICAS DE PROCRIAÇÃO MEDICAMENTE ASSISTIDA COM RECURSO A GÂMETAS ESTRANHOS AO CASAL (FERTILIZAÇÃO HETERÓLOGA)

WALTER OSSWALD
Instituto de Bioética,
Universidade Católica Portuguesa

A infertilidade é um facto biológico que, quando causa de sofrimento persistente, se configura como doença. Nessas circunstâncias, exige tratamento, hoje possível através de um conjunto de intervenções terapêuticas designado como Procriação Medicamente Assistida (PMA). Esta engloba o recurso a técnicas de muito variado tipo e suscita questões de natureza deontológica e ética, particularmente significantes por poder estar em jogo a vida, a integridade e a dignidade da mãe e dos nascituros.

Reconhece-se que em matéria desta área não existem consensos alargados, sobretudo por não ser unívoco o conceito do que é o embrião nem o estatuto que lhe deva ser atribuído. Não obstante, é geralmente admitido que o embrião não é coisificável e que merece respeito, divergindo as opiniões apenas quanto ao grau e amplitude que esse mesmo respeito deve revestir.

Existindo consenso generalizado de que esta importante área deve ter um enquadramento legal que assegure liberdades e garantias de famílias, mães e nascituros, as diferenças óbvias nos conceitos (bem evidentes, como é notório, nos projectos de lei discutidos na Assembleia da República) devem ser ultrapassadas pela discussão ética que insista na procura de consensos parciais, aceitáveis mesmo por aqueles que se não revejam nos seus contornos mas que entendam ser preferível uma lei imperfeita a um persistente vácuo legal, gerador de oportunidades de transgressão e ofensa à ética e ao bem comum.

Neste sentido, e cingindo-me apenas ao ponto talvez mais polémico e sobre o qual me é solicitado parecer, passo a apresentar as reflexões suscitadas:

1. Tendo a PMA carácter terapêutico, parece inescapável a conclusão de que a ela só devem ter acesso os casais (no sentido de conjunto homem – mulher com ou sem vínculo matrimonial, vivendo em comunidade estável) que sofram da doença. Tal significa que se não reconhece o "direito ao filho" às vezes invocado para mulheres sós ou pares homossexuais. Também se excluiria, segundo o mesmo critério, a "produção" de embriões para outros fins que não o tratamento da doença infertilidade (p. ex., não seria de admitir a fecundação in vitro, seguida de diagnóstico pré-implantatório dos embriões ainda obtidos, de modo a seleccionar um que fosse imunologicamente compatível com um filho pré-existente, portador de doença tratável com transplante de células da criança assim seleccionada). Este princípio terapêutico excluiria igualmente a produção de embriões para fins experimentais ou para obtenção de células estaminais embrionárias. Em todas estas situações assistiríamos a uma instrumentalização inaceitável do embrião (e do nascituro respectivo), que deixaria de ser um fim em si mesmo para passar a constituir um meio – num caso o nascituro seria reduzido à condição de remédio para uso de irmão anteriormente nascido, no outro à de mera fábrica de células, condenada à morte após extracção destas.

Faço notar que a interpretação da procriação medicamente assistida (PMA) como medida terapêutica constitui, para além da justificação do recurso a esta metodologia, tal como apresentada no seu início, o conceito reconhecido pelo Conselho Nacional para as Ciência da Vida, que no seu parecer 44/CNECV/2004 retoma afirmações anteriormente expendidas (nos pareceres 3/CNE/93 e 23/CNECV/97), definindo a PMA como um conjunto de técnicas utilizadas por razões médicas, em situação de infertilidade e ou esterilidade percepcionadas como doença pelo casal (embora aceite o acesso a estas técnicas em excepcionais situações do foro médico não acompanhadas de infertilidade, derrogação essa que mereceu discordância expressa em declarações de voto dos Professores A. Almeida Santos, Daniel Serrão, Michel Renaud e Drs. Jorge Biscaia e Rita Amaral

Cabral). No mesmo sentido se pronuncia o Professor J. Pinto Machado (in Novos Desafios à Bioética, coord. L. Archer, J. Biscaia, W. Osswald, M. Renaud, Porto Editora, Porto, 2001) na sua revisão crítica dos problemas éticos relativos à PMA. Ou seja, toma-se como determinante o carácter subsidiário da PMA, remédio ou correctivo a que se recorre quando o casal que deseja ter filhos não consegue o almejado objectivo por meios naturais e apresenta sofrimento suficientemente grave e persistente para configurar a situação de doença. É esta ainda a posição oficial da Ordem dos Médicos, transmitida pelo seu Presidente, Dr. Pedro Nunes, aquando da sua audição na Comissão de Saúde da Assembleia da República; na mesma ocasião, eu próprio apresentei à referida Comissão uma convergente opinião.

2. A fecundação heteróloga pode resultar na obtenção de um filho que, como é óbvio, nunca será do casal, no ponto de vista biológico. Para além dos problemas que mais tarde ou mais cedo poderão surgir na relação inter-subjectiva dos protagonistas e dos que estão ligados à gratuidade, anonimato e frequência da "dação" de gâmetas, deve frizar-se que nestas condições não há superação da infertilidade, sendo esta apenas cosmeticamente corrigida. Não se podendo, pois, invocar valia terapêutica para a fecundação heteróloga, esta não deve ser permitida. Tão sumariamente expostos, estes argumentos devem ser confrontados com outros que se lhes opõem e são invocados pelos que defendem o ponto de vista oposto, ou seja, o da liceidade do recurso a gâmetas estranhos ao casal. Na realidade, tem-se afirmado que a dação de gâmetas deve ser permitida:

a) por permitir satisfazer o desejo do filho, entregando ao casal um bebé que para todos os fins será "seu";
b) por corresponder a uma sensibilidade largamente representada nas sociedades, quiçá prevalente, com o respectivo reflexo na adopção de leis que a coonestam;
c) por permitir a concretização de uma atitude solidária, de pessoas férteis em relação a outras pessoas, privadas dessa característica biológica;
d) por corresponder a uma adopção, geralmente tida como eticamente louvável.

Ora, como acima se disse e foi particularmente bem exposto pelo Professor Pinto Machado na obra referida, o principal argumento desta posição favorável à PMA heteróloga não colhe. De facto, não se trata de um acto médico com finalidade terapêutica, já que a infertilidade/ /esterilidade permanece, como muito bem sabe o casal. Além disso, não são de excluir problemas psicológicos na relação conjugal, de culpabilidade, de desequilíbrio afectivo, na relação fantasmagórica com o 3º elemento ausente e presente. Não se pode gerar uma criança de pai (ou mãe) desconhecido a fim de tratar a maternidade (ou paternidade) frustrada – uma criança não pode ser reduzida a uma terapia.

O facto, real, da PMA heteróloga ser aceite em muitas sociedades e estar expressamente consignada nas respectivas legislações revela da sociologia, que não da ética, como tão bem expõem Almeida Santos, Michel Renaud e Rita Amaral Cabral, no Relatório sobre Procriação Medicamente Assistida que acompanha o Parecer 44/CNECV/2004, já citado.

O espírito de solidariedade do (ou da) dador(a) não pode ser negado, mas terá de se lhe contrapor o facto, de universal reconhecimento, de que é absolutamente excepcional a motivação filantrópica na chamada dação de gâmetas, geralmente (e lamentavelmente) inscrita numa transacção comercial. O dador tem em vista o lucro e não a beneficiência: as dadoras de ovócitos benévolas são em geral familiares próximas das receptoras (o que torna num mito o tão apregoado anonimato) que agem por afecto ou compaixão; na grande maioria das situações as "dadoras" vendem os seus ovócitos por quantias consideráveis ou trocam-nos pelo pagamento da realização de técnicas de PMA em que elas próprias estão envolvidas (trata-se da chamada partilha de ovócitos: a mulher capaz de os produzir cede metade dos seus ovócitos à mulher que deles não dispõe e esta paga ambos os tratamentos). Quanto aos "dadores" de espermatozóides, trata-se em regra de jovens estudantes, "recompensados" em espécie. Ora, o/a dador(a) vê-se assim reduzido à condição de co-produtor do embrião, sem qualquer relacionamento com a/o parceira/o, desconhecedor da concretização da sua dádiva, eventual pai (ou mãe) biológico(a) de filhos cuja identidade (e até número) ignora – e quer ignorar.

Por outro lado, não se pode comparar a geração desta espécie de "meio-filho" do casal com uma adopção. Nesta, ambos os adoptantes são geneticamente estranhos à criança e se encontram, por isso, em situação idêntica; além disso, a criança existe, precisa de quem cuide dela, a ame e a eduque e não é deliberadamente criada para satisfazer a determinada finalidade.

Finalmente – e valho-me aqui mais uma vez do raciocínio seguido por Pinto Machado – não pode ser considerado ético privar desde o início, e para sempre, um ser humano de ter relações filiais com um dos seus progenitores. Ou se mantém o segredo da sua peculiar geração, e pratica-se um acto atentório do direito à identidade e ao conhecimento da sua filiação, ou se informa oportunamente a criança ou adolescente de que é filho de pai (ou mãe) incógnito (a), o que não poderá constituir acontecimento de somenos importância. Se a opção do legislador for no sentido de não respeitar o anonimato do dador, permitindo p. ex. que ao atingir a maioridade a pessoa possa, caso o queira, ter acesso à identidade do pai (mãe) teremos outro tipo de problemas, não menos graves. De qualquer modo, a criança gerada através desta estranha triangulação, em que dos pais sociais só um o é do ponto de vista biológico, permanecendo o outro na impenetrável escuridão do segredo, a criança, essa é indiscutível e claramente prejudicada e relegada para um papel secundário num processo em que um dos seus progenitores é o protagonista.

3. As posições sumariamente apontadas baseiam-se nos princípios fundantes do meu parecer: respeito pela vida e integridade de todos os seres humanos, defesa da sua autonomia e dignidade, limiar recusa da sua instrumentalização.

PROCRIAÇÃO MEDICAMENTE ASSISTIDA COM FINAL FELIZ? PREMATURIDADE E GEMELARIDADE

HERCÍLIA GUIMARÃES
*Professora Associada com Agregação
da Faculdade de Medicina da Universidade do Porto,
Directora do Serviço de Neonatologia, Unidade Autónoma
de Gestão da Mulher e da Criança do Hospital de S. João*

Estima-se que a infertilidade, definida pela OMS como a ausência de concepção depois de pelo menos 2 anos de relações sexuais não protegidas, afecte cerca de 3 a 15% dos casais.

Desde 1960, com a introdução das técnicas de procriação medicamente assistida (PMA), o número de gestações múltiplas aumentou significativamente. Até à data mais de 1 000 000 de casais asseguraram a sua descendência.

Nos E.U.A. houve, na última década, mais 90 gémeos, 13 triplos e 1 quádruplo, por cada 10 000 nascimentos.

A PMA tem riscos, nomeadamente a existência de gravidezes múltiplas e de prematuridade. Cerca de 70% destas gravidezes múltiplas são resultado de técnicas de PMA.

Como se compreende, quanto menor a idade gestacional maior a morbimortalidade. Este conhecimento é fundamental e o risco de prematuridade deve ser minimizado.

A maioria dos autores referem uma idade gestacional média de 37 semanas nos gémeos, 32-33 nos triplos e de 30-31 semanas nos quádruplos. Metade dos gémeos e 90% dos múltiplos de ordem superior têm peso ao nascimento inferior a 2500 gramas; 10% dos gémeos e 25% dos triplos tem peso inferior a 1500 gramas. Estes factores contribuem para uma mortalidade perinatal 4,5 vezes superior nos gémeos e 9 vezes superior nos triplos quando comparadas com os únicos.

O estudo Nascer Prematuro em Portugal realizado pela Rede Nacional dos RNMBP (RN com peso < 1500g) mostra que em Portugal a mortalidade nos recém-nascidos de muito baixo peso (RNMBP) é de 23% e o limiar da viabilidade, é, desde 1997, de 26 semanas. A sobrevivência em Portugal nos RN com idade gestacional entre as 23 e 25 semanas e peso ao nascer inferior ou igual a 700 g é de 30%, com elevada taxa de morbilidade grave.

Quanto à morbilidade, 51,2% são normais e 20 % têm sequelas, sendo 10% sequelas *major* (displasia broncopulmonar, leucomalácia periventricular, hemorragia periventricular, paralisia cerebral, retinopatia da prematuridade, surdez, intestino curto). O limiar da sobrevivência na alta e aos 3 meses é de 27 semanas. De 1996-2000, assistiu-se em Portugal, nos RNMBP a um aumento na sobrevivência que foi de 78,3% em 1996 e de 83,6% em 2000, aumento este que se verificou sem aumento na taxa de sequelas, sendo a morbilidade idêntica (25,8% – 25,5%), aspecto muito gratificante para os profissionais de saúde que tratam e cuidam destes RNMBP.

A mortalidade e morbilidade neonatais dos múltiplos têm sido indiferentemente reportadas como semelhante, inferior ou superior à dos únicos. Não está comprovado que a gravidez múltipla seja um factor prognóstico independente. Na realidade, quando comparados os recém--nascidos da mesma idade gestacional ou com o mesmo peso ao nascer, não é claro que o prognóstico neonatal dos múltiplos de ordem superior, triplos ou quádruplos, seja pior que o dos únicos. Estudos mostram que gémeos de MBP não apresentam maior mortalidade e morbilidade que únicos de MBP com peso e idades gestacionais comparáveis.

No estado actual dos conhecimentos, não parece haver também maior risco de malformações congénitas, nos múltiplos.

Nos últimos anos, a redução fetal tem sido proposta para reduzir a morbilidade e mortalidade destas gestações. Os estudos são ainda inconclusivos.

O Registo Nacional dos RNMBP regista cerca de 95% destes RN. Uma proporção crescente resulta de gestações múltiplas resultantes de técnicas de reprodução medicamente assistida. Um dos objectivo, do Estudo Nascer Prematuro em Portugal foi o de comparar o prognóstico quanto à sobrevivência e morbilidade de RNMBP consoante sejam únicos, gémeos ou múltiplos de ordem superior.

Foi analisada toda a informação referente a 3534 RN de MBP registada na Base de Dados Portuguesa de RNMBP, entre 1996 e 2000. Dos 3534 RN, 819 (23,2%) foram resultado de gestações múltiplas: Gémeos: 683 (19,3%); Triplos: 121 (3,4%);Quádruplos: 15 (0,4%). De 1996 a 2000 os triplos aumentaram de 1 para 50 e os quádruplos de 7 para 15. No estudo de Vermont-Oxford a incidência de múltiplos de MBP aumentou de 20% para 27% de 1991 para 1999. A mortalidade foi de 22,7% nos únicos, 25,3% nos gémeos, 11,8% nos triplos e 33,3% nos quádruplos.

Donovan et al. num estudo englobando 10 271 RNMBP, refere uma mortalidade de 20% para os gémeos de MBP, semelhante à dos únicos. A morbilidade neonatal foi também semelhante.

No Hospital de S. João nos anos de 1999 a 2003 foram realizadas 114 tentativas de PMA em 103 mulheres de idades entre os 23-42 anos e com 2 a 20 anos de infertilidade, tendo resultado 145 RN. O número médio de tentativas foi de 3, variando entre 1 e 13. As técnicas de PMA realizadas foram a micro-injecção, em que através de controlo microscópico se introduz um espermatozóide no óvulo, e a fertilização *in vitro*. A taxa de cesarianas foi de 65%. Foram registados 18 abortamentos e 8 casos de pré-eclampsia. Ocorreram gestações múltiplas em 33% dos casos, sendo em 25% trigemelares. Foram internados nos cuidados intensivos neonatais 7,6% dos RN, com duração de internamento que variou entre 6 e 58 dias. Em 7 (4,8%) RN registaram-se malformações congénitas. Estes resultados são semelhantes aos descritos na literatura.

Na Unidade de Cuidados Intensivos do Serviço de Neonatologia estiveram internados em 2002 11 RN de PMA e em 2003 24 RN. Oito RN eram gémeos, 18, triplos. 4 quadruplo e 5 quíntuplos Destes 35 RN, 7 tinham menos de 30 semanas e 11, peso inferior a 1500 gramas. A patologia neonatal observada foi a da prematuridade, tendo sido registadas malformações congénitas *major* em 6 RN (cardiopatia congénita em 3, malformações renais em 2 e malformações múltiplas num RN)

Sendo a gemelaridade uma das consequências da PMA, não podemos deixar de relembrar a declaração dos direitos e necessidades dos gémeos.

Declaração dos Direitos e Necessidades dos Gémeos (Texto adoptado em 31 de Maio de 1995, na Virgínia, pelo Conselho das Organizações de Múltiplos, composto por representantes de 16 organizações de

10 países, VIII Congresso Internacional de Gémeos da Sociedade Internacional de Estudo de Gémeos)

• **Direitos**

I – Os múltiplos e as suas famílias têm direito a protecção legal contra todo e qualquer tipo de discriminação.

II – Os casais que planeiam as suas famílias e/ou procuram um tratamento contra a infertilidade têm direito à informação mais completa possível sobre os factores que influenciam a concepção de múltiplos, os riscos aumentados inerentes a este tipo de gravidez e respectivos tratamentos, assim como à informação sobre todos os factos relacionados com o crescimento e a educação de múltiplos.

III – A. Os pais têm direito ao registo exacto dos dados da placenta e ao diagnóstico de zigosidade dos múltiplos do mesmo sexo aquando do nascimento.

B. Os múltiplos mais velhos, do mesmo sexo, de zigosidade indeterminada, têm o direito a fazer exames médicos para a determinar.

IV – Toda e qualquer investigação que inclua múltiplos deve estar sujeita ao consentimento informado dos mesmos e/ou dos seus pais e deve obedecer aos códigos de ética internacionais válidos para todas as experiências médicas em seres humanos.

V – A. O nascimento e morte de múltiplos devem ser registados com a máxima exactidão.

B. Os múltiplos e os seus pais têm direito a ser tratados por profissionais conhecedores das especificidades da gestação múltipla e/ou das necessidades dos múltiplos ao longo da vida.

VI – Os co-múltiplos têm o direito de permanecerem juntos aquando da sua colocação em famílias de acolhimento, em famílias adoptivas, ou mesmo no que respeita aos acordos sobre poder paternal em caso de divórcio dos pais.

• **Necessidades**

I – As mulheres grávidas de múltiplos têm necessidade de:
A. Informação respeitante à prevenção e aos sintomas do parto pré-termo;

B. Cuidados e recursos pré-natais no sentido de prevenir o nascimento pré-termo dos múltiplos, incluindo:
1. Diagnóstico de gravidez múltipla, facto esse comunicado com tacto e respeito pela privacidade dos pais.
2. Aconselhamento nutricional e recursos dietéticos necessários a um aumento ponderal de 18-27 Kg.
3. Cuidados obstétricos adequados a gravidezes de múltiplos.
4. Direito a baixa, descanso prolongado e ajuda com os outros filhos, se a saúde materna ou circunstâncias familiares o exigirem.

II – Famílias de múltiplos com problemas de saúde necessitam de informação e assistência para encorajar o aleitamento materno e a vinculação.

III – Famílias de múltiplos com experiência de morte ou deficiência necessitam de:
A. Cuidados e aconselhamento por profissionais sensíveis à dinâmica do sofrimento associado à deficiência e morte de gémeos.
B. Políticas que facilitem o luto pela morte de um múltiplo.

IV – Famílias de múltiplos necessitam de acesso atempado a serviços e recursos que lhes permitam:
A. Adquirir o enxoval e equipamento.
B. O descanso e o sono dos pais.
C. Facilitar uma nutrição saudável.
D. Facilitar o cuidados dos outros filhos.
E. Facilitar a segurança das crianças.
F. Facilitar o transporte.
G. Facilitar os cuidados pediátricos.

V – Famílias que esperam múltiplos têm necessidade de:
A. Acesso a informação e orientação das práticas de paternidade responsável que permitam aos múltiplos a possibilidade de se socializarem, individualizarem e de aquisição da linguagem.
B. Acesso à avaliação apropriada e a metodologias de ensino adequadas à escolaridade de múltiplos com problemas de desenvolvimento.

VI – Informação da população em geral, em particular dos técnicos de saúde e de educação que desmistifique as lendas e faltas de verdade associadas aos gémeos.

VII – Necessidades dos gémeos:
A. Informação e educação sobre a biologia da gemelaridade
B. Cuidados médicos, educação, aconselhamento e medidas políticas

flexíveis que conduzam ao seu adequado desenvolvimento, ao processo de individualização e ao seu inter-relacionamento. Medidas que permitam:
1. Tratamento dos múltiplos no mesmo hospital;
2. Colocação dos gémeos em locais contíguos
3. Avaliação médica, educacional e do desenvolvimento, bem como tratamento, tendo em consideração o respeito dos gémeos entre si;
4. A revisão anual dos lugares dos múltiplos nas salas de aulas, permitindo o seu afastamento ou a sua proximidade, consoante as necessidades particulares de cada um dos gémeos;
5. A participação simultânea dos gémeos em desportos ou outras actividades lúdicas;
6. Apoio psicológico individualizado aos múltiplos aquando da morte de um dos gémeos;
7. Serviços de aconselhamento dirigidos às necessidades especiais dos múltiplos adultos.

VIII – Os cientistas devem ser incentivados a investigar:
A. O óptimo tratamento de grávidas de múltiplos.
B. Normas para o processo de desenvolvimento que são afectados pelo nascimento de múltiplos como a: individualização, socialização e aquisição de linguagem.
C. Etapas para o bom desenvolvimento psicológico, intervenções terapêuticas de relevo para os múltiplos de todas as idades e na morte de um co-múltiplo.

Em conclusão, na última década assistiu-se a um aumento da frequência de RNMBP em parte atribuído às gestações múltiplas secundárias às técnicas de procriação medicamente assistida. Se o objectivo dos profissionais de saúde é o de reduzir a morbimortalidade infantil e perinatal, então as intervenções têm de ser dirigidas no sentido da redução do número de gestações múltiplas e na melhoria dos cuidados perinatais. Estes factores serão determinantes da diminuição da mortalidade infantil e das sequelas da prematuridade.

BIBLIOGRAFIA

Semin Neonatol 2000; 5:89-106
Nascer prematuro em Portugal. Estudo Multicêntrico Nacional 1996-2000. Grupo

do Registo Nacional do Recém-Nascido de Muito Baixo Peso. Prémio Bial de Medicina Clínica 2002.

DONOVAN E. et al. Outcomes of VLBW twins cared in neonatal intensive care units. Am J Gynecol 1998; 179:742-47.

CARVALHO MJF. Reprodução medicamente assistida e gravidez múltipla. Boletim informativo da Secção de Neonatologia da SPP. Ano VII. n.° 19 de 2002.

HORBAR J.D. et al. Trends in mortality and morbidity for very low birth weight infants, 1991-1999. Pediatrics 2002; 110:143-51.

WARNER et al. Multiple births and outcome. Clinics in Perinatol 2000; 27(2):347-

EURONIC study group. Treatment choices for extremely preterm infants: an international perspective. Pediatrics 2000 Nov; 137(5):608-16.

Working Group of Intensive Care in the Delivery Room of Extremely Premature Newborns. Guidelines for resuscitation in the delivery room of extremely preterm infants. J Child Neurol. 2004 Jan; 19(1):31-4.

SURI K. et al. Morbidity and mortality of preterm twins and higher- order multiple births. J Perinatol 2001; 21:293-9.

QUESTÕES ÉTICAS DA PREMATURIDADE

ERNESTINA Mª V. BATOCA SILVA
*Professora-Coordenadora da Escola Superior de Saúde de Viseu,
Instituto Politécnico de Viseu*

"A posição de uma grande maioria de pediatras e a tradição católica tem defendido sempre que a vida humana é um valor básico, fundamental mas que também é necessária uma certa qualidade de vida para manter a obrigatoriedade de conservá-la. Em outras palavras, o dever de preservar a vida humana não é prioritário em condições particularmente penosas".

ABEL e CAMBRA (1998)

1. Introdução

Os recém-nascidos prematuros são um grupo extremamente vulnerável mas também heterogéneo, pois que engloba recém-nascidos com idade gestacional entre as 24 e 37 semanas e peso ao nascer desde os 500g (Neto, 2003). Dados do Instituto Nacional de Estatística (Portugal, 2006) revelam que nasceram no ano de 2005 em Portugal 109 457 bebés e que 1012 têm um peso inferior a 1500g, correspondendo a 0,92% de recém-nascidos de muito baixo peso, número este que tem vindo a crescer.

A idade de gestação e o peso ao nascimento médios no ano de 2000 foram neste grupo de 29 semanas e de 1160g, respectivamente. O limite da viabilidade (mais de 50% de sobreviventes) e da viabilidade sem sequelas (mais de 50% de sobreviventes sem problemas à alta ou aos três meses) tem diminuído ao longo dos anos, situando-se no ano 2000 às

26 e 28 semanas, respectivamente. Avaliado em relação ao peso de nascimento, o limite da viabilidade situa-se acima das 700g e o limite da sobrevida sem problemas acima de 900g (Peixoto [et al.], 2002). Dados mais recentes do Registo Nacional do Recém-Nascido de Muito Baixo Peso de 2004 revelam uma idade gestacional média de 28,8 semanas e peso ao nascimento de 1091g, com uma mortalidade de 15,4% neste grupo (Ministério da Saúde, 2006).

Podemos afirmar que os prematuros, embora sendo um grupo minoritário do total de nado-vivos (0,92%), são uma fracção representativa dos problemas perinatais do país, sendo responsáveis por cerca de 50% dos óbitos neonatais e de parte significativa de futuros cidadãos com sequelas (Machado [et al.], 2002). No que diz respeito às sequelas, Maciel (2003) refere que a maioria das crianças com mais de 27 semanas sobrevive sem aumento da taxa de sequelas. No entanto, entre as 23 e 25 semanas a taxa de sequelas é de 50%. Constatamos que a evolução do tratamento de recém-nascidos prematuros associou-se a uma drástica redução da mortalidade, contudo permanece elevada a morbilidade a longo prazo.

De facto, (Paixão, 2000) refere que graças aos avanços da medicina, dos meios técnicos e da existência de unidades de cuidados intensivos neonatais, aumentaram significativamente as taxas de sobrevivência dos recém-nascidos prematuros, não se conseguindo, contudo, evitar uma considerável morbilidade a longo prazo. MacDonald e Committee on Fetus and Newborn (2002) referem que no futuro é provável que a taxa de sobrevivência das crianças nascidas pré-termo continue a melhorar. No entanto, já Allen [et al.] em 1993, referiram que apesar de ter melhorado a sobrevivência das crianças pré-termo e ter diminuído o limite da viabilidade, a qualidade de vida dos sobreviventes permanece uma preocupação.

Aparentemente, os resultados do progresso dos conhecimentos e da tecnologia seriam para defender a vida humana de agressões lesivas da sua própria humanidade. Porém, na realidade, se algumas vezes o conhecimento antecipado de que ele sofre de doenças graves ou que corre riscos de nascer prematuro permitirá a sua cura ou encaminhamento da mãe para centros diferenciados, noutros casos permitirá reconhecer a sua inviabilidade ou a existência de uma deficiência definitiva e irremediável e, ainda, noutros casos poderá suspeitar-se que venha a ficar com alguma deficiência, o que poderá provocar sentimentos de angústia nos pais e colocar dilemas éticos aos profissionais de saúde.

Na verdade, quer na assistência imediata ao recém-nascido, quer nas unidades de cuidados intensivos neonatais, é enorme a capacidade de intervenção técnica e as decisões arrastam consigo uma imensidade de incertezas éticas. Trata-se muitas vezes de situações limite, de fronteira entre a vida e a morte. Porque se impõe o confronto entre o querer científico, a aplicação de tecnologias e o melhor interesse da criança, o seu bem, é importante analisar os benefícios e custos entre as várias atitudes, que vão desde o preservar a vida e o reconhecer os limites da intervenção, e entre preservar a vida a todo o custo e o deixar acontecer a morte natural.

Face a estas (e outras) circunstâncias quisemos analisar e reflectir sobre alguns aspectos éticos que encerra a prematuridade. Assim, definimos algumas questões:

Quais são os **limites da viabilidade do recém-nascido?**

Quando é que uma **reanimação intensiva** é considerada **apropriada ou inapropriada?**

Quais os **critérios** que tornarão **legítima a reanimação do recém--nascido prematuro?**

Quem toma a decisão?

Quais as **condições que legitimam o deixar acontecer a morte natural?**

O que distingue **a atitude de deixar acontecer a morte natural da eutanásia?**

2. Limite de viabilidade do recém-nascido prematuro

Na Sala de Partos, o princípio ético é preservar a vida e deve adoptar-se uma reanimação atenta. Nesta perspectiva todo o recém--nascido prematuro deve ser imediatamente reanimado (Biscaia, 2002). A reanimação deve ser um gesto imediato, principalmente nos mais prematuros, para lá de qualquer malformação ou anomalia genética que possuam (Biscaia, 2001). Porém, quando ocorre o nascimento de um recém-nascido com anomalias grosseiras que conduzem à inviabilidade (são exemplo a anencefalia, a porencefalia, os grandes encefalocelos, a agenesia renal bilateral ou grande hipotrofia pulmonar) depois de feito o diagnóstico que, de resto, na gravidez vigiada na maioria das vezes já será conhecido, os cuidados de reanimação não devem ser continuados. O mesmo acontece com os grandes prematuros em situação de hemorragia catastrófica do sistema nervoso central, nas doenças metabólicas sem tratamento ou nas situações que obriguem a intervenções cirúrgicas repetidas sem esperança razoável de cura ou melhoria significativa. Também os recém-nascidos em agonia, em que não se preveja uma solução, devem ser tratados com atenção e carinho, mas sem recurso a cuidados intensivos (Biscaia, 2001; 2002).

Parece claro que em situações extremas ou em presença de indicadores de mau prognóstico as decisões podem não ser muito difíceis. O que é verdadeiramente difícil é definir o que são situações limite (Paixão, 2000) ou segundo as palavras de Allen [et al.] (1993), definir o que é o limite da viabilidade. Também Biscaia (2002) questiona quais os limites da viabilidade que tornarão legítima a reanimação intensiva sem correr riscos de encarniçamento terapêutico (ou obstinação terapêutica).

Há patologias cuja expressão clínica e tradução imagiológica ou analítica não deixam dúvidas sobre a evolução para a morte ou para uma qualidade de vida inaceitável, quer para a criança, quer para os pais. Nestas circunstâncias é necessário saber dizer "basta". Não significa que o doente não mereça a continuidade do tratamento, mas há necessidade de respeitar a sua pessoa, o seu tempo de morrer. Noutras situações é também necessário saber "não começar", como por exemplo, nos recém-nascidos de prematuridade extrema (Almeida, 1998). Antes das 23/24 semanas de gestação, dada a prematuridade pulmonar, com a ausência de desenvolvimento sacular e a falta de contiguidade com as ansas capilares impedindo ou dificultando a hematose, é difícil, mais ainda do que na carência de surfactante, a viabilidade do feto. As tentativas de reanimação antes dessa data podem resultar em enorme sofrimento para o bebé, sem que o prognóstico o justifique (Biscaia, 2002). Voyer [et al.] (2000:72) consideram também que é a partir das 22-24 semanas que se atinge o nível mínimo de maturação das funções orgânicas e com recurso aos meios técnicos actualmente disponíveis é encarada a sobrevivência extrauterina: *"utilizar técnicas de reanimação num prematuro com idade < 22 semanas será uma medicina humana experimental".*

No nosso país, a Secção de Neonatologia da Sociedade Portuguesa de Pediatria anunciou nos Consensos Nacionais em Neonatologia (Peixoto [et al.], 2004) as recomendações a ter em conta para o nascimento de prematuros no limite de viabilidade (< a 27 semanas). A actuação depende da idade gestacional, a qual deve ser determinada clinicamente antes do nascimento de um recém-nascido prematuro, corroborada por resultados de ecografia precoce. Nas situações em que a determinação exacta da idade gestacional não é possível, deve ser dado o benefício da dúvida, a reanimação deve ser um gesto imediato, independentemente de qualquer malformação ou anomalia genética que possuam, acrescenta Biscaia (2001). O limiar da viabilidade aceite é as 24 semanas. Abaixo do limiar de viabilidade os recém-nascidos de prematuridade extrema podem *à posteriori* ver suspensos os cuidados se houver alteração do prognóstico. As normas de suspensão de cuidados devem estar estabelecidas. Interessa, como é óbvio, defender a vida *versus* qualidade da mesma, custos para a família e consumo de recursos para o país.

Segundo Gold (2000), em França a reanimação de um recém-nascido de idade gestacional > 25-26 semanas e de peso de nascimento > 700-800g, é iniciada imediatamente depois do nascimento. Essa reanimação pode ser interrompida quando se mostrar ineficiente depois de 20 minutos; noutros casos o recém-nascido deve ser transferido para os cuidados intensivos neonatais para continuidade dos cuidados e avaliação futura.

No Canadá, Fetus and Newborn Committee, Canadian Pediatrics Society, Maternal-Fetal Medicine Committee, Society of Obstetricians and Gynecologists (1994) estabeleceram recomendações específicas, apontando que os recém-nascidos com menos de 22 semanas de idade gestacional não são reanimados. Entre 22-24 semanas, a família exerce um papel importante na decisão e as recomendações vão no sentido de flexibilidade para iniciar ou interromper a reanimação, dependendo das condições de nascimento. Os recém-nascidos com 25 semanas devem ser todos reanimados se não houver anomalia importante.

Kraybill (1998) definiu os seguintes critérios: abaixo de 22 semanas é um feto de péssimo prognóstico e com poucas possibilidades de sobrevivência; entre as 22 e 24 semanas é uma zona de actuação intermediária e em que com muitos recursos é possível a sobrevida, mas em que um grande número de crianças ficará com sequelas (atraso de desenvolvimento psicomotor, paralisia cerebral); no grupo acima de 25 a 26 semanas as possibilidades de sobrevida são muito favoráveis.

Considerando a elevada mortalidade dos recém-nascidos de extremo baixo peso e a possibilidade dos sobreviventes apresentarem sequelas graves, Abel e Cambra (1998:143) propõem os seguintes critérios éticos de reanimação de um recém-nascido imaturo:

1. **"RN com menos de 24 semanas ou menos de 500g:**

   Nestes casos não se deveria iniciar a reanimação a não ser que se trate:

   • de um atraso de crescimento intra-uterino, com menos de 500g de peso e uma idade gestacional correspondente a mais de 24 semanas, ou
   • de um recém-nascido surpreendentemente vigoroso para a idade gestacional.

2. **RN entre 24/26 semanas e o peso compreendido entre 500 e 700g:**

   Neste grupo de imaturos comprovou-se que os que têm superado inicialmente a reanimação ventilatória mas que vêm a necessitar de reanimação com massagem cardíaca e drogas vasoactivas, acabam por morrer posteriormente ou apresentam complicações importantes irreversíveis. Por isso se recomenda:

   • realizar a reanimação profunda com ventilação, exclusivamente,
   • em caso de que não responda à ventilação com pressão positiva intermitente, não se deveria iniciar massagem cardíaca nem administrar drogas vasoactivas.

3. **RN com mais de 26 semanas certas ou mais de 700g de peso:**

   A imaturidade não é um critério para não fazer reanimação profunda. Por isso:

   • se actuará segundo os critérios de reanimação profunda como com o recém-nascido de termo.

Em todos os casos as condutas individualizam-se em função da vitalidade do recém-nascido e da sua resposta à reanimação.

A "qualidade" com que se realiza a reanimação neste grupo de recém-nascidos é fundamental para prevenir alterações bruscas de tensão arterial e de oxigenação que condicionam fenómenos de isquémia-perfusão, que são a origem das lesões isquémicas e/ou hemorrágicas dos recém-nascidos imaturos."

Wilder (2000) apresenta-nos três recomendações com considerações éticas para uma melhor compreensão sobre o porquê de algumas crianças de extremo baixo peso serem reanimadas e outras não.

- A primeira recomendação favorece apoio intensivo para todas as crianças independentemente do peso e idade gestacional.

Isto dá a todas as crianças uma hipótese de vida, respeita a criança como uma pessoa e dá-lhe o direito aos cuidados médicos e ao tratamento. Prevê o uso agressivo da tecnologia, que pode ser prejudicial e atrasar a inevitável morte. Pode não servir os melhores interesses da criança especialmente no que respeita à dor e sofrimento. Também não oferece nenhuma autonomia parental na decisão do tratamento. É a vida a todo o custo.

- A segunda recomendação prevê um certo nível de riscos de mortalidade e morbilidade segundo a idade gestacional, o peso de nascimento e outros critérios, como o índice de Apgar.

Nos Estados Unidos da América não existe uma recomendação específica para a reanimação de crianças no limiar da viabilidade. Os limites dependem da unidade de cuidados intensivos neonatais e dos obstetras e variam de 23 para 24 semanas de idade gestacional e um peso de nascimento de 500g. Segundo a mesma autora, na Suécia o limite de viabilidade é as 25 semanas e peso 800g. Às crianças cujas probabilidades de sobrevivência estão abaixo destes limites são-lhes proporcionados cuidados de apoio (calor, técnicas e oxigénio), mas cuidados intensivos (ventilação mecânica, drogas de apoio à vida) não são ministrados. Porém, em alguns casos há crianças consideradas inviáveis na Sala de Partos e vem-se a descobrir mais tarde que estão a respirar. Durante este período de negligência podem ter sofrido hipóxia e acidose, aumentando o risco de dano do sistema nervoso central e probabilidades de permanente inaptidão caso sobrevivam.

Também se a criança não é reanimada o instinto parental de apoiar a criança não é activado e os pais podem ter problemas e fracassar na ajuda da criança se esta sobreviver.

Vejamos o caso McDonald, um bebé com uma gestação de 23 semanas e 3 dias, 670g e Apgar 3 ao 1° minuto e 5 ao 5° minuto. Depois de 10 minutos de reanimação com um ambu a 100% de oxigénio a frequência cardíaca era 40-60 batimentos por minuto e com arritmias. À criança apenas foi proporcionado conforto e dado apoio pelos pais. Aproximadamente uma hora depois a enfermeira ouve um grito e verifica que o pulso é de 130. Os pais pedem para tudo ser feito e são informados dos riscos e possível morbilidade. A criança tem uma evolução neonatal tempestuosa, com várias complicações e vem a ter alta com 6 meses de idade. Aos 8 anos o seu desenvolvimento é de uma criança com 5 meses. O médico e o hospital foram processados por negligência. Não reanimar foi considerado um comportamento negligente e o médico cessar as tentativas de reanimar sem consentimento dos pais violou o princípio de autonomia (Paris [et al.], 1998).

- A terceira recomendação é chamada a estratégia de prognóstico individualizado ou cuidado intensivo temporário para todos. Usa resultados estatísticos como base.

Nos Estados Unidos da América uma criança com uma razoável esperança de sobrevivência é definida como tendo 23 semanas e peso de 500g. É reanimada na Sala de Partos a menos que haja acordo claro com os pais para não iniciar reanimação. Se a reanimação tem êxito são instituídos cuidados intensivos. Os cuidados intensivos temporários para todos permitem prover os meios de preservar as opções e a aproximação com os pais permite-lhes apoiar o recém-nascido e provê a oportunidade de consolidar a sua decisão. Permite a autonomia parental com consentimento informado. A relação custo/benefício é inicialmente incerta mas pode ser avaliada com mais tempo. É também respeitado o direito da criança à vida e é salvaguardado o melhor interesse da criança.

Para avaliar o limite de viabilidade do recém-nascido, o critério fidedigno é o peso de nascimento (Allen [et al.] 1993). De facto, a maioria dos estudos de mortalidade dos recém-nascidos pré-termo são baseados no peso de nascimento. Porém, estes autores acrescentam que os critérios devem incluir o peso, a idade gestacional, desejos dos pais, história de fertilidade, o sexo da criança, a resposta à reanimação, os resultados da ecografia transfontanelar, para além dos recursos dos cuidados de saúde.

Para avaliar a imaturidade do recém-nascido, Ballard [et al.] (1991) propõem a utilização do teste New Ballard que relaciona a idade gestacional com o peso de nascimento. Porém, a avaliação pode ser complicada. Kopelman (2000) refere que usando a tabela uma criança que na realidade pesa 750g teria um peso teórico que varia entre 405 a 975g. Daí não ser adequado guiar-se pelo peso. A ecografia do 3º trimestre tem, segundo especialistas, uma variação de 1 a 2 semanas no cálculo da idade gestacional. Assim, um recém-nascido com menos de 26 semanas de gestação, usando o método New Ballard apresenta uma margem de erro de até 10%. Isto revela que é difícil tomar uma decisão baseada no peso ou na idade gestacional.

Kopelman (2000) considera como limites da viabilidade não só o peso, mas também aqueles casos de crianças que não têm condições de sobrevida e que estão sujeitas a grande sofrimento. Não se discute apenas a questão da vida, mas também a questão da qualidade de vida, não só da criança, como também da família.

Stevenson e Goldworth (1998) afirmam que as decisões de iniciar tratamento são decisões difíceis, às vezes baseadas em conceitos de imaturidade e viabilidade, que podem diferir em crianças com a mesma idade gestacional. É importante saber a idade gestacional do recém-nascido, mas recém-nascidos com 750g e com peso apropriado para a idade gestacional têm variações de 4 semanas (22 a 26 semanas) com sobrevida de 0 a 66%. Ginsberg e Goldmith (1998) alertam, também, que num recém-nascido com menos de 26 semanas e segundo a escala de Ballard a avaliação da idade gestacional pode dar um erro de até 10 dias.

3. Quem toma a decisão

O recém-nascido não tem autonomia para decidir e daí, defende-se desde há largos anos que o conceito de autonomia pode ser alargado a toda a estrutura familiar, dado que os pais são, presumivelmente, as pessoas que melhor defendem os interesses dos seus filhos. Assim, compete-lhes decidir dentro de padrões éticos socialmente aceites (Antunes, 1998).

Geralmente os pais tomam decisões acertadas relativamente aos seus filhos. Há no entanto limites de autonomia parental, sendo nesse caso a criança representada por substituto ocasional. São situações em que os interesses dos pais podem estar em conflito com os melhores interesses da criança. Isto é, as decisões dos pais entram então em colisão com o melhor interesse da criança. Pode também em alguns casos haver divergências no casal.

Peabody e Martin (1996) referem algumas situações de conflito vividas pelos pais que podem incluir o desejo de ter uma criança perfeita, a incapacidade ou repugnância em aceitar uma criança com atraso de desenvolvimento mental, medo de encargos económicos, medo do impacto na estabilidade familiar e aspectos culturais ou valores. Isto poderia resultar numa recusa de um tratamento que pode ou não ser do melhor interesse para a criança. Por outro lado, os pais também podem exigir a continuação de cuidados fúteis ou agressivos que podem ser dolorosos e induzem sofrimento, não tendo em consideração a criança. Obviamente há um potencial para conflitos de interesses.

Outra situação que pode ocorrer, em que o melhor interesse da criança pode não estar de acordo com a decisão dos pais, é o caso em que os pais não autorizam uma transfusão de sangue por serem Testemunhas de Jeová. Neste caso, o médico pode requerer judicialmente – ao Tribunal de Menores – uma petição que lhe permita efectuar o tratamento apropriado. Aos pais é retirado temporariamente o poder paternal (Antunes, 1998; Almeida, 1998).

Segundo Espíldora (1997) e Paixão (2000), habitualmente respeita-se a resolução dos pais ou tutores, mas há algumas situações em que a equipa de saúde assume a responsabilidade de decidir: (1) Se os pais não são capazes de entender os aspectos médicos mais relevantes da situação. (2) Se os pais são emocionalmente instáveis. (3) Quando os pais parecem antepor os seus próprios interesses aos dos seus filhos. Perante estas situações, o responsável pelo tratamento da criança toma a decisão final, depois de ouvir a opinião dos elementos da equipa e de outros familiares.

Paixão (2000) refere que na prática os pais nunca são colocados perante a decisão de ressuscitar/ou não um recém-nascido na Sala de Partos, ou ventilar/ou não um prematuro com síndroma de dificuldade respiratória. Embora as situações emergentes constituam excepções ao consentimento informado, com base no princípio ético da autonomia, através da supletividade dos pais, esta prática merece a reflexão por parte dos profissionais que lidam com estes casos.

Para Nelson (1995), e segundo a sua experiência clínica, os pais de recém-nascidos gravemente enfermos ficam muitas vezes incapacitados de participar nas decisões sobre o tratamento médico do filho por várias razões. A primeira é que os médicos têm sérias dificuldades para identificar os limites legais e éticos do arbítrio médico e paterno quanto a deixar morrer um recém-nascido por suspensão do tratamento. Ignoram peremptoriamente as exigências dos pais para considerar a suspensão do tratamento antes da morte da criança e eliminam a necessidade de confrontar e resolver este dilema. A segunda razão prende-se com o facto de alguns médicos se considerarem os qualificados e únicos responsáveis pelos seus pequenos doentes. A terceira, refere-se ao facto de muitos neonatologistas considerarem que os pais dos recém-nascidos gravemente doentes são influenciados pela ansiedade, pelo desgosto e pelo sentimento de culpa, pelo que não têm condições de tomar decisões adequadas sobre o destino do filho. Outra razão prende-se com a dificuldade que os médicos sentem não só para lutar com a incerteza inerente aos diagnósticos e prognósticos, como de explicá-los aos pais.

Sejam quais forem as causas, é errado o afastamento rotineiro dos pais da participação dos planos de tratamento dos seus filhos. Ao contrário, os pais têm ampla autoridade legal e moral para dar ou recusar o seu consentimento para os cuidados dos seus filhos, embora essa autoridade não seja ilimitada. Sem dúvida, nem todos os pais tratam adequadamente os seus filhos e em alguns casos podem tomar decisões inaceitáveis sobre o tratamento. Não obstante, não havendo forte evidência em contrário, devemos admitir que são os pais os principais tomadores das decisões. Aliás, não existe segurança de que os estranhos – sejam eles médicos, enfermeiros, juízes ou advogados – que não têm fortes laços de amor ou lealdade com uma criança, possam ter uma decisão melhor do que a dos próprios pais (Nelson, 1990).

Allen [et al.] (1993) e Nelson (1995) afirmam ainda que os médicos, as enfermeiras ou outros técnicos, juntamente com os pais da criança, devem conversar sobre o processo de decisão mas que essas discussões são difíceis na Sala de Partos pois está em causa decidir qual o melhor modo de tratar um recém-nascido gravemente doente, ou decidir sobre se abandonam o tratamento. Os técnicos de saúde não são instrumentos dos desejos dos pais, são, pelo contrário, agentes morais que também têm responsabilidades pela criança. Eles devem fornecer aos pais informações honestas e exactas tanto no que respeita ao diagnóstico como ao prognóstico (com a prevista incerteza), para além da proposta de tratamento de acordo com as considerações éticas, médicas e legais.

Assim, as decisões deverão envolver os profissionais de saúde da Obstetrícia e da Neonatologia e os pais. Decisões partilhadas devem caracterizar o processo de decisão nos cuidados ao prematuro. As decisões devem, pois, ser tomadas com muita cautela exigindo não só a participação da família, como de outros elementos da equipa e da Comissão de Ética da instituição. Devem ser decisões sábias e prudentes.

Na Sala de Partos, para decidir a reanimação de crianças de extremo baixo peso, é importante ter um plano definido por toda a equipa. Marques (2002) acrescenta que continuando o médico a assumir um papel extremamente importante nas decisões a tomar, deve fazê-lo em colaboração com as enfermeiras e os pais do recém-nascido ou, como diz Biscaia (1996), tomar uma decisão assumida pela responsabilidade conjunta do binómio pais – médicos.

4. Preservar a vida *versus* deixar acontecer a morte natural

Como já referimos, na Sala de Partos a decisão habitual é reanimar praticamente todos os recém-nascidos com sinais de vitalidade. O consenso é difícil e a decisão é habitualmente individual, baseada no peso, idade gestacional, condições de nascimento e atitude da família (Kopelman 2000). Não iniciar a reanimação é uma decisão extremamente difícil pela possibilidade de erros na determinação da idade gestacional, pela dificuldade de um diagnóstico correcto e principalmente porque ao se iniciar tardiamente a reanimação poder-se-á ter lesado a criança.

Não iniciar o tratamento, ou retirar a criança do suporte ventilatório são duas situações que sob o ponto de vista ético são muito parecidas. Kopelman (2000) refere que enquanto se considerar que o doente poderá recuperar, o princípio de preservar a vida prevalece. Segundo a Academia Americana de Pediatria (1995) todos os cuidados devem ser oferecidos enquanto houver condições de sobrevida, não só evitar a morte, mas que haja possibilidades de sobrevida com qualidade. Iniciar o tratamento permite um tempo de reflexão a respeito das condições da criança e da qualidade futura. Pode, no entanto, não ser fácil a suspensão do tratamento, e a decisão pode ser de manter o tratamento se não houver sofrimento intolerável ou se o médico não concorda em suspender o tratamento. Caso contrário, se o suporte ventilatório não oferece benefício fisiológico, não prolonga ou melhora a qualidade de vida, é interesse da criança suspender os procedimentos agressivos (Kopelman, 2000).

Kopelman (2000), e Sklansky (2001), à luz dos princípios éticos, fazem uma análise das decisões nos cuidados ao recém-nascido. Referem que nem todos os doentes graves devem ser admitidos em UCI (Unidade de Cuidados Intensivos), sendo a possibilidade de recuperação um pré--requisito, e nestes casos o princípio da beneficência (fazer o bem), preservar a vida, prevalece sobre qualquer outro. Se não houver possibilidade de recuperação, agir no melhor interesse do recém-nascido pode significar a suspensão de recursos que mantêm a vida e usar analgesia e sedação se necessário. A maioria das vezes fazer o bem prevalece sobre não fazer mal (princípio de não maleficência); mas às vezes a morte é um acto moralmente desejável (não fazer mal). Perante um doente terminal em que existe inversão de expectativa e prioridade (da vida), o objectivo é não fazer mal, isto é, alívio do sofrimento. Os princípios de autonomia e justiça não são prioritários nestas situações.

Wilder (2000) refere igualmente que reanimar e iniciar cuidados intensivos em recém-nascidos de extremo baixo peso ao nascer é uma atitude questionável e ambas as decisões de reanimar ou não reanimar podem ter significados e consequências profundas. Não reanimar de imediato uma criança que é considerada incorrectamente inviável pode aumentar o risco de inaptidão permanente se a criança sobrevive. Reciprocamente, a reanimação e continuidade de tratamento intensivo de uma criança extremamente imatura e que não é capaz de sobreviver sem suporte ventilatório é angustiante para os pais e elementos da equipa de saúde, esbanjador de recursos e pode ser desumano para a criança.

Comungando da necessidade de ponderar a decisão terapêutica, e para que ela seja suficientemente criteriosa e realista, Biscaia (1996) apresenta três tipos de alternativas:

1. Se o diagnóstico é claro e o prognóstico favorável, a terapêutica terá de ser continuada com toda a intensidade que for necessária;
2. Se a situação for mais difícil de julgar, a decisão deve ser em princípio a da esperança e da tentativa terapêutica;
3. Se as lesões são destrutivas e maciças, a imaturidade muito grande e o prognóstico negativo, os meios intensivos de tratamento devem ser interrompidos.

Apelando de igual modo à definição de critérios de actuação clínica, a Sociedade Pediátrica Canadiana (cit. Abel e Cambra 1998) postula algumas conclusões teórico práticas no que se refere aos cuidados pediátricos:

1. Geralmente o melhor interesse do recém-nascido exigirá a provisão do tratamento para manter a vida. Isto é claro quando o resultado do tratamento for a sobrevivência da criança sem incapa-

cidades ou ligeiras, mas aplica-se também quando estão presentes uma incapacidade física crónica ou uma incapacidade mental.
2. As excepções mais importantes ao dever de instituir tratamento ou técnicas de suporte de vida são:

   i. Progressão irreversível da doença e morte iminente;
   ii. Tratamento claramente ineficaz ou prejudicial;
   iii. Curta esperança de vida apesar do tratamento;
   iv. Tratamento que impõe excessivos sofrimentos e desconfortos à criança que se sobrepõem de maneira decisiva aos benefícios que podem assegurar.

Abel e Cambra (1998), a este propósito, acrescentam que a razão de não iniciar ou interromper um tratamento já iniciado está relacionado com o sofrimento que causa e não no carácter penoso das malformações congénitas ou incapacidades. Esta existe já antes do tratamento e poderia ter-se em conta antes de iniciá-lo se com ele mesmo o resultado esperado for mínimo. Nunca se deve subestimar os benefícios que um tratamento pode oferecer.

A Academia Americana de Pediatria (1995) divulgou também uma recomendação a respeito **do início e suspensão do tratamento do recém--nascido de alto risco.** Em síntese, as conclusões da Comissão para o Estudo do Feto e Recém-nascido foram as seguintes:

1. A avaliação das condições e prognóstico do recém-nascido é essencial e deve ser falada abertamente com os pais.
2. Os pais devem ter participação activa na decisão a respeito do tratamento do recém-nascido criticamente doente.
3. Tratamento humano para todos os recém-nascidos incluindo aqueles que terão o tratamento suspenso.
4. Se a viabilidade é desconhecida ou o valor do tratamento incerto, a decisão a ser tomada deve ser em benefício da criança.
5. É inapropriado manter o tratamento se a doença for incompatível com a vida ou o tratamento for fútil.

Concordamos com Espíldora (1997) ao afirmar que nas unidades de cuidados intensivos pode ser especialmente difícil decidir quando um tratamento é inútil e não deve ser aplicado, ou há que interrompê-lo; deverá distinguir-se a eutanásia da cessação de tratamentos desproporcionados e da obstinação terapêutica. Importa ter claro que não se deve actuar por conveniência própria (ou dos pais) ou por falsa compaixão.

Queremos ainda realçar que no processo de viabilização se deve ter em conta o enorme sofrimento dos pais e do prematuro, a sua qualidade de vida futura e o consumo de recursos, pois como refere Lorenz (cit. Peixoto [et al.] 2004:13) *"a prestação de cuidados intensivos neonatais não é necessariamente benéfica, ou justificada meramente porque pode proporcionar alguma hipótese mínima de sobrevida"*.

5. A questão da eutanásia

No contexto desta análise sobre as questões éticas da prematuridade, entendemos útil aclarar o sentido da palavra "eutanásia" e distingui-la da prática de "deixar acontecer a morte natural".

O termo eutanásia tem significado realidades diferentes ao longo dos tempos. Etimologicamente vem do grego *eu* – bem, e *thanatos* – morte, significando boa morte ou bem morrer. Esta palavra adquiriu entretanto outro sentido mais específico e hoje, em sentido mais estrito, entende-se por eutanásia o chamado homicídio por compaixão, ou seja, causar a morte do outro por piedade perante o seu sofrimento ou atendendo ao seu desejo de morrer.

No debate social acerca da eutanásia nem sempre se toma esta palavra no mesmo sentido, o que provoca confusão nas pessoas. É assim importante conhecer o significado do termo eutanásia, pois segundo o significado que se dá ao termo pode aparecer perante as pessoas como um atentado à dignidade da pessoa e do seu direito de vida ou como um acto de compaixão e de misericordiosa solidariedade, parecendo a realidade da eutanásia como algo inofensivo propiciando assim a sua aceitação social como "morte doce" ou "morte digna", deixando de fora o facto central de que na eutanásia um ser humano provoca a morte a outro, consciente e deliberadamente (Consejo General de Colegios Oficiales de Médicos, 2006).

Esta "cultura de morte" tende a avançar nas sociedades do bem-estar, caracterizadas por uma mentalidade eficientista ou utilitarista, deixando de fora as pessoas idosas e debilitadas, recém-nascidos deficientes, doentes incuráveis e doentes terminais. Concordamos com o sentido que o Papa João Paulo II (1995; 2004) atribui à eutanásia no n.º 65 da sua Encíclica Evangelium Vitae onde afirma que *"por eutanásia, em sentido verdadeiro e pró-*

prio, deve-se entender uma acção ou uma omissão que, por sua natureza e nas intenções, provoca a morte com o objectivo de eliminar o sofrimento". Eutanásia é, assim, uma actuação cujo objectivo é causar a morte a um ser humano para lhe evitar o sofrimento. Sendo assim, a eutanásia é sempre uma forma de homicídio quer por acção (administrar substâncias tóxicas mortais) ou por omissão (negar ou abandonar assistência médica devida).

Distinta da eutanásia é a decisão de renunciar ao chamado "excesso terapêutico" que igualmente no n.º 65 da referida Encíclica é definido como sendo *"certas intervenções médicas já inadequadas à situação real do doente, porque não proporcionadas aos resultados que se poderiam esperar ou ainda porque demasiado gravosas para ele e para a sua família".* Este "direito à morte" contra um "tecnicismo" que corre o perigo de se tornar abusivo, deve entender-se como um direito de morrer com toda a serenidade, na dignidade humana.

Nos meios "proporcionados" e "não proporcionados" terão de ser ponderados o tipo de terapêutica a usar, o grau de dificuldade e de risco, o custo e as possibilidades de aplicação, em conjunto com o resultado que se pode esperar, atendendo ao estado do doente e às suas forças físicas e morais (João Paulo II, 1980).

Este "direito à morte" que atrás referimos não significa o abandono do doente mas sim prestar "cuidados paliativos" será assim uma forma de entender e atender aos doentes terminais, oposta aos dois conceitos extremos atrás referidos de eutanásia e obstinação terapêutica.

Com os cuidados paliativos, o problema da morte passa assim a ser encarado numa perspectiva profundamente humana, reconhecendo a dignidade da pessoa no âmbito do grave sofrimento físico e psíquico que o fim da existência humana muitas vezes comporta. O seu objectivo é melhorar a qualidade de vida nesta fase, atendendo às necessidades físicas, psíquicas, sociais e espirituais do paciente e da sua família. Nas necessidades físicas, a par das limitações corporais, há que ter presente a dor. Neste contexto levanta-se a questão da licitude do recurso aos diversos tipos de analgésicos e sedativos para aliviar a dor do recém-nascido. João Paulo II (1995) na Encíclica Evangelium Vitae no ponto n.º 65 cita Pio XII que já afirmara que é lícito suprimir a dor do doente por meio de narcóticos *"se não existirem outros meios e se, naquelas circunstâncias, isso em nada impede o cumprimento de outros deveres religiosos e morais".*

Sklansky (2001) afirma, que na vida real, casos complexos de bebés extremamente doentes criam dilemas morais e por isso há que reflectir se há razões que justifiquem a eutanásia neonatal. Sendo a eutanásia o provocar a morte deliberadamente, ainda que por motivos piedosos e de forma calma, será que pode ser justificada moralmente?

A vida humana é sagrada e provocar a morte não deve ser levado a efeito de forma alguma. Esta posição baseia-se na convicção que o princípio da santidade da vida representa a fundação da ordem social e moral. Serrão (1998) considera também a vida humana como um dos valores morais a defender e um bem indisponível.

Outro argumento contra a eutanásia neonatal sugere que a prática da eutanásia deveria ser proibida por causa do potencial para enganos: "onde há vida, há esperança". Um diagnóstico ou prognóstico pode estar errado e um tratamento novo poderia resultar em maior longevidade, do que inicialmente se esperava. Também se invoca que o argumento de "rampa escorregadia": em algumas situações seria moralmente justificável, no entanto tolerar a prática da eutanásia conduziria a prováveis abusos. Uma outra preocupação da "rampa escorregadia" é que poderá conduzir directamente ao declínio no aspecto moral da sociedade e a uma redução no respeito pela vida humana.

Entendemos também que a eutanásia é a negação da medicina, pois o objectivo desta é a cura do doente e o alívio do sofrimento. O médico não só deve preservar e proteger a vida, como também evitar pô-la em perigo ou acabar com ela e a eutanásia consiste na deliberada decisão de praticar o oposto da medicina. Por outro lado, a eutanásia acaba com a base do acto médico: a confiança do paciente no médico. Se se atribuísse ao médico o poder de praticar a eutanásia, este não seria uma referência amiga e benéfica, antes pelo contrário, temida e ameaçadora, pois o doente não sabe se vai decidir que o seu caso é digno de cura ou susceptível de eutanásia.

Na sequência desta reflexão poderemos considerar existirem formas de eutanásia justificáveis?

Apesar dos argumentos anteriores contra a eutanásia (santidade/valor da vida, possibilidade de erro de diagnóstico/prognóstico, rampa escorregadia e confiança nos profissionais) muitos profissionais de saúde acreditam que em algumas circunstâncias a eutanásia é moralmente justificada e representa "a coisa certa a fazer". Mas que tipo de eutanásia é justificável – activa, passiva ou ambas?

Sklansky (2001) define eutanásia activa como o acto de provocar deliberadamente a morte ao doente, a pedido deste ou dos seus pais, e eutanásia passiva, como deixar morrer. Em relação a isto podem ser consideradas duas condições éticas. Há ou não distinção moral intrínseca entre matar e deixar morrer, ou melhor, entre matar e deixar acontecer a morte natural?

Na realidade o termo "eutanásia passiva" dá lugar a alguns eufemismos. "Eutanásia passiva" significa deixar morrer sem cura o doente cuja vida está prestes a findar. Esta expressão significa a supressão de qualquer tratamento médico que prolongue a vida, sem fazer mais distinções. Assim, com estas expressões, metem-se no mesmo saco práticas médicas perfeitamente lícitas e legais, que conferem uma certa dignidade às actuações ilícitas que com elas se misturam. Não se pode chamar "eutanásia passiva" à interrupção de um tratamento só porque é demasiado caro ou inútil, sempre que há intenção de pôr termo à vida. Já deixar que a doença siga o seu curso normal – quando há certeza de morte iminente e de que o tratamento é ineficaz e doloroso – é considerado um dever médico segundo os critérios das *leges artis* e não é um acto eticamente reprovável (Serrão, 1998; Abel e Cambra, 1998).

Portanto, apenas se pode falar de eutanásia passiva a respeito daquelas acções que deliberadamente desencadeiam a morte do doente, através da supressão de um tratamento eficaz e não excessivamente gravoso, necessário para manter a vida. No fundo, este tipo de eutanásia seria, sob o ponto de vista moral, equivalente à eutanásia activa por omissão.

Questão relacionada com o deixar acontecer a morte natural é denominado "encarniçamento terapêutico" ou "obstinação terapêutica" que designa a *"atitude do médico que, perante a certeza moral que lhe dão os seus conhecimentos de que os procedimentos e os medicamentos de qualquer natureza já não proporcionam benefício ao doente e só servem para prolongar a sua agonia inutilmente, se obstina em continuar o tratamento e não deixa que a natureza siga o seu curso"* (João Paulo II, 2004:76). Consiste pois esta obstinação terapêutica em atrasar o mais possível o momento da morte usando todos os meios proporcionados ou não, ainda que não haja esperança alguma de cura, e ainda que isso signifique infligir sofrimentos adicionais e que, obviamente, não conseguirão afastar a inevitável morte mas apenas atrasá-la em condições deploráveis para o doente.

Perante a iminência de uma morte inevitável, profissionais de saúde e pais/família devem saber que é lícito conformarem-se com os meios normais que a medicina pode oferecer e que a recusa de meios excepcionais ou desproporcionados, não equivale ao suicídio ou à omissão irresponsável da ajuda devida a outrem. Essa recusa pode significar apenas a aceitação da condição humana, que se caracteriza também pela inevitabilidade da morte.

Diremos que o maior bem pode ser encarado numa perspectiva dicotómica: o outro (recém-nascido prematuro e família) e o profissional de saúde (a sua auto-consciência). Nesse sentido, os profissionais de saúde, na sua imensa maioria, ponderando o sentido da vida e a qualidade de vida do prematuro e da sua família, o carácter moral das relações humanas e tendo em conta os critérios éticos das decisões tomadas, consideram a abstenção de terapêuticas inúteis como uma atitude que pode promover o maior bem e excluem a eutanásia considerando-a como um procedimento que está fora da sua actividade profissional.

BIBLIOGRAFIA

ABEL, Francesc; CAMBRA, Francisco J. – Intervention in perinatology and the birth of severely handicapped children. In CENTRO DE ESTUDOS DE BIOÉTICA – *Bem da pessoa e bem comum: um desafio à bioética*. Coimbra: Centro de Estudos de Bioética e Gráfica de Coimbra, 1998. p. 121-149.
ACADEMIA AMERICANA DE PEDIATRIA – Assistência perinatal no limite da viabilidade. *Pediatrics* (ed. Port.). Vol. 3, n.º 10 (Nov. 1995), p. 609-612.
ALLEN, Marilee C. [et al.] – The limit of viability – neonatal outcome of infants born at 22 to 25 week' gestation. *New England Journal of Medicine*. Vol. 329, n.º 22 (25 Nov. 1993), p. 1597-1601.
ALMEIDA, Filipe – Ética em pediatria. In SERRÃO, Daniel; NUNES, Rui (coord.) – *Ética em cuidados de saúde*. Porto: Porto Editora, 1998. p. 47-58.
ANTUNES, Alexandra – Consentimento informado. In SERRÃO, Daniel; NUNES, Rui (coord.) – *Ética em cuidados de saúde*. Porto: Porto Editora, 1998. p. 11-28.
BALLARD, J. L. [et al.] – New Ballard score expanded. *J. Pediatr.* (1991), p. 119-417.
BISCAIA, Jorge – Reanimação do recém-nascido. In ARCHER, Luís [et al.] (coord.) – *Bioética*. Lisboa: Editorial Verbo, 1996. p. 218-221.
BISCAIA, Jorge – Ética em pediatria. In SILVEIRA DE BRITO, José Henriques (coord.). *Bioética. Questões em debate*. Braga: Faculdade de Filosofia da Universidade Católica Portuguesa, 2001. p. 49-67.
BISCAIA, Jorge – Problemas éticos do período perinatal. In NEVES, Mª do Céu Patrão – *Comissões de ética. Das bases teóricas à actividade quotidiana*, 2ª ed. Coimbra: Gráfica de Coimbra, 2002. p. 273-290.
CONSEJO GENERAL DE COLEGIOS OFICIALES DE MÉDICOS – Declaración de la Comisión Central de Deontología sobre el significado de la expresión "eutanasia

pasiva". Madrid, 24 de Mayo de 1993. *Cuadernos de Bioética.* Vol. XVII, n.º 60, 2ª (2006), p. 245-246.

ESPÍLDORA, María Nieves Martín – Problemas éticos en enfermería pediátrica. In GARCÍA, Luís Miguel Pastor; CORREA, Francisco Javier León – *Manual de ética y legislación en enfermería. Bioética de enfermería.* Madrid: Mosby, 1997. p. 95-97.

FETUS AND NEWBORN COMMITTEE, CANADIAN PEDIATRICS SOCIETY, MATERNAL--FETAL MEDICINE COMMITTEE, SOCIETY OF OBSTETRICIANS AND GYNECOLOGISTS OF CANADA – Management of the woman with threatened birth of an infant o extremely low gestacional age. *Can. Med. Assoc. J.* Vol. 151, n.º 5 (1994), p. 547-553.

GINSBERG, H. G; GOLDMITH, J. P. – Controversies in neonatal resuscitation. *Clin. In Perin.* n.º 25 (March 1998), p. 1-15.

GOLD, Francis – Problèmes éthiques en médecine fœtale et neónatale. In *Fœtus et nouveau-né de faible poids.* 2ª ed. Paris: Masson, 2000. p. 201--208.

JOÃO PAULO II – *Declaração Iura et Bona sobre a eutanásia.* Congregação para a Doutrina da Fé. 05 de Maio de 1980.

JOÃO PAULO II – *Evangelium Vitae.* Congregação para a Doutrina da Fé. 25 de Fevereiro de 1995.

JOÃO PAULO II – *La Eutanasia. 100 cuestiones y respostas. La eutanásia es inmoral y antisocial.* Congregación para la Doctrina de la Fé. Conferência Episcopal Española. Madrid: Ediciones Palabra, 2004.

KOPELMAN, Benjamin Israel – Princípios éticos em neonatologia. *Brazilian Pediatric News.*[Em linha]. Vol. 2, n.º 4 (Dec. 2000) [Consult. 2003-07-16]. Disponível em <http://www.brazilpednews.org.br/dec2000/bnp0025.htm>.

KRAYBILL, E. N. – Ethical issues in the care of extremely low birth weight infants. *Seminars in Perinatology.* Vol. 23, n.º 3 (June 1998), p. 207-215.

MACDONALD, Hugh; COMMITEE ON FETUS AND NEWBORN – Perinatal care at the threshold of viability. *Pediatrics.* Vol. 110, n.º 5 (November 2002), p. 1024-1027.

MACHADO, Maria do Céu [et al.] – Nascer prematuro em Portugal. Reflexões finais. In PEIXOTO, José Carlos [et al.] (Grupo RN MBP) – *Nascer prematuro em Portugal. Estudo multicêntrico nacional 1996-2000.* sl: Fundação Bial, 2002. p. 191-197.

MACIEL, Andreia – Há mais condições para os prematuros sobreviverem com qualidade. *Pais e Filhos.* N.º 153 (Outubro 2003), p. 28-32.

MARQUES, José A. Mateus – Aspectos da ética em pediatria. In PALMINHA, J. Martins; CARRILHO, Eugénia Monteiro – *Orientação Diagnóstica em Pediatria.* Lisboa: Lidel, 2002. p. 23-26.

MINISTÉRIO DA SAÚDE. Comissão nacional de saúde materna e neonatal – *Organi-*

zação perinatal nacional: programa nacional de saúde materna e neonatal. Lisboa: Ministério da Saúde, 2006.

NELSON, Lawrence J. – And the truth shall set you free: The case of baby boy Cory. In CULVER C. (ed.) – *Ethics at the bedside*. Hanover: University Press of New England, 1990.

NELSON, Lawrence J. – Problemas éticos no período perinatal. In KLAUS, Marshall H.; FANAROFF, Avroy A – *Alto risco em neonatologia*. 4ª ed. Rio de Janeiro: Editora Guanabara Koogan SA., 1995. p. 345-349.

NETO, Maria Teresa – Nascer prematuro em Portugal – uma história de sucesso. *Revista Ordem dos Médicos*. Ano 19, n.º 38 (Setembro 2003), p. 44-45.

PAIXÃO, Anabela – Problemas éticos no princípio da vida humana: cuidados intensivos neonatais. *Cadernos de Bioética*. Ano XI, n.º 24 (Dez. 2000), p. 41-49.

PARIS, J. [et al.] – Resuscitation of a micropremie: the case of MacDonald V. Milleville. *Journal Perinatol*. Vol. 18, n.º 4 (1998), p. 302-305.

PEABODY, J.; MARTIN, G. – From how small is too small to how much is too much. Ethical issues at the limits of neonatal viability. *Clin. Perinatal*. Vol. 23 n.º 3 (1996), p. 473-489.

PEIXOTO, José Carlos [et al.] (Grupo RN MBP) – O registo nacional do recém--nascido de muito baixo peso. In: *Nascer prematuro em Portugal. Estudo multicêntrico nacional 1996-2000*. sl: Fundação Bial, 2002. p. 29-53.

PEIXOTO, José Carlos [et al.] – Viabilidade. In SECÇÃO DE NEONATOLOGIA DA SOCIEDADE PORTUGUESA DE PEDIATRIA – *Consensos nacionais de neonatologia*. Coimbra: Angelini Farmacêutica, 2004. p. 11-16.

PORTUGAL. Instituto Nacional de Estatística – *Estatísticas demográficas 2005*. Lisboa: INE, 2006.

SERRÃO, Daniel – Ética das atitudes médicas em relação com o processo de morrer. In SERRÃO, Daniel; NUNES, Rui (coord.) – *Ética em cuidados de saúde*. Porto: Porto Editora, 1998. p. 81-92.

SKLANSKY, Mark – Neonatal euthanasia: moral considerations and criminal liability. *Journal of Medical Ethics*. N.º 27 (2001) p. 5-11.

STEVENSON D. K.; GOLDWORTH, A. – Ethical dilemmas in the delivery room. *Seminars in Perinatology*, June 1998, 23(3): 198-206.

VOYER, M. [et al.] – Limites de viabilité. *Journal de Pédiatrie et de Puériculture*. N.º 13, Suppl. 1 (2000), p. 72-75.

WILDER, Mary Ann – Ethical Issues in the delivery room: resuscitation of extremely low birth weight infants. *J. Perinatal Neonat Nurs*. Vol. 14, n.º 2 (Sept 2000), p. 44-57.

VIVER UM DIA DE CADA VEZ.
NASCER PREMATURO: LIMITES E RISCOS

Hercília Guimarães
*Professora Associada com Agregação, Serviço de Pediatria
da Faculdade de Medicina da Universidade do Porto,
Directora do Serviço de Neonatologia, Unidade Autónoma
de Gestão da Mulher e da Criança do Hospital de S. João*

INTRODUÇÃO

A assistência ao recém-nascido prematuro é uma das áreas da Medicina com maiores progressos nas últimas décadas, condicionando condutas obstétricas e neonatais mais intervencionistas.

A tecnologia tem tido uma rápida evolução, novas terapêuticas são ensaiadas para ultrapassar a barreira imposta por um nascimento prematuro e a capacidade de intervenção com sucesso situa-se em idades gestacionais cada vez mais jovens.

Compreende-se pois o desafio crescente colocado aos profissionais de saúde que tratam e cuidam destes recém-nascidos, para atingir maior sobrevivência sem aumento de sequelas.

Neste contexto é importante a noção de "Viabilidade", para a qual algumas definições têm sido propostas: "será a capacidade de manter uma existência separada" (*Oxford Universal Dictionary*),"será o potencial para sobreviver"(*Rennie J – Arch Dis Child 1996*), "será a capacidade de, em simultâneo, viver, crescer e desenvolver normalmente" (*Dunn P – The Lancet 1988*). A viabilidade é intrínseca a cada ser e não se pode prever de forma individual, enquanto a probabilidade projecta-se por extrapolação do que aconteceu aos seus pares. Como exemplo, um recém-nascido de 23 semanas de idade gestacional, sabe-se que é possível viver mas é pouco provável.

Um outro aspecto fundamental da viabilidade é o conceito da viabilidade marginal que vai das 23 às 26 semanas e 6 dias de idade gestacional. Estes prematuros constituem actualmente a maior preocupação dos perinatologistas.

A EXPERIÊNCIA MUNDIAL

A sobrevivência dos recém-nascidos depende, como bem se compreende, de dois factores muito importantes: o tempo e o local de nascimento do prematuro, tendo-se vindo a assistir, lenta mas progressivamente, a uma maior sobrevivência sem aumento do número de sequelas, como documentaremos mais adiante neste artigo.

A sobrevivência varia consoante a idade e o peso ao nascer, assim temos:

- < 23 semanas - poucos dados
- 23   "   - 2 – 35%
- 24   "   - 17 – 62%
- 25   "   - 35 – 72%
- < 600 gramas - 3 – 38%
- < 750   "   - 57 – 67%

Quanto à morbilidade por Idade Gestacional e Peso ao Nascer, a maioria dos sobreviventes às 23 - 25 semanas e 50% dos com peso ao nascer < 750g têm uma ou mais complicações graves.

A doença pulmonar crónica surge numa elevada percentagem de casos

- 23 semanas : 57 – 86%
- 24   "   : 33 – 89%
- 25   "   : 16 – 71%
- 500 - 800 g : 41 – 61%.

Se repararmos, as anomalias neurológicas *major* são ainda muito preocupantes neste grupo.

- 23 semanas : 10 – 83%
- 24   "   : 9 – 64%
- 25   "   : 7 – 22%
- 500 - 800 g : 12 – 19%

No Canada entre 1983 e 1994 foram analisados os resultados obtidos no tratamento de recém-nascido com peso inferior a 500g. Num total de 382 nado-vivos, 113 (30%) foram admitidos em cuidados intensivos, 18 destes 113 (15 %) tiveram alta, 16 destes 18 (89%) evoluíram para doença pulmonar crónica, 13 (72%) estavam vivos aos 3 anos e 8 destes 13 (69%) tinham uma ou mais doenças graves (paralisia cerebral, cegueira, surdez, atraso mental).

A EXPERIÊNCIA PORTUGUESA

Em Portugal e desde 1994 existe um Registo Nacional do Recém--Nascido de Muito Baixo Peso, (recém-nascidos com peso ao nascer inferior a 1500 gramas) que foi uma iniciativa da Direcção da Secção de Neonatologia da Sociedade Portuguesa de Pediatria, então vigente. Actualmente integra 35 serviços/unidades de Neonatologia.

A experiência portuguesa mostra também que quanto menor a idade gestacional maior a morbimortalidade como se verificou no estudo Multicêntrico Nacional 1996-2000 Nascer Prematuro em Portugal, galardoado com o prémio Bial da Medicina Clínica 2002.

A mortalidade nos 4575 recém-nascidos de muito baixo peso deste estudo foi de 23%. O limiar da viabilidade em Portugal é às 25 semanas, desde 1997, o que significa que às 25 semanas sobrevivem mais de 50% dos recém-nascidos

Na análise da morbilidade encontramos 51,2% dos prematuros normais e sequelas em 20%, sendo 10% sequelas *major* (displasia broncopulmonar, leucomalácia periventricular, hemorragia intraventricular, paralisia cerebral, retinopatia da prematuridade, surdez neurossensorial, intestino curto). O limiar de sobrevivência na alta e aos 3 meses é às

27 semanas, desde 2000, o que significa que às 27 semanas mais de 50% dos recém-nascidos vivem sem sequelas *major*.

Com base na mesma rede nacional, os recém-nascidos com idade gestacional entre as 23 e 25 semanas e com peso ao nascer inferior a 700 g, têm uma sobrevivência de 30% com elevada taxa de morbilidade grave. No entanto de 1996 a 2000, assistiu-se em Portugal, neste grupo de RNMBP: a uma maior sobrevivência de 78,3% a 83,6%, sem diferença significativa na morbilidade, que foi de 25,8% em 1996 e 25,5% em 2000. o que é muito gratificante. A morbilidade global é a seguinte – neurológica: 56%, oftalmológica: 31%, respiratória: 28% e digestiva: 8%

Em Portugal, às 24 semanas a probabilidade de sobreviver aproxima-se dos 50%, mas só 15 a 20% não têm sequelas; 40% são transportados *in-utero*. Às 25 sem. a probabilidade de sobreviver ultrapassa os 50% e 50% têm sequelas. O internamento dos sobreviventes é em média de 220 dias às 23 semanas e de 95 dias às 25 semanas

ASPECTOS ÉTICOS NA PREMATURIDADE

As recomendações em Portugal, neste limite da viabilidade de recém-nascidos com idade gestacional inferior a 27 semanas, devem ser baseadas na idade gestacional, na existência de protocolos, na realização do parto nos Hospitais de Apoio Perinatal Diferenciado com o envolvimento de todos os profissionais de saúde. Quase todos concordam que não devem ser tratados os recém nascidos com idade gestacional inferior a 24 semanas ou peso ao nascer inferior a 500 gramas; nas idades superiores a 25 semanas ou peso superior a 700 gramas quase todos concordam que devem ser tratados. As maiores dúvidas surgem entre as 24 e 25 semanas ou entre os 500 e 700 gramas quanto à adequabilidade do tratamento.

A reanimação na sala de partos deve ser imediata e contínua salvo se a avaliação inicial for desfavorável, como no caso de malformações incompatíveis com a vida.

Como actuar na Unidade de Cuidados Intensivos, onde se procede à continuação dos cuidados, nos casos de doenças que irreversivelmente conduzem à morte, ou nos que se vislumbra um prognóstico assaz reservado? Será de ponderar a descontinuação dos Cuidados Intensivos? Quem deve toma a decisão de reanimar ou não reanimar? Serão os pais, as comissões de ética ou os profissionais?

Quanto a este assunto, um estudo baseado num inquérito realizado no Serviço de Neonatologia do Hospital de Santa Maria aos profissionais mostrou que 96% concordam que a equipa assuma as decisões, 75% concordam com a participação das comissões de ética e 75% concordam com a participação dos pais.

Aceitam como critérios de decisão, respectivamente os profissionais e os pais, a capacidade de sobrevivência 85% vs 56%, a qualidade de vida 85% vs 58% e o desejo dos pais 62 vs 75%. É compreensível a atitude mais intervencionista dos pais, em que somente 30 % aceitam não reanimar e 15% aceitam suspender a reanimação

A Comissão do Feto e do Recém-nascido da Academia Americana de Pediatria (AAP) e a Comissão de Bioética da mesma academia. concordam que o objectivo da medicina neonatal é minimizar o sub e super tratamento dos recém-nascidos extremamente prematuros e determinar que a decisão tomada seja baseada no conceito de:

"**O** melhor interesse do bebé".

E o que é o melhor interesse do bebé? Há dois modelos deste melhor interesse: 1) O *Expertise Model* (modelo baseado no conhecimento do perito), com o conhecimento do prognóstico da situação, em que não há envolvimento emocional, há uma avaliação racional das decisões, pois o profissional está em melhores condições do que os pais para determinar o melhor interesse do bébé. A Comissão do Feto e do Recém-Nascido da AAP preconiza que o melhor interesse do bébé se encontra na estratégia de prognóstico individualizado; 2) O *Negotiated Model* (modelo baseado na decisão partilhada com os pais), em que o médico guia os pais no processo de decisão, o conhecimento médico é dado aos pais e os pais dão o conhecimento moral. Requer os valores parentais na determinação da acção.

A Comissão de Bioética da AAP concorda que o melhor interesse do bébé se encontra nos cuidados individualizados, mas conhecendo a existência da incerteza médica distingue os componentes médicos e morais do processo de decisão.

As situações que se nos deparam dia a dia na prática clínica são variadas e constituem cada uma delas um caso diferente para o qual tem que haver sempre uma reflexão individualizada.

Vejamos o exemplo prático do bebé Miller que nasceu às 22 semanas e 4 dias de gestação, com 615 gramas de peso. A experiência deste bebé e de seus pais ilustra bem como as diferenças conceptuais entre os dois modelos referidos podem conduzir a diferentes papéis dos pais, médicos e sociedade no melhor interesse do bébé. O bebé Miller nasceu no Women´s Hospital – Texas, em Agosto de 1990. A mãe entrou em trabalho de parto no hospital, apesar de gravidez bem vigiada, às 22 semanas e 4 dias de gestação, confirmada pela obstetra. O peso estimado do bebé era entre 500 a 600 gramas. A ecografia na admissão revelou uma gestação de 23 semanas e 1 dia e um peso estimado de 629 gramas, valor este menos adequado do que o primeiro, dado ter sido obtido tardiamente. Os pais foram informados que o feto teria que nascer nos próximos dias e as hipóteses eram mínimas ou inexistentes. Perceberam que se nascesse vivo teria 99% de hipóteses de paralisia cerebral, lesão cerebral, atraso mental, surdez, cegueira, e problemas pulmonares. Os pais não desejaram nenhuma tentativa de ressuscitação após o nascimento, referindo "deixemos a natureza seguir o seu percurso". O médico informado da decisão dos pais informou o hospital. O chefe da equipa de obstetrícia com o médico da mãe e a parteira discutiram o caso e concordaram que um neonatologista deveria estar na sala de partos. Foi criada uma Comissão de Ética *ad hoc* cujos membros incluíram o administrador do hospital, a enfermeira da unidade de cuidados intensivos neonatais, a assistente social, o interno de obstetrícia, o neonatologista de urgência e o pai do prematuro. A enfermeira citou as leis do Estado, as leis federais e a política do hospital, que de acordo com a sua interpretação determinavam a ressuscitação do bebé se nascesse vivo. A comissão atingiu um consenso aparentemente para seguir a política do hospital que determinava a ressuscitação dos recém--nascidos com mais de 500 gramas. No parto esteve o obstetra. O neonatologista chegou aos 3 minutos com o interno. O bebé nasceu com 615 gramas e foi reanimado e internado na unidade de cuidados intensivos. Foi reanimado várias vezes durante o internamento que durou oito meses. Durante todo este tempo os pais solicitavam a não reanimação e a suspensão de atitudes heróicas para manter a vida. O seu desejo era unicamente manter o bebé sem dor e confortável. O bebé sobreviveu com graves e permanentes sequelas cognitivas e físicas, bem como incapacidade de vida autónoma.

É de realçar neste caso a falta da participação dos pais na decisão, pois foram informados e ouvidos mas não votaram na decisão final. A Comissão do Feto e Recém-Nascido prevê que os direitos dos pais na decisão devem ser respeitados; estes devem ser informados e envolvidos na decisão, devendo receber informação de acordo com a sua cultura e diversidade étnica. Os pais devem perceber que a informação recebida antes do parto pode modificar-se após o nascimento e avaliação pós-natal do bébé

A falta de consenso na equipa indica que o melhor interesse do bébé não é claro, pois o limite da viabilidade constitui uma zona cinzenta.

A Comissão de Bioética da AAP preconiza: 1) o tratamento deve ser interrompido quando for provado ser inútil, 2) não se mantém um tratamento só porque é possível, 3) os valores dos pais devem, não só ser considerados, como também a informação deve ser correcta para que possam decidir com alguma autoridade no interesse do bebé.

Ambas as Comissões da AAP defendem que o médico deve avaliar os benefícios e riscos do tratamento, o grau de certeza médica e educar as famílias no que respeita a benefícios e riscos do tratamento. A pesar da alta taxa de sequelas graves muitas crianças são *educáveis* e podem funcionar na unidade familiar.

A Comissão do Feto e do Recém-Nascido defende que o melhor julgamento médico é objectivo e científico, enquanto a Comissão de Bioética defende que o médico inclui valores complexos a qualquer decisão terapêutica, avaliando os médicos os valores dos pais e os seus próprios valores.

Nas situações em que há desacordo entre médicos e pais, a Comissão de Bioética: 1) Coloca no médico, o destino do bebé, 2) abstém-se de cuidados *standard* para os extremamente prematuros e 3) reconhece o médico como agente moral.

A Comissão do Feto e do Recém-Nascido reconhece o impacto do nascimento de um bebé extremamente prematuro na criança, na família, nos cuidados de saúde e na sociedade. A Comissão de Bioética sugere que o público participe no "modelo negociado" do melhor interesse.

Qual é afinal o melhor modelo? O melhor modelo é o que procura maximizar a autonomia da criança. Deve dar-se aos pais a procuração na decisão do melhor interesse. Mas como é compreendido o melhor interesse? Os pais interpretam o significado do prognóstico e decidem pelo bébé; o médico reconhece o seu papel como agente moral, podendo discordar dos pais, mas trabalha com eles de acordo com as regras sociais e profissionais na decisão das acções que determinam o melhor interesse: *"negotiated model"*

Ambos os modelos têm alguns problemas:

1. O *"expertise model"*: 1) Minimiza os valores morais dos pais e não contempla a moral do médico, 2) As decisões são baseadas no prognóstico e não no seu significado, 3) Falta de objectividade da decisão final pela área cinzenta em que se encontra esta população.
2. O *"negotiated model"*: O direito dos pais a decidir pode ser no seu melhor interesse e não no do bébé (qualidade de vida).

Quem é que eu desejo que decida relativamente ao meu bébé prematuro? Pais ou médicos ?

Em conclusão, no estado actual dos conhecimentos, a capacidade de intervenção com sucesso situa-se em idades gestacionais cada vez menores, constituindo um desafio para os perinatologistas, cujo objectivo é atingir a maior sobrevivência mas sem aumento de sequelas. Nas situações em que é necessário decidir reanimar ou não reanimar, o modelo da Comissão de Bioética da AAP (negociated model) deve ser adoptado, dado que permite um diálogo com os pais, no processo da decisão.

BIBLIOGRAFIA

Nascer prematuro em Portugal Estudo Multicêntrico Nacional 1996-2000. Prémio Bial da Medicina Clínica 2002. Ed J.C. PEIXOTO, H GUIMARÃES, M.C. MACHADO, V. MARTINS, G MIMOSO; M.T. NETO, T. TOMÉ, D VIRELLA. Bial 2002

Semin Neonatol 2000; 5:89-106

DE LEEUW R., CUTTINI M., NADAI M., BERBIK I, HANSEN G., KUCINSKAS A., LENOIR S., LEVIN A., PERSSON J., REBAGLIATO M., REID M., SCHROELL M., DE VONDERWEID U.; EURONIC study group. Treatment choices for extremely preterm infants: an international perspective. Pediatr. 2000 Nov;137(5):608-16.

VERLATO G., GOBBER D., DRAGO D., CHIANDETTI L., DRIGO P.; Working Group of Intensive Care in the Delivery Room of Extremely Premature Newborns. Guidelines for resuscitation in the delivery room of extremely preterm infants. J. Child Neurol. 2004 Jan;19(1):31-4.

ALBUQUERQUE M.; Considerações éticas sobre atitudes dos profissionais de saúde e pais acerca dos cuidados aos recém-nascidos extremamente imaturos. Dissertação ao Grau de Mestre em Bioética. apresentada à Faculdade de Medicina de Lisboa, 2004.

SOBRE A INTERRUPÇÃO VOLUNTÁRIA DA GRAVIDEZ
Breves tópicos no plano da ciência jurídica*

AUGUSTO LOPES CARDOSO
Advogado, Bastonário da Ordem dos Advogados

I – OBSERVAÇÕES INICIAIS:

1. É de exigir que toda a análise se desprenda de qualquer perspectiva confessional e/ou ideológica e seja mantida na mais completa objectividade.

2. Deve, assim, ser substancialmente científica, Ciência em diversos planos, se bem que me seja mais cara e mais acessível a da Ciência do Direito.

3. Certo é, porém, que no plano da Ciência Médica e Biológica, mesmo por quem tem conclusões diferentes das que vou apresentar, é unanimemente assumido «que o aborto, seja em que idade de gravidez for executado, é sempre interrupção da vida humana que começa de novo. Acresce que é uma vida singular, única e não repetível, como se pode demonstrar cientificamente».

4. Porque a discussão está neste momento, e entre nós, centrada no Direito Criminal (alteração ao Código Penal através do referendo), parece avisado começar a análise pelos argumentos usados a nível da Política Criminal, só depois passando para os demais.

---

* A maior parte das expressões usadas entre aspas são retiradas do estudo das bibliografias

5. A norma do art. 142.° do Código Penal:

«*1. Não é punível a interrupção da gravidez efectuada **por médico**, ou sob a sua direcção, em estabelecimento de saúde oficial ou oficialmente reconhecido e com o **consentimento da mulher grávida**, quando, segundo o estado dos conhecimentos e da experiência da medicina:*

a) *Constituir o **único meio** de remover perigo de morte ou de grave e irreversível lesão para o corpo ou para a saúde física ou psíquica da mulher grávida;*
b) *Se **mostrar indicada** para evitar perigo de morte ou de grave e duradoura lesão para o corpo ou para a saúde física ou psíquica da mulher grávida e for realizada nas primeiras **12 semanas** de gravidez;*
c) *Houver **seguros motivos** para prever que o nascituro virá a sofrer, de forma incurável, de grave doença ou malformação, e for realizada nas primeiras **16 semanas** de gravidez; ou*
d) *Houver **sérios indícios** de que a gravidez resultou de crime contra a liberdade e autodeterminação sexual, e for realizada nas primeiras **12 semanas** de gravidez.*

*2. A **verificação** das circunstâncias que tornam não punível a interrupção da gravidez é **certificada** em atestado médico, escrito e assinado antes da interrupção por médico diferente daquele por quem, ou sob cuja indicação, a interrupção é realizada.*

*3. O **consentimento** é prestado:*

a) *Em documento assinado pela mulher grávida ou a seu rogo e, sempre que possível, com a antecedência mínima de 3 dias relativamente à data da intervenção; ou*
b) *No caso de a mulher grávida ser menor de 16 anos ou psiquicamente incapaz, respectiva e sucessivamente, conforme os casos, pelo representante legal, por ascendente ou descendente ou, na sua falta, por quaisquer parentes da linha colateral.*

4. Se não fôr possível obter o consentimento nos termos do número anterior e a efectivação da interrupção da gravidez se revestir de urgência, o médico decide em consciência face à situação, socorrendo-se, sempre que possível, do parecer de outro ou outros médicos.»

II – NOS QUADROS DA POLÍTICA CRIMINAL:

1. Alguns princípios que infundem a *Política Criminal*:

* ao Direito Penal cumpre só a tutela das condições necessárias ou indispensáveis à *subsistência da colectividade* e à *livre realização da pessoa*;
* ou seja, estamos perante um estrito critério de necessidade social (CRP, art. 18.º-2);
* o Direito Criminal deve ser, pois, meio necessário ou imprescindível para a tutela dos interesses em causa, com prevalência para sanções de natureza diversa da das penas – seu carácter subsidiário;
* isto é, os "custos sociais" da não penalização devem ser inferiores aos da penalização.

2. O aborto um *"crime sem vítima"*?

* *"crime sem vítima"*: «situações da vida em que se verifica a permuta voluntária de bens ou serviços muito desejados, proibida e sancionada por leis que normalmente se não aplicam e têm, além disso, um papel promotor de patologias secundárias ou derivadas»;
* «consenso entre o agente e a vítima»;
* nenhum dos intervenientes na transacção consensual «se assume, a si próprio, como vítima de uma infracção, pelo que, em semelhantes hipóteses, só poderá falar de crime um terceiro que nele não participou»;
* «relação de solidariedade que medeia entre o delinquente e a dita vítima».

3. Argumentos para a *descriminalização* e Respostas:

3.1.

3.1.1. Argumento:

* a tal "solidariedade" entre a "vítima" e o criminoso, provoca «a *ocorrência de amplas cifras negras*», o que tornaria a criminalização como «ineficaz sob o ponto de vista dos resultados práticos», com «desprestígio da própria lei»;
* de facto em 90% dos "casos" a actuação policial assenta numa prévia participação dos particulares.

3.1.2. Resposta:

* "inquéritos de vitimização" demonstram haver, em geral (isto é, para a maior parte dos "crimes clássicos"), uma significativa diferença entre o número de delitos ocorridos e aqueles que a polícia conhece;
* isto, segundo esses inquéritos, por razões muito diversas (falta de confiança nos órgãos policiais/judiciais, medo, vergonha, receio de represálias, evitar incómodos, etc.);
* com mais razão nos *"crimes sem vítima"*, com relevo, p. ex., para os crimes de corrupção, de contrabando, de prostituição, aborto;
* mas, todavia, não se advoga para muitos deles a descriminalização: precisamente «porque os avultados "custos sociais" provenientes daquelas infracções aconselham, à luz duma pragmática ponderação de vantagens e desvantagens, o correspondente sancionamento jurídico-penal";
* por isso, «a verificação de "cifras negras" em certos sectores da delinquência pode não significar, necessariamente, a inutilidade ou ineficácia do respectivo sancionamento penal";
* isto a menos que «a descriminalização das condutas em causa não viesse importar maiores "custos sociais" do que os que decorrem da sua manutenção na órbita do ilícito penal»;
* por que não tomar isso em conta no caso do aborto? Que "custos sociais" se tomam ou não em conta?

É que:

3.2.

3.2.1. Argumento:

* pela legalização do aborto evitar-se-iam «os consideráveis *"custos sociais da clandestinidade"* traduzidos nas elevadas taxas de mortalidade e morbilidade maternas».

3.2.2. Resposta:

* a generalidade dos estudos empíricos já feitos conclui que «a legalização da interrupção voluntária da gravidez não importa qualquer redução significativa no número de abortos clandestinos existentes»;

* por outro lado, mantém-se «a expressão quantitativa global dos índices de morbilidade e mortalidade maternas do aborto lícito»;
* pelo contrário, desses estudos se conclui que se deu «um aumento no cômputo total das interrupções voluntárias da gravidez (lícitas + ilícitas)»;
* logo: «não se pode afirmar que a liberalização da interrupção voluntária da gravidez constitui uma solução que traz consigo mais vantagens do que prejuízos», ao nível destes *"custos sociais"*.

Todavia:

3.3.

3.3.1. Argumento:

* não impedindo a penalização a realização da maior parte dos abortos, ela «traduzir-se-ia numa espécie de *protecção dos operadores ilícitos*, que ficariam colocados numa situação de "monopólio", sem a concorrência de quaisquer outras entidades» – e com "avultados lucros" ("crime organizado").

3.3.2. Resposta:

* os mesmos estudos mostram que não diminuíram os abortos clandestinos, dada a enorme margem de privacidade e sensação de culpa que anda ligada ao fenómeno;
* aliás, tal privacidade e sensação de culpa é que, ao invés e como relação de causa/efeito oposta, podem diminuir pelo amolecimento de consciência que legislação dita "permissiva" imporá;
* pelo que o que faltará saber é se este tipo de "educação", implícito na norma ou na sua falta, se justifica à luz doutros princípios.

Reitera-se, porém:

3.4.

3.4.1. Argumento:

* a penalização «*privilegiaria as camadas economicamente mais favorecidas*, transformando-se num poderoso mecanismo de selecção quanto ao recrutamento dos delinquentes» (o chamado *"turismo abortivo"*).

3.4.2. Resposta:

* os mesmos estudos evidenciam que continua a existir (como na legislação da "droga") o "turismo abortivo", sempre privilegiador dos que têm maiores posses, para os países com "requisitos" menos exigentes ou para países onde seja menos fácil saber o que se passou;
* no entanto, no argumento já se contempla uma realidade: o aborto terapêutico normalmente já não é penalizável; o eugénico e o criminológico (ético) são raros; está em causa, sobretudo, o aborto *"por indicação económico-social"*;
* mas, segundo inquéritos disponíveis, o aborto por esta indicação «ocorre em pessoas de elevado e médio estatuto sócio-económico, só uma percentagem mínima se ficando a dever à insustentável sobrecarga financeira que resultaria para o agregado familiar do nascimento de mais um filho»;
* logo, ao invés, a legalização beneficia até os que têm maiores posses.

4. Conclusões:

4.1. «não se afigura que, *do ponto de vista utilitário da política criminal* se encontre justificada a legalização da interrupção voluntária da gravidez, porque a uma tal reforma legislativa se ligam custos sociais bem mais pesados do que aqueles que decorrem do próprio aborto clandestino»;

4.2. ou seja, no plano dos "custos sociais" em que se move a política criminal, «não se pode afirmar que a liberalização da interrupção voluntária da gravidez constitui uma solução que traz consigo mais vantagens do que prejuízos»;

4.3. e – o que é decisivo – é seguro que todos os argumentos ao nível da política criminal, eivados de verdadeiro sociologismo jurídico (manifestação do ultrapassado positivismo jurídico), teriam igual aplicação a todo o tempo de gestação;

4.4. pelo que é incompreensível, jurídica e logicamente, que se pretendam usar para sustentar apenas a despenalização do aborto dentro das primeiras semanas – assim se verificando a desrazoabilidade "ab absurdum" daquela tese de política criminal!

5. Cumpre, pois, perguntar se a *vida intra-uterina* constitui um bem jurídico-criminal.

5.1. A análise do Direito positivo (arts. 141.° a 142.° CP.) permite concluir desde logo, que:

* a nossa lei estabelece como princípio geral a punição do aborto;
* reveste carácter excepcional a exclusão da sua ilicitude, sendo que:
  ** antes de 1984 as excepções resolviam-se nos quadros das *causas de justificação*;
  ** depois de 1984 a *exclusão da ilicitude* resultou da enunciação expressa de certas causas.

5.2. Logo, como primeira aproximação, podemos concluir que, em princípio, a vida intra-uterina constitui um bem jurídico-criminal, pois doutra forma não se compreenderia que o aborto fosse penalizado, como regra geral.

5.3. Faltará saber se a vida intra-uterina, por si mesma, será um bem jurídico-criminal, no ponto de vista daqueles segundo os quais só o seria de maneira absoluta quando «se encontrasse numa relação de correspondência – em termos de "analogia substancial" – com o quadro de valores consagrado na Constituição»:

* «apelo directo ao "consenso comunitário" ou à "consciência ético--social" reinante»;
* «tutela dos valores "necessários" ou "imprescindíveis" para a subsistência da colectividade e para a realização da Pessoa» (o supra--citado princípio básico de Política Criminal);
* logo, somos remetidos para o plano seguinte:

III – NOS QUADROS DA GARANTIA CONSTITUCIONAL:

1. As pronúncias do Tribunal Constitucional:

* Acórdão n.° 25/84, de 19.3.984 – sobre a apreciação preventiva da constitucionalidade requerida pelo Presidente da República da norma do art. 1.° do Decreto n.° 41/III da Assembleia da República:

** O Presidente da República não se limitou a requerer a verificação, mas sustentou a inconstitucionalidade.
* Acórdão n.° 85/85, de 29.5.985 – sobre a declaração de inconstitucionalidade requerida pelo Provedor de Justiça dos arts. 140.° e 141.° do Código Penal (redacção da Lei n.° 6/84, de 11.5).
** O Provedor de Justiça não se limitou a requerer a verificação, mas sustentou a inconstitucionalidade.

2. Há hoje unanimidade num grande conjunto de princípios, indispensáveis à análise constitucional, segundo os quais:

2.1. Ninguém discute cientificamente que existe «*vida humana*» desde a concepção,
> ** o que já não acontecia quando foram promulgadas muitas das leis de despenalização do aborto na Europa.

Ou seja:
* desde a concepção até ao nascimento e deste até à morte apenas se assiste a uma evolução permanente da vida humana;
* a *identidade* não surge com o nascimento, mas em momento anterior.

2.2. A distinção em fases ou categorias do embrião (pré-embrião, embrião, feto ...), consoante o tempo do seu desenvolvimento, é artificial e não tem conteúdo científico,
> ** por exemplo, na legislação espanhola de 1988.

2.3. O art. 24.°-1 CRP consagra que: «*A vida humana é inviolável*»:
* o que só quer dizer o seu carácter *tendencial* e *sensibilizador* (e não que não possa ser restringida: ex: legítima defesa, estado de necessidade desculpante), mas que o legislador ordinário deve dar-lhe *uma protecção intensificada*, como o primeiro entre os direitos da Pessoa;
* logo: na «*vida humana*» de que fala o artigo não é possível objectivamente distinguir entre vida intra-uterina e extra-uterina;
* logo: a «*vida humana*» é um valor ou bem constitucionalmente protegido.

2.4. O princípio do art. 24.° é o desenvolvimento do art. 1.°, que baseia a Constituição na «*dignidade humana*».

2.5. Mesmo para quem o art. 24° não comportava, por regra, a *vida intra-uterina*, forçoso seria o uso do *princípio* (jurídico e ético) *"in dubio pro libertate"*, ou seja, o de que, em caso de dúvida, deve em matéria de direitos fundamentais optar-se sempre pela interpretação que atribua ao direito em causa a maior latitude.

3. Ficam apenas invocados **dois argumentos** para despromover a garantia constitucional/penal à *vida intra-uterina*:

3.1.

3.1.1. Argumento:
* «a vida intra-uterina, compartilhando da protecção que a Constituição confere à vida humana, enquanto bem constitucionalmente protegido (isto é, valor constitucional objectivo)», «não pode gozar da protecção constitucional do *direito à vida* propriamente dito – que só cabe às *pessoas,* podendo, portanto, aquele ter de ceder, *quando em conflito com direitos fundamentais* ou com outros valores constitucionalmente protegidos».

3.1.1.1. ** 1° Sub-argumento: «só as *pessoas* podem ser titulares de *direitos fundamentais* (...) pelo que o regime constitucional de protecção especial do direito à vida, como um dos "direitos, liberdades e garantias" não vale directamente e de pleno para a vida intra-uterina e para os nascituros»:

    *** trata-se de uma *valor não juridicamente subjectivado* – o da vida intra-uterina –, mas meramente *objectivo*;

    *** para demonstrar tal diferença «basta a tradição jurídica nacional, que, como é sabido, nunca equiparou o *aborto* ao *homicídio*».

3.1.2. Resposta:

3.1.2.1. Quanto ao argumento e 1° sub-argumento:
* dizer-se «*a vida humana é inviolável*» é "mais" do que haver *um direito à vida*: a nossa CRP é das mais perfeitas;
* a *vida humana* só é defendida, desde que é reconhecida cientificamente, se for garantido o *direito de nascer* – sem este, todos os demais direitos ligados à vida, desde os do nascituro, são puras ficções (seria absurdo fazer depender o direito de nascer ... do nascimento!);

* é um falso problema, e pura ficção, a distinção entre o direito *subjectivado*, com fundamento no nascimento, e o *objectivado*, antes do nascimento: se assim fosse, o aborto ... nunca seria crime ... até ao fim da gestação – o que ninguém defende!
  ** a este respeito, o que se procura é que o embrião pareça o menos humano possível, porventura para aquietar a consciência: ex: a exigência de funeral só quando mais tarde!
  ** mas sem razão, quando se sabe cientificamente que o ritmo cardíaco aparece pela primeira vez entre o 18° e o 21° dia;
  ** que podem registar-se ondas cerebrais ao 40° dia;
  ** que é possível o electrocardiograma às 9/10 semanas;
  ** que a partir das 8/9 semanas já se distinguem a cabeça, o tronco, os membros;
  ** que todos os aparelhos estão formados às 8 semanas e começam a funcionar às 11 semanas;
  ** que as cordas vocais estão formadas às 18 semanas;
* deste modo e pelo contrário, o simples *carácter objectivo do direito à vida na Constituição* basta para a garantir na sua totalidade, sem necessidade de haver nascimento ou de um mecanismo jurídico de *subjectivação*;
* a protecção constitucional da *vida humana* implica para o *Estado*, e para *terceiros*, também o dever de abster-se de condutas que a agridam;
* não pode confundir-se o conceito de *pessoa* no plano civil com o *direito à vida ligado à inviolabilidade da vida humana*;
* é, mesmo no plano da nossa tradição jurídica, evidente a *protecção do nascituro* ... apesar de não ter personalidade jurídica!;
* a diferença de tratamento penal entre o aborto e o homicídio nada tem a ver com a essência, mas com a *"consciência da ilicitude"* e com factores culturais, o que é muito diferente.

3.1.1.2. 2° Sub-argumento: «esta distinção é de primacial importância no que respeita a *conflitos* com outros direitos ou interesses constitucionalmente protegidos», em que deve ceder a vida intra-uterina:
  *** «confronto de um *valor não juridicamente subjectivado* – o da vida intra-uterina – com outros *valores juridicamente subjectivados* na mulher grávida, com a natureza de *direitos fundamentais*»

*** a solução do conflito há-de fazer-se com «recurso ao *princípio da concordância prática*», que «se executa através de um critério de *proporcionalidade* na distribuição dos custos do conflito e exige que o sacrifício de cada um dos valores seja *necessário* e *adequado* à salvaguarda dos outros»;

*** esse *conflito* existe – embora se possa objectar «que aqueles requisitos (*proporcionalidade, necessidade e adequação*) do sacrifício da vida humana intra-uterina, parecem faltar pelo menos no aborto eugénico e criminológico»;

*** mas não deve esquecer-se o «direito da mulher à vida, à saúde, ao bom nome e reputação, à dignidade, à maternidade consciente, etc.».

3.1.2. Resposta:

3.1.2.2. Quanto ao argumento e ao 2° sub-argumento:

* se não existe hierarquização constitucional dos *direitos fundamentais*, o *direito à vida* é aquele de que derivam todos os demais, logo é primacial;
* quando há *conflito* entre dois direitos fundamentais tem de recorrer-se ao tal *princípio da concordância prática*, que aponta para uma *optimização* deles, não consentindo, porém, a aniquilação de qualquer deles *em abstracto*;
* no entanto, a nossa lei penal ... "resolveu" em abstracto o conflito *sempre pelo sacrifício da vida do feto* face a outros hipotizados "direitos" (da mãe ou ...);
* «as soluções possíveis aparecem aí, *sempre*, numa relação de alternatividade, excluindo-se reciprocamente: *ou* se conserva o feto, *ou* se prossegue o interesse que se opõe à continuação da gravidez (...)!»
* assim, não só não se respeitou a *proporcionalidade*, como não se respeitou a *necessidade* nem a *adequação*, a saber:

   ** *aborto terapêutico*:

   *** caso dos fetos inviáveis (com relevo para os anencéfalos)

   *** caso do conflito com a vida da mãe («constitua *único* meio de remover *perigo de morte*»):

   – sem dependência de prazo;

   – há quase unanimidade em que nunca há crime – pelo que a norma seria até inútil;

- ou, na pior das hipóteses, que se usasse o "*estado de necessidade desculpante*";
- caso raríssimo no plano médico;

*** caso de conflito com a saúde física e/ou psíquica da mãe:
- «constitua **único meio** de **remover** perigo de grave e *irreversível* lesão para o corpo ou para a saúde física e psíquica da mulher»;
- sem dependência de prazo = ao perigo de morte;
- são colocadas no mesmo plano a *vida* do feto e a *saúde* da mãe;

*** constitua o que se **mostre indicado** (diferente de "único meio") de **evitar** o perigo de falecimento ou o perigo de **grave** lesão, já não irreversível, mas de *carácter* **duradouro**, para a saúde física ou psíquica da mãe
- até às 12 semanas – porquê?!
- conceitos muito indeterminados
- para o chamado aborto sociológico: dependência de condição social, como é óbvio;

** *aborto eugénico*:
  *** o "valor" a prosseguir:
  - o do feto?;
  - o da sociedade ou da perfeição?;
  - o da mãe?
  *** o diagnóstico pré-natal;
  *** a pretensão do alargamento do prazo;

** *aborto criminológico ou ético*:
  *** esbatimento das consequências de um crime com a prática de outro mais grave (eliminação da vida de terceiro);
  *** a "maternidade consciente" é contrária, por natureza, à "não desejada", seja qual for a causa – o que não justifica (salvo em alguns países) o abortamento (aborto social ou por razões económicas).

3.2.

3.2.1. Argumento:
* «independentemente da natureza da protecção constitucional da *vida intra-uterina*, nada, porém, impõe constitucionalmente que essa protecção tenha de ser efectivada, sempre e em todas as

circunstâncias, mediante *meios penais*, podendo a lei não recorrer a eles quando haja razões para considerar a penalização como desnecessária, inadequada ou desproporcionada, ou quando seja possível recorrer a outros meios de protecção mais apropriados e menos gravosos».

3.2.2. Resposta:
* antes de mais somos remetidos, portanto e de novo, para o plano da Política Criminal supra referido.

Todavia:

* o *legislador ordinário* (penal) não pode subverter a *ordem constitucional dos valores*, e antes tem de lhe dar o máximo da garantia;
  ** a Constituição é, antes, o horizonte que há-de inspirar e por onde há-de pautar-se qualquer programa de política criminal;
  ** o próprio Trib. Constitucional (Ac. n.º 85/85) reconhece que as penas «só serão constitucionalmente exigíveis quando se trate de proteger um direito ou bem constitucional de primeira importância e essa protecção não possa ser garantida de outro modo»;
  ** uma *obrigação positiva* de protecção da vida humana a partir da Constituição impõe a criminalização de todo o atentado à vida;
  ** e, logo, a criminalização do aborto;
* pelo raciocínio oposto ... o aborto nunca seria penalizado até ao fim da gravidez! – o que ninguém defende;
* ora, o que está em causa é precisamente um direito ou bem constitucional de primeira importância: a *vida humana considerada inviolável* (petição de princípio é o argumento oposto);
* a *vida humana*, bem supremo no elenco dos direitos fundamentais, sempre foi defendida através do Direito Penal
  ** o que não quer dizer que o crime de aborto, atentas as suas especiais características, não deva ter um tratamento de penalização diferentes – como sempre teve;
  ** e o que não quer dizer que não possa, e não deva, haver meios complementares, a nível educativo, etc. (tal como acontece com todos os bens penalmente protegidos ... e não só com o aborto!);

* fazer ao contrário é esquecer o *carácter preventivo e pedagógico da lei penal* ("avisador de consciências"), o que nada tem a ver com uma imposição moral (tal como acontece com outros crimes): doutra forma, o cidadão vai considerar lícito o aborto, desvirtuando a essência do embrião, o seu carácter ético-social;
* o facto (v. supra) de chegarem raros casos a Tribunal não constitui argumento (por mera comparação, em argumento "ex absurdo" já se disse que cerca de 90% dos crimes clássicos não chegam a Tribunal; e são inúmeros os crimes clássicos (furtos, p. ex.) que não obtêm condenação de ninguém!);
* é, pois, um absurdo jurídico substituir-se um juízo concreto sobre um eventual *"estado de necessidade desculpante"* por *"decisões administrativas"* cometidas a médicos.

IV – NO PLANO DA "DECISÃO MÉDICA":

1. Para todos os casos de *aborto lícito* há absoluta necessidade de *convergência de duas vontades, a da mãe e a do médico* (aliás, de dois médicos – *duas decisões médicas*, mais rigorosamente do que *dois actos médicos*).

2. Mais ainda, todo o *abortamento lícito* depende de *duas decisões médicas* (com pretensão de actos médicos) *típicas*, ou seja:
* actos de *vontade médica com conteúdo científico*;
* que garantam os *fundamentos científicos* nesse plano do acto de abortamento: quer no aborto terapêutico, quer no aborto eugénico, quer até na verificação da violação;

3. Logo, a *responsabilidade médica* está sempre presente e é sempre apreciada.

Todavia:

4. O legislador teve presente que o abortamento é, por natureza, *um acto médico ao contrário*,
* ou seja, contra a defesa da saúde e da vida, que é o característico do acto e actividade médicos – razão pela qual as agremiações médicas consideram o aborto como acto anti-deontológico;
* por isso, o legislador previu a *objecção de consciência*.

5. No entanto, o legislador *encarregou* os médicos de executarem o aborto, e não quaisquer outros cidadãos;
* a questão tem um plano mais candente no *aborto eugénico*, em que nem sequer existe conflito entre duas vidas, mas em que, sob o signo de "qualidade de vida" e de "protecção da vida" se suprime o bem que se pretenderia defender.

6. O *"direito" da mulher* e o *sistema hospitalar:*

6.1. o regime legal assenta num *"direito" da mulher a obter* que lhe seja feito abortamento, uma vez cumpridas determinadas circunstâncias (as "indicações" legais nos "prazos" legais);

6.2. mas esse "direito" *não pode considerar-se ter um correlativo "dever" por parte dos médicos*:
* isto é, estes não têm o dever de acolher e executar aquele "direito";
* sendo perfeitamente claro que tal sistema não pressupõe que seja jurídica ou eticamente correcta a existência, à partida, de *Serviços* onde se pratique o aborto,
* enquanto outros *Serviços* declarassem genericamente que o não praticam;
* ou seja, quer a *decisão médica de aborto*, quer a d*ecisão médica de objecção de consciência* são sempre *actos individualizados perante o caso concreto.*

6.3. o *"dever"*, portanto, indispensável para garantir o dito "direito" só pode pertencer ao *"sistema hospitalar" globalmente considerado*;
* o que significa que *o Estado pode ser responsabilizado* se não foi possível à mulher exercer o seu "direito";
* e teria de "organizar" o aborto de maneira eficaz (o que não deixa de demonstrar de maneira pragmática a perversidade do sistema).

V – POSFÁCIO:

1. Os presentes tópicos, apresentados em diversas intervenções universitárias, para ampla reflexão e discussão, foram elaborados antes da recente iniciativa de submeter a "referendo" a nova alteração legislativa aprovada na Assembleia da República.

2. A grande inovação dessa nova legislação consiste na introdução de um novo caso de aborto consentido: o solicitado pela mulher grávida e por simples vontade sua, sem qualquer fundamento do tipo dos até agora estipulados na lei vigente, desde que a solicitação seja feita dentro das ***primeiras dez semanas de gravidez***.

3. Mais do que um "aborto sociológico", abre-se a possibilidade do mero "aborto voluntário" não fundamentado, com a particularidade de continuarem a ser os médicos os encarregados de executar essa vontade unilateral da mulher grávida (sem prejuízo de se manter o direito à objecção de consciência, que, como se viu, não tem raiz senão na "consciência" da "classe médica" de que o abortamento é por natureza e salvo excepções claras, um "acto não médico" ou mesmo um "acto anti-médico").

4. Podemos, assim, afirmar desde já que à nova situação se aplicam ***por maioria de razão*** todos os argumentos atrás usados, ou melhor, é reforçada, a níveis até agora insuspeitados, a manifesta inconstitucionalidade da norma: todos os argumentos usados pelo Tribunal Constitucional para ter admitido, por maioria, a anterior legislação, desaparecem neste caso.

5. Acresce que os médicos são mantidos como elemento essencial no acto de abortamento lícito, como seus meros "executores", sem necessidade de formulação de qualquer juízo científico – ao contrário, como se viu, da legislação anterior –, o que não deixa de tornar o sistema particularmente chocante face às normas comuns de deontologia médica.

BIBLIOGRAFIA

ANDRADE, Manuel da Costa – «*O aborto como problema de Política Criminal*», in Rev. Ord. Advog. (1979) 39-293 segs.; «*A vítima e o problema criminal*» *(1980)*

CORREIA, Eduardo – «*Direito Criminal*», II-32 segs. e 82 segs.; «*Actas da Comissão Revisora do Código Penal*», in Bol. Min. Just. n.º 286 e Bol. Min. Just. n.º 291

COSTA, António Manuel de Almeida – «*O problema da criminalização do Aborto*», in Brotéria, 141 (1995), págs. 427-438 e 525-535; «*Aborto e Direito Penal. Algumas considerações a propósito do novo regime jurídico da interrupção voluntária da gravidez»* in Rev. Ord. Advog. 44 (1984), págs. 556-581; *«Abortamento provocado»*, in "Bioética", ed. Verbo 1996, págs. 201 a 218

DIAS, João Álvaro – *«Procriação assistida e responsabilidade médica»*, págs. 159 a 220

DIAS, Jorge de Figueiredo – *«Lei Criminal e controlo da criminalidade»*, in Rev. Ord. Advog. 36 (1976), págs. 23 a 28; *«A Reforma do Direito Penal Português, princípios e orientações fundamentais»*, in Rev. Ord. Advog., 39 (1979), págs. 141 a 144; *«Novos rumos da Política Criminal e o Direito Penal Português no futuro»*, in Rev. Ord. Advog. 43 (1983)

GRANDE, Nuno – *«Aborto clandestino, chaga social»*, in Jornal de Notícias de 9.11.96

NUNES, Rui Manuel Lopes – *«Questões Éticas do Diagnóstico Pré-Natal da Doença Genética»*, págs. 69/78 e 86/93

PROCURADORIA-GERAL DA REPÚBLICA – *«Informação-Parecer n.º 31/82 de 13.4.982»*, in Bol. Min. Just. 320-234/271

SANTOS, Boaventura de Sousa – *«L'interruption de la grossesse sur indication médicale dans le Code Pénal portugias»*, in Bol. Fac. Dir. Coimbra, 1970, págs. 170 segs.

TEIXEIRA, M. Pinto, *«Aborto: quem legitima a voz das consciências?»*, in Jornal de Notícias de 6.11.96

TRIBUNAL CONSTITUCIONAL – *«Acórdão n.º 25/84, de 19.3.984»*, in Bol. Min. Just. 344-197/242; *«Acórdão n.º 85/85, de 29.5.985»*, in Bol. Min. Just. 360--353/375

O PROBLEMA DA LIBERALIZAÇÃO DO ABORTO: QUESTÕES INCÓMODAS...

Maria da Conceição Ferreira da Cunha
Assistente, Faculdade de Direito da Universidade Católica Portuguesa, Mestre em Direito Penal

O tema da liberalização do aborto volta a inflamar a opinião pública portuguesa. No meio de tantos argumentos e de alguma (ou muita!) paixão que tal discussão suscita, é natural que também muitos se sintam cansados ou desinteressados ou, pura e simplesmente, confundidos pelo "ruído"... Cremos, porém, que se impõe uma reflexão séria e serena, que pressuporá algumas ideias claras quanto ao problema em causa, mormente quanto a alguns princípios de Direito Penal e de Direito Processual Penal, vigentes na nossa ordem jurídica. Assim, é nosso intuito, *apenas*, tentar esclarecer, esperando deste modo contribuir para aquela reflexão consciente.

A função do Direito Penal consiste na protecção dos *bens jurídicos fundamentais* da comunidade, essenciais ao desenvolvimento pessoal-social, bens esses que encontram correspondência nos *valores constitucionalmente consagrados*. Por outro lado, compete-lhe proteger estes bens face às formas *mais graves* de lesão (ou de criação de perigo). Para além desta dimensão valorativa do bem jurídico-penal (*dignidade penal*), há que atender a uma dimensão de eficácia ou pragmática (*necessidade penal*). Assim, considerando o facto de o Direito Penal ser a "arma mais forte" de que o Estado dispõe (quer por conter as sanções mais graves, quer pelo seu ritual, a sua simbologia), só será legítimo que a ela recorra quando tal for *necessário* (e apenas na medida do necessário), por não existirem outros meios suficientemente eficazes de protecção desses valores fundamentais (*princípio da subsidiariedade*) e, simultaneamente, quando o Direito Penal se mostre um meio idóneo, adequado, à protecção de tais bens (*princípio da adequação*).

Estes são princípios impostos pela própria *Constituição Portuguesa*, no seu art. 18.º (*Sendo a pena uma medida restritiva de direitos, liberdades e garantias, deve limitar-se ao necessário para salvaguardar outros direitos ou interesses constitucionalmente protegidos*).

Porém, tendo em consideração a *obrigação do Estado no sentido de tutelar os bens mais essenciais da comunidade*, sempre que a intervenção penal se mostrar *necessária e adequada* (por inexistência de outros meios de tutela suficientemente eficazes), haverá o dever de recorrer a esta "arma mais forte".

Assim, na decisão de *criminalizar/descriminalizar* o legislador deverá ser norteado (e limitado) pelos princípios da *dignidade penal* e da *necessidade penal*. E, embora estes princípios se possam distinguir, cremos que haverá uma *tendencial convergência entre elevada dignidade penal e necessidade penal*. Assim, face a bens de elevada dignidade penal – mormente, a vida, a integridade física e psíquica, a liberdade, a autodeterminação sexual – tem-se considerado necessária a intervenção penal, atenta a sua particular força motivadora-dissuasora (prevenção geral). Tal implicará que, no processo tendente à descriminalização de comportamentos que atentem contra bens de elevada dignidade penal, em função de razões pragmáticas, se deva ser particularmente cuidadoso na *comprovação* da *desnecessidade de intervenção penal, sob pena de se deixar um bem fundamental sem tutela suficiente*. Neste âmbito assumirá particular importância aquela ideia de *prevenção geral*, quer em sentido positivo (reforço da consciência comunitária acerca da importância de certos valores, criação de confiança, reposição de expectativas), quer em sentido negativo (intimidação geral). E, neste contexto, cremos que o próprio "simbolismo" da lei penal será relevante *se* e na *medida* em que tiver efeitos preventivos (consciencialização comunitária); por outro lado, será ainda essencial averiguar se existem alternativas à lei penal suficientemente eficazes – *i.e.*, que protejam eficazmente o bem jurídico em causa –, assim como comparar todos os efeitos (vantagens/desvantagens) de uma descriminalização face à consideração do facto como crime.

Por outro lado ainda, convém que se saliente que, na decisão criminalizadora/descriminalizadora, assim como na concreta conformação dos tipos legais de crime, eventuais conflitos valorativos podem já assumir algum significado. Porém, é no âmbito das *causas de exclusão da ilicitude* (por exemplo, legítima defesa, estado de necessidade, conflito de deveres) que tais conflitos (e a sua resolução) encontram a sua sede própria. Assim, um facto pode ser típico (estar previsto num tipo legal de crime) e, face às *circunstâncias concretas* em que é praticado, não ser considerado ilícito – por exemplo, pode-se lesar outrem em legítima defesa ou danificar um bem para salvaguardar outro bem de valor superior, em estado de necessidade, ou ainda deixar de cumprir um dever de valor inferior para cumprir outro dever de valor superior (evidentemente, face à impossibilidade de cumprir ambos os deveres). Note-se que as causas de exclusão da ilicitude podem abranger uma multiplicidade de situações, exprimindo, desde a *aprovação da ordem jurídica* a uma mera *tolerabilidade social* de certos comportamentos no âmbito de complexos conflitos valorativos.

Por fim, um comportamento pode ser *ilícito criminal* (preenchendo um tipo legal de crime e não havendo, no caso concreto, qualquer causa de exclusão da ilicitude) e, ainda assim, não ser culposo. A culpa jurídico--penal é um juízo de *censurabilidade pessoal*; só pode actuar com culpa quem tiver capacidade de culpa (imputáveis) e quem revele com o seu comportamento criminoso uma atitude de contrariedade ou indiferença face aos valores da ordem jurídica (culpa dolosa) ou uma atitude de descuido ou leviandade face a tais valores (culpa negligente, no caso de haver tipificação do crime respectivo a título de negligência). Face a certas circunstâncias especialmente dramáticas, em que o agente se sente pressionado, sendo a sua liberdade de opção especialmente limitada, o Direito penal não pode exprimir aquele grau de censurabilidade próprio da culpa jurídico-penal, mas, ao invés, *desculpa* o comportamento do agente. Não havendo culpa, não haverá responsabilização penal, muito embora o agente tenha praticado um crime. É que a responsabilidade criminal é sempre uma responsabilidade subjectiva, que implica a *censurabilidade* do agente

De que modo poderemos (deveremos) concretizar estes princípios face à problemática da interrupção voluntária da gravidez?

Na verdade, estamos perante um bem essencial – a *vida intra-uterina* é, sem dúvida, *vida humana,* não havendo razões para a excluir da tutela do art. 24.º da Constituição Portuguesa[1]. Assim, este bem preenche a

---

[1] No sentido da existência de vida humana, *cf.* entre muitos outros, COSTA ANDRADE, *O aborto como problema de política criminal*, Revista da Ordem dos Advogados, Lisboa, 1979, p. 300; ALMEIDA COSTA, *Aborto e Direito Penal. Algumas conside-*

característica da dignidade penal. Mais: estamos perante um *bem de elevada dignidade penal*[2].

O problema, então, parece residir essencialmente no âmbito dos *conflitos valorativos e das situações de pressão* e ainda no contexto da *dimensão pragmática* (ou de eficácia) do bem jurídico-penal, mormente face ao elevado número de abortos clandestinos e aos seus efeitos nefastos para a saúde (e por vezes para a própria vida) das mulheres. De resto, todos estes aspectos estão de algum modo inter-relacionados.

Em relação aos conflitos valorativos, convém no entanto salientar que os conflitos mais dramáticos parecem estar já contemplados na actual lei penal portuguesa (*cf.* art. 142.º do CP). De facto, o actual sistema de *indicações* permite a interrupção voluntária da gravidez quando esteja em causa a *indicação terapêutica* (vida ou saúde física ou psíquica da mãe), a indicação *embriopática ou fetopática* (eugénica?) e a indicação *criminológica*[3]. Nestes casos, a interrupção da gravidez é permitida, considerando o carácter dramático da situação. E, de facto, ao se permitir que o aborto seja realizado numa instituição de saúde oficial está a reconhecer-se (implici-

---

rações a propósito do novo regime jurídico da interrupção voluntária da gravidez, Separata da Ordem dos Advogados, Ano 44, Lisboa, 1984; *Acórdão do Tribunal Constitucional Português,* n.º 25/84 e n.º 85/85. Porém, "vida intra-uterina" só haverá a partir do momento da "nidação" (momento em que o "zigoto" nidifica no útero da mulher – o que pode demorar aproximadamente até 13 dias após a fecundação, havendo dados no sentido de a nidação só se verificar em metade dos casos de fecundação). Por outro lado, não parece haver razões para excluir a vida intra-uterina da tutela constitucional da vida humana – neste sentido, *cf.* o *Acórdão* já citado e ALMEIDA COSTA, *Idem,* p. 77. Mais aprofundadamente sobre estes aspectos, com outras referências bibliográficas, *cf.* o nosso *Constituição e Crime,* Porto, Universidade Católica, 1995, pp. 363 e ss.

[2] Muito embora, de acordo com as concepções sociais-valorativas vigentes na nossa comunidade, a vida intra-uterina não seja tão valorizada quanto a vida de pessoa já nascida, não se pode negar que é vida humana, que merece protecção, devendo até, segundo cremos, promover-se a progressiva valorização desta vida, para o que contribuirão os dados da medicina, a maior visibilidade do feto (*vg.* através das ecografias), os conhecimentos acerca da sua capacidade de sofrer (pelo menos, a partir da formação do córtex cerebral...).

[3] Note-se que, para certos Autores, todas as indicações se poderiam reconduzir à *indicação terapêutica* – perigo para a saúde física ou psíquica da mulher grávida (por exemplo, a indicação "fetopática" ou "embriopática", sob pena de se aceitar o eugenismo, apenas seria compreensível pelo facto de se poder ainda reconduzir à perturbação da saúde psíquica da mulher...).

tamente, pois não se pode permitir a prática de factos ilícitos) a exclusão da ilicitude da interrupção da gravidez realizada nestas circunstâncias concretas. Independentemente de um juízo aprofundado sobre a bondade desta lei, a verdade é que existe, em qualquer um destes casos, um *grave conflito valorativo*[4]. Por outro lado, deve assinalar-se que, ao se excluir a ilicitude penal, não se está a pretender incentivar ou sequer aprovar tais práticas, mas simplesmente a exprimir um juízo de compreensibilidade ou *tolerabilidade social*.

Por outro lado, *sempre que o aborto seja realizado fora destas situações* – para além dos prazos estabelecidos e/ou para além das situações contempladas ou, até, em situações que seriam enquadráveis nas indicações previstas, mas tendo o aborto sido praticado clandestinamente – tal não significa que as pessoas envolvidas (muito menos a mulher grávida!) tenha (deva) necessariamente vir a ser punida. Há que ponderar a situação concreta e os diversos agentes envolvidos. Desde logo, parece-nos questionável que o nosso Código Penal preveja igual moldura penal para a mulher que presta o consentimento para o aborto e para quem, com o consentimento da mulher, a fizer abortar (pena até 3 anos – n.º 3 e n.º 2 do art. 140.º). Porém, será possível (dependendo, evidentemente, do caso concreto) vir a punir *quem realiza* o aborto e não punir a mulher que presta o seu consentimento. Ou vir a punir quem *instiga* à prática do aborto (muitas vezes o próprio marido, namorado ou "companheiro", muitas vezes também os próprios pais da jovem que engravidou) e não punir a mulher que, instigada a tal, acaba por prestar o seu consentimento... Como já assinalámos, a culpa é um *juízo pessoal de censurabilidade*; ora, segundo cremos, na esmagadora maioria das situações, a mulher que recorre ao aborto sente-se dividida, angustiada, e é muitas vezes fortemente pressionada...Pense-se em situações de pobreza extrema e/ou em famílias instáveis, maridos ou "companheiros" que não apoiam a mulher grávida nem se responsabilizam pelas crianças, ou em adolescentes e jovens, profundamente inseguras e imaturas...Para além de algumas destas situações serem já enquadráveis nas *indicações* previstas na nossa lei (se houver perigo de grave e irreversível ou duradoura lesão da *saúde psíquica* da mulher), mesmo que tal não seja o caso, dificilmente se poderia fazer um sério juízo de censura jurídico-

---

[4] Para mais desenvolvimentos, com referência aos Acórdãos do Tribunal Constitucional que se pronunciaram no sentido da constitucionalidade deste modelo de indicações, cf o nosso "Constituição e crime", cit., pp. 384 e ss.

-penal; então, sendo a *atitude da mulher desculpada*, não haveria responsabilização penal. Ou, então, sendo o *grau de culpa diminuto*, conduziria a uma pena de substituição, nomeadamente a uma *pena suspensa*. Para além destas considerações, deveremos ter em conta que, no próprio processo penal, prevêem-se mecanismos que poderiam conduzir a que tais casos nem sequer chegassem a Tribunal (evitando-se o efeito sempre algo estigmatizante de tal situação). Estamos a pensar essencialmente na *suspensão provisória do processo* (art. 281.º do CPP); considerando o Ministério Público, com a concordância do Juiz de Instrução, que seria suficiente (face às exigências de prevenção) a imposição de injunções e regras de conduta, suspenderia o processo. Saliente-se que esta medida pouparia a mulher ao julgamento, limitando-se a impor-lhe alguma injunção ou regra de conduta que se considerasse adequada ao seu caso concreto (por exemplo, obrigatoriedade de a mulher frequentar um centro de planeamento familiar). *Quer dizer, então, que não nos parece estar apenas em causa, de modo algo simplista, a alternativa entre liberalizar o aborto nas primeiras semanas de gravidez versus punir a mulher que se sujeita ao aborto face a um circunstancialismo dramático ou, pelo menos, angustiante.* Por outro lado, e é importante que se saliente este aspecto, o facto de não se punir a mulher, não implica que não se puna quem eventualmente a instigou a tal prática ou quem usufruiu lucros ilícitos à custa do seu sofrimento (clínicas clandestinas...). O juízo de censurabilidade, sendo pessoal, tem de atender à diferente atitude dos agentes envolvidos no caso, podendo desculpar-se a atitude da mulher e já não haver motivos de desculpação do agente instigador ou de quem a fez abortar, assim como poderia haver suspensão do processo em relação à mulher (note-se que um dos critérios para tal suspensão é, exactamente, a ausência de um grau de culpa elevado) e já não haver suspensão em relação aos outros agentes envolvidos no crime...Tudo isto é permitido pela nossa lei actual, dependendo a sua concretização-aplicação da "sensibilidade e bom-senso" de Ministério Público e Juízes...

Mas será então que "tudo está bem"? Não existe, afinal, uma situação preocupante que nos deve conduzir a uma séria reflexão? É evidente que existe uma situação muito preocupante...Na verdade, não podemos escamotear o problema do elevado número de abortos clandestinos[5] e dos

---

[5] Embora existam sérias dúvidas quanto ao número (sequer aproximado) destes abortos clandestinos, o que dificulta uma discussão esclarecida do problema ...Por outro

seus efeitos nefastos (por vezes devastadores)...Devastadores pela destruição da vida intra-uterina, e devastadores para a saúde, quer física, quer psíquica (e por vezes para a própria vida) da mulher...Na verdade, qualquer aborto, quer seja praticado clandestinamente quer não, tem efeitos nefastos – mata um novo ser em formação e prejudica a saúde da mulher (matando-a também um pouco "por dentro"...). Porém, é evidente que o aborto "de vão de escada" cria ainda maiores riscos para as mulheres, expondo-as também, muitas das vezes, a outro tipo de exploração[6]... Por outro lado, o problema do "turismo abortivo" cria (ou exprime) profundas desigualdades – enquanto as mulheres de melhor nível sócio-económico se dirigem a clínicas no estrangeiro, correndo assim menores riscos, as mais pobres sujeitam-se a um tipo de aborto que tem sido classificado de "selvagem"[7].

Ora, tudo isto nos interroga, afinal, acerca das dificuldades em *prevenir*, efectivamente, este fenómeno... O que nos deixa algo *perplexos* é que nem a lei penal, nem outras formas de prevenção social, nem ambas, conjugadamente, se vêm mostrando *suficientemente eficazes* na prevenção do aborto...Como se compreende que, no séc. XXI, *na era da genética, das ecografias e da informação*, ainda se recorra, com tão elevada frequência, ao aborto? Não deveríamos estar todos mais conscientes do valor da vida intra-uterina e, por outro lado, não deveríamos estar todos mais informados acerca da ampla variedade de métodos contraceptivos, para que a maternidade fosse desejada e consciente? Por outro lado, não deveria o próprio Estado, assim como as organizações de cidadãos, promover a informação, a responsabilização, mas também (e urgentemente!) o apoio à maternidade, o incentivo à natalidade[8] – não só através de apoios finan-

---

lado, parece por vezes haver alguma "manipulação" dos números por razões ideológicas, o que agrava a situação de "confusão".

[6] Extorsão, burlas, por parte de profissionais do aborto clandestino (e até mesmo, em certos casos, crimes contra a autodeterminação sexual da mulher...).

[7] *Cf.* PINATEL, in *Aperçu de l'aspect criminologique de l'avortment*, Chronique de Criminologie et de Sciences de l'Homme, in Revue de Science Criminelle et de droit Comparé, Nouvelle Série, n.° 1 Janvier-Mars, Paris, Sirey, 1973, p. 746 e, na doutrina portuguesa, FIGUEIREDO DIAS, *Lei criminal e controlo da criminalidade – O problema do processo legal-social de criminalização e de descriminalização*, Revista da Ordem dos Advogados, Lisboa, n.° 36, 1976, pp. 89-90 e COSTA ANDRADADE, *ob. cit.*, p. 302 e ss.

[8] Lei n.° 17/95 (relativa à protecção da maternidade e paternidade) e necessidade da sua concretização face à problemática da interrupção da gravidez. Saliente-se ainda

ceiros às famílias mais carenciadas[9] como ainda pela criação de uma rede de creches e infantários adequada às reais necessidades das famílias? Porém, que fazer enquanto esta informação (sensibilização) e estes apoios se apresentarem insuficientes? Reunir esforços (meios humanos[10] e financeiros) no sentido de efectivamente os incrementar, ou liberalizar, nas primeiras semanas, a prática do aborto? Ou recorrer a ambas as medidas?

Que não existem formas de prevenção social do aborto suficientemente eficazes, é certo; que o Direito Penal também não apresenta uma idoneidade, uma eficácia, satisfatória, também é certo. Estão aí os abortos clandestinos e o elevado número de "cifras negras" a provar esta insuficiência quanto à eficácia preventiva. Deve então concluir-se no sentido da "retirada do Direito Penal" ou no da sua permanência, *conjugando esforços com outros meios de controlo/prevenção?*

Convém salientar que existe sempre, face a qualquer tipo de crime, uma margem de "ineficácia", assim como existem sempre "cifras negras"[11]; mas, quando atingem um grau elevado, ficamos perante uma espécie de "doença do tipo legal de crime", que nos deve levar a repensar a situação. Porém, umas vezes tenta resolver-se o problema apelando à persecução penal, outras, optando pela descriminalização...Quando se trata da protecção de bens de elevada dignidade penal, geralmente, apela-

---

o grave problema do envelhecimento da população portuguesa, devendo ser uma das prioridades do Estado o efectivo apoio à maternidade e à infância.

[9] E às crianças com especiais problemas – tais como deficiências, problemas de saúde crónicos e graves...

[10] De resto, parece haver amplo consenso quanto à necessidade de consciencialização acerca do valor da vida em formação, assim como quanto à necessidade de apoiar as mulheres grávidas, as famílias carenciadas e / ou instáveis, de incentivar o planeamento familiar, a prevenção de gravidezes indesejadas, a prevenção da gravidez na adolescência... Porém, quanto à forma de concretizar tais medidas já surgirão mais dúvidas – veja-se o problema do modo de promover a educação sexual nas escolas. Não seria preferível estarmos, de momento, a discutir o modo de concretização de todas estas medidas, tentando encontrar um "mínimo denominador comum" capaz de as pôr em prática?

[11] Entende-se por "cifras negras" a diferença entre o número de crimes praticados e o que chega (é conhecido) às instâncias formais de controlo (Polícia, Ministério Público, Tribunais). É evidente que nos crimes em que a vítima (neste caso, o nascituro) não se pode queixar ou está numa posição fragilizada, há mais "cifras negras"... Também o facto de tudo se passar num âmbito de "reserva da vida privada" dificulta a "obtenção de prova".

-se ao incremento da persecução penal, para não deixar o bem desprotegido, a menos que se considere que existem, efectivamente, outros meios de tutela mais eficazes (e suficientemente eficazes). Note-se ainda que, no caso do aborto, parece que ainda se acredita nalgum grau de eficácia da própria lei penal, nalgum poder apelativo / consciencializador (ou, *quiçá*, dissuasor), pois, caso contrário, teria de se descriminalizar tal conduta, independentemente do tempo de gravidez...Quer dizer, a partir das dez semanas de gravidez acredita-se no efeito apelativo-dissuasor da lei penal e antes dessa data não se acredita em tal efeito? De resto, não seria ainda possível incrementar a persecução em relação às clínicas clandestinas e aos instigadores do crime, assim como à fraude à lei[12], ao invés de perseguir as mulheres mais pobres e/ou mais vulneráveis?

Por fim, e tentando de algum modo resumir as nossas angústias, questionemos: Não implicará a liberalização do aborto nas primeiras dez semanas de gravidez (note-se, sem ter sequer de se mencionar o motivo para tal opção) uma desconsciencialização face à vida intra-uterina (pelo menos nestes seus primeiros meses), criando a errada convicção de que não está em causa um bem que merece protecção? Não potenciará tal solução a desresponsabilização, transformando o aborto numa alternativa à contracepção? E não se estará assim a potenciar o aumento do número global de abortos? Por outro lado: Será que tal medida diminuirá significativamente o número de abortos clandestinos e todos os seus efeitos nefastos[13]? Por outro lado ainda: Os maiores riscos para a saúde da mulher não se verificam exactamente face aos abortos praticados nos ulteriores meses de gravidez? A objecção de consciência dos médicos (que tem afectado a aplicação da actual lei – art. 142.º) não irá aumentar face a estas situações em que a mulher não tem de indicar o motivo que a leva a que-

---

[12] Apesar das dificuldades *supra* referidas (e *vide* nota anterior) não nos parece impossível aumentar a persecução em relação a tais clínicas...De resto, se a actual lei fosse efectivamente aplicada, haveria maior coragem para perseguir o aborto clandestino. Porém, quanto à fraude à lei – "turismo abortivo" (*cf.* art. 5.º al. b) do nosso CP) – a situação já se nos afigura mais complexa.

[13] Quanto a este aspecto haverá mais dúvidas do que certezas; talvez o diminua, mas não sabemos se significativamente; de facto, há quem alerte para os factores sociais que conduzem a que se procure o aborto clandestino (*cf.* ALMEIDA COSTA, *ob. cit.*, pp. 64 e ss., remetendo para as pp. 50 e ss.). Por outro lado, é lamentável a falta de dados fiáveis quanto à comparação entre o número de abortos clandestinos face a leis mais e menos liberais (neste sentido, já PINATEL, *ob. cit.*, p. 744).

rer interromper a gravidez? E com isto não continuará a actual discriminação entre mulheres de diferentes níveis económicos – podendo as mais ricas dirigir-se a clínicas privadas (mesmo portuguesas) e continuando as mais pobres mais desprotegidas? Ou deverá o Estado subsidiar o aborto destas mulheres mais carenciadas[14]? Outro problema: Face a tal situação liberalizadora, não serão as mulheres ainda mais *pressionadas* para a prática do aborto – pelo namorado ou "companheiro" que não se quer responsabilizar pela criança, por vezes pelos pais da jovem que também não estão dispostos a apoiá-la (ou querem ainda ocultar a "desonra"[15]...), pelo próprio patronato para quem mais uma trabalhadora grávida implica custos? Não ficará a mulher mais vulnerável ainda? Poderemos permanecer tranquilos e pensar que resolvemos os gravíssimos problemas envolvidas nesta situação, se pura e simplesmente concedermos à mulher grávida o *direito de abortar*, sem a termos consciencializado, sem termos tentado apoiá-la, deixando-a, agora, a sós com o seu "nada"?

---

[14] *Cf.* a Portaria 189/98 de 21/3 art. 5.º. Porém, entre custear o aborto ou investir na prevenção do aborto, informando e também apoiando as famílias mais carenciadas, parece-nos que a opção deveria ser neste segundo sentido...

[15] Apesar da mudança de mentalidades operada nos últimos decénios, ainda há alguns casos em que são os pais da jovem grávida a incentivá-la ao aborto, por vezes, por motivos deste tipo (para além de outros – *v.g.,* não prejudicar a carreira da jovem, não a sobrecarregar com a responsabilidade da maternidade).

VULNERABILIDADE
NO FIM DA VIDA HUMANA

MORRER EM PEDIATRIA

FILIPE ALMEIDA
*Professor Auxiliar de Pediatria da Faculdade
de Medicina da Universidade do Porto, Assistente Hospitalar
Graduado de Pediatria do Hospital de S. João do Porto*

O meu muito obrigado à Comissão Organizadora deste curso intensivo "Mudar a Face da Morte", pelo convite que me dirigiu para nele participar, abordando o tema "Cuidados Paliativos Pediátricos".

Um obrigado muito sincero, creiam, não só pelo convite em si mesmo que naturalmente me honra, mas sobretudo porque com ele me permitiram saber encontrar tempo para parar o frenesim de um quotidiano profissional destemperado, ouvir o silêncio que, no nosso interior, pacientemente e em todo o tempo, aguarda a oportunidade de ser escutado, e pensar um pouco sobre alguma coisa que valha a pena.

Sou médico e dedico não poucas horas da minha vida profissional aos cuidados intensivos pediátricos. Esta sub-especialidade pediátrica foi o corolário lógico de um percurso profissional muito marcado por uma cultura de "sucesso" que o curso de medicina, nos anos 70 (e, porventura, hoje, ainda!), inculcava aos seus alunos. Um sucesso de rosto humano, acredito, sempre perspectivado na procura do bem para os doentes, seguramente, mas um sucesso claramente pautado, obcecado talvez pela imperiosidade de vencer a doença. E os cuidados intensivos foram, neste último quartel do século XX, a expressão mais objectiva de uma medicina verdadeiramente vitoriosa. Uma reanimação poderosa, um apoio farmacológico de grande eficácia, um suporte ventilatório surpreendente, uma impressionante capacidade de monitorização, permitiram aos médicos um indiscutível poder sobre a doença, diminuindo de forma gritante as taxas de mortalidade e de morbilidade. Admitimos hoje, já, a possibilidade de reani-mar e suportar a vida de recém-nascidos com idade gestacional abaixo das 25 semanas e peso ao nascer inferior a 500g! Muitos doentes, portadores de doenças degenerativas, de erros metabólicos ou outros de cariz genético, outrora impossibilitados de viver por mecanismos de selecção natural, como tantos vítimas de graves acidentes sobrevivem hoje mercê de uma incontornável capacidade terapêutica dos cuidados intensivos. Mas, é verdade, muitos destes à custa de um preço bem elevado: graves limitações orgânicas, funcionais, neurológicas. Doentes que, tendo sobrevivido ao episódio agudo, estão agora privados da sua autonomia física, intelectual, neurológica, afectiva, etc. Doentes vivos mas com um prognóstico fatal, a maior ou menor distância. Doentes vivos, mas com uma morte anunciada a prazo mais ou menos dilatado!

Toda esta capacidade terapêutica, todo este sucesso tecnológico convidam-nos facilmente ao estudo aprofundado de quanto é inerente à vida vivível. Abundam, portanto, os congressos, os projectos de investigação, os tratados científicos. Mas, neste ambiente, que procura obstinadamente a vitória, se possível até a vitória mediática (ou mediatizável), a morte ou as pesadas e limitadoras sequelas são, fácil e naturalmente, olhadas como a derrota deste sucesso. A derrota sobre a qual não vale a pena debruçarmo-nos, sobre a qual basta falar só quando é indispensável e, portanto não merecedora de muitos congressos, de grande investigação, de muitos escritos. Ela, a morte ou as grandes sequelas, é a vida não vivível. Ela é, tantas vezes, a nossa vergonha científica e profissional.

E se esta é a leitura, ainda assim "aceitável", para a morte do homem no termo do seu trajecto vital, quando referimos a morte ao ser humano no seu início de vida, quando recém-nascido, criança ou até adolescente, tudo isto se agiganta em dificuldades, e determina uma recusa absoluta à sua aceitação. Recusa de um modo geral pela sociedade, mas recusa também concretizada num *curriculum* universitário médico que não aborda, ainda, frontalmente esta realidade, a não ser em tempo reduzido, eventualmente dedicado por algum docente mais sensibilizado para a importância desta temática...

E é exactamente para reflectir sobre a nossa presença, enquanto profissionais de saúde, junto dos doentes pediátricos durante este tempo de viver, durante este tempo que os aproxima da sua morte, que, em jeito de contra-corrente, diria, me pedem a intervenção sobre "cuidados paliativos em pediatria".

Morrer em pediatria, morrer no tempo de ser criança, coloca-me a inquietante interrogação: porquê o tempo de acabar surge exactamente no tempo de começar, porquê o tempo de morrer é ainda o tempo de nascer?

Conceito estranho, este, que me propõe começar a Sinfonia pela Coda, pelo trecho final, pelo seu epílogo; que me torna clara a possibilidade de a Vida, com toda a sua densidade, se reduzir cronologicamente a algo de muito fugaz; conceito que me faz perceber a Vida, talvez, como não mais que o prefácio da grande realidade humana que é a morte, esta sim apresentada como o primeiro momento solene de uma realidade definitiva.

É, verdadeiramente, parafrasear Joseph Autran na sua poética interrogação: "O que é a nossa vida senão uma série de prelúdios a este canto estranho de que a morte entoa o primeiro e solene canto?"

À morte são referidos três conceitos:

- Irreversibilidade (permite-me ver a morte como algo de permanente)
- Não funcionalidade (significa que todas as funções que definem a vida cessam com a morte)
- Universalidade (recorda-me que tudo quanto vive morrerá – até as crianças!)

Uma inevitabilidade!
Uma banalidade!

[Se nascer e viver é um privilégio de **apenas alguns** biliões de seres humanos, morrer é a certeza de **todos** quantos vivem, a certeza para a totalidade, um determinismo portanto!]

"Este corpo prometido à morte" – numa citação de Florbela Espanca – faz desta realidade uma efectiva banalidade.

Se morrer é, então, uma banalidade biológica, não me parece importante falar da morte da criança. Ela é também uma banalidade biológica. Porque vive, morrerá!

Centrar-me-ei, sim, no tempo de morrer, quando este tempo faz parte do tempo de ser criança.

Deter-me-ei no tempo em que à vulnerabilidade que especificamente caracteriza o fim da vida humana, se soma a vulnerabilidade que especificamente caracteriza o tempo de ser criança.

Com efeito, é o tempo de morrer e não a morte que carreia alguma especificidade pediátrica.

E este tempo pede para ser analisado, sumariamente, em três vertentes: a da criança, a dos pais e a dos profissionais de saúde.

I – DA CRIANÇA:

Abaixo dos 5 anos de idade, a criança não tem a consciência da finitude. Morre-se apenas. Tão-pouco tem consciência da sua autonomia, como não entende o sentido do benefício comum. Nesta idade, o bom é o que dá prazer. É só acima dos 5 anos que se desenvolve a sua capacidade de decisão, com avaliação das respectivas consequências. O bom é, já, cumprir com o dever, e o conceito de finitude torna-se agora presente. Nesta idade, a criança introduz no seu discurso a palavra morte; confronta-se com a experiência do fim, e interroga-se quando o pai ou o amigo morre. E intui este conceito de forma muito curiosa, quantas vezes com mais clareza e frontalidade que os próprios adultos.

Lembro-me da Rosário, com 5 anos de idade, a quem tinha sido diagnosticado um cancro, cuja metastização lhe provocou uma cegueira bilateral.

Consultei-a, naquela manhã de Verão, e tive grande preocupação em realizar todas as minhas tarefas médicas com o máximo de cuidado: protocolo antineoplástico adequado, posologia rigorosa, analgesia eficaz, soros e alimentação com prescrição irrepreensível.

Ao retirar-me, a Rosário agarrou-me a mão, que não largava sempre que eu ensaiava "sair".

A sua insistência fez-me entender que deveria "não ameaçar" sair. Sentei-me. Sentei-me junto de si, dando mostra de que não me retiraria, e a Rosário não mais prendeu a minha mão. Repousou, agora, a sua sobre a minha, numa doce mensagem de segurança e de conforto. No absoluto silêncio. Alguns minutos depois retirou-a, indicando-me, assim, "podes ir".

E fui. Fui para casa. Perturbado. Maximamente perturbado. Nessa noite, li I. Wallace e M. Torga. Ouvi, nessa madrugada, G. Fauré, W. Mozart.

Voltei, no dia seguinte, disposto a um "encontro" diferente: iria ser, hoje, tecnicamente perfeito ainda, mas humanamente melhorado. Dirigi-me ao quarto da Rosário. "Bom-dia", disse.

Não houve resposta. A Rosário tinha morrido. Ela, que havia perscrutado o seu tempo de morrer...

Urge, então, desmitificar os nossos medos reais, indevidamente transportados para a "incapacidade" da criança.

II – DOS PAIS:

A morte de um filho é, sempre, o maior dos absurdos.

O nosso filho nasce sempre para viver; não nasce para morrer, nunca, mas para me continuar. O meu filho é a minha "imortalidade". Permitam-me que afirme: os pais retiram à vida o direito de se apagar na pessoa dos filhos. A morte de um filho é, portanto, o absurdo dos absurdos!

Estranha forma de vida, esta, que no meu "eu" feito "distância e projecto", agora se finda!

Estranha forma de vida, esta, que, neste tempo, não me deixa distinguir do Ser que de mim se distinguiu!

São este pai e esta mãe, caros amigos, que, nesta tecitura se acabam enquanto "ser relacional" do filho que agora se consome, são este pai e esta mãe que hoje me desafiam, profissional de saúde, para uma atenção desmesurada de humanidade.

Perante o anúncio da morte dos filhos, os pais fixam-se maximamente na "NEGAÇÃO" (E. Kubler-Ross). Não! Não! Não! Não pode ser! E, logo, a REVOLTA, a NEGOCIAÇÃO, a DEPRESSÃO (reactiva ou preparatória) assumem tremenda intensidade.

Mas, tão curiosamente, na mesma medida, no mesmo plano de intensidade, a ACEITAÇÃO deste tempo de morrer é, vai ser, não poucas vezes, a expressão máxima de um surpreendente Encontro com a Vida, na sua plenitude, capaz de assumir cabalmente este tempo de morrer,

como tempo de <u>finalidade</u> mas também de <u>totalidade</u>

como um tempo de comunhão do dia de ontem, com o dia de hoje e com o dia de amanhã

como um tempo que fará desmoronar a estanquicidade do compartimento biológico da Vida.

"Rebento no interior da morte como o grão de trigo" é a expressão doce com que Daniel Faria vê na morte a Primavera da Vida. E é esta leitura florescente da morte que me faz entender a aceitação da doação de órgãos pela maior parte dos pais, cujos filhos acabam de morrer.

III – DOS PROFISSIONAIS DE SAÚDE:

Impreparados curricularmente para acompanhar os meninos que avançam rapidamente para a sua morte, como aos seus pais, os profissionais de saúde devem assumir como responsabilidade pessoal a sua preparação para esta tão nobre tarefa.

E a primeira noção que se lhes pede é a consciência de que os Cuidados Paliativos não são uma valência de derrota, não são uma valência destinada a apoiar aqueles a quem a medicina já nada tem para oferecer.

Com os Cuidados Paliativos, os profissionais de saúde concretizam a mais nobre das suas missões: estar, estar com, tornar-se presente, assim disponível para. Nos cuidados paliativos concretiza-se, porque se entende claramente, a capital importância da Presença, da Presença da Pessoa do profissional de saúde junto do doente.

O doente de cuidados paliativos, sabemo-lo bem, não é o velho, é a pessoa que tem uma doença grave, incurável, evolutiva e em avançado estado de evolução! O que é radicalmente distinto do doente que não tem solução. A criança necessitada de cuidados paliativos é a que não tem solução terapêutica curativa da sua patologia fatal. Mas a criança a quem os cuidados paliativos se dirigem tem uma fortíssima necessidade de uma terapêutica vigorosa, tão intensiva como intensivas são as técnicas indispensáveis aos doentes agudos dos cuidados intensivos. Apenas o sentido desta intensidade terapêutica é outro: ele visa o mais completo bem-estar do doente, o conforto, um eficaz tratamento da dor, um enérgico acompanhamento pessoal e personalizado, não computadorizado portanto, uma atenção desmesurada ao seu sofrimento; ele visa tornar real um relacionamento verdadeiramente humano que faça privilegiar a minha presença em detrimento da técnica que, sendo indispensável, ficará seguramente num patamar de segunda ordem. Faz d'"ele" (doente) uma prioridade relativamente ao "eu". Reclama para a humanização dos cuidados o sentido mais forte do meu mister.

É este sentido da intensidade terapêutica exigível em cuidados paliativos pediátricos que nos remete facilmente a Carol Gilligan e ao seu "modelo do cuidado", a Pellegrino e Thomasma e ao seu "modelo da virtude", e à Declaração de Barcelona.

Para Gilligan, o valor do "cuidar" apela mais facilmente aos valores dos doentes, eivando a relação <u>profissional de saúde-doente</u> de uma intencionalidade personalista que desaguará, certamente, numa superação efectiva de um redutor tecnicismo.

Para Pellegrino e Thomasma, ser "virtuoso" coloca-me na esteira de uma permanente procura individual de fazer o bem, centrando claramente a relação ética nos seus agentes, pedindo não só ao profissional de saúde que seja bom (um bom médico, um bom enfermeiro!), como solicitando ao doente que seja igualmente bom (um bom doente!).

Para a Declaração de Barcelona, o respeito pela dignidade do ser humano é mais exigente que o devido à sua autonomia. Este respeito refere-se não só ao valor intrínseco de cada indivíduo como ao valor intersubjectivo de cada ser humano no seu encontro com o outro. E alerta-nos para a imprescindível atenção à vulnerabilidade. Reclamando particular protecção para os mais vulneráveis (sendo os moribundos vulneráveis e as crianças vulneráveis, as crianças moribundas serão duplamente vulneráveis!), reclamando particular protecção para os mais vulneráveis, dizia, esta Declaração torna claro não pretender procurar a perfeição nem a imortalidade de vida, antes reconhecer a finitude e o sofrimento como inerentes ao ser humano.

Não vejo modelos mais oportunos para a reflexão ética suscitada pela temática que aqui nos detém.

Atrevo-me a ver no "principismo" de Beauchamp e Childress uma grande insuficiência face à exigência reflexiva reclamada à bioética para esta temática.

Como ouso considerar o modelo "libertário" de Engelhardt de absoluta inadequação à "vida ética" que fervilha nestas unidades.

Porque "Cuidar" é exactamente a tónica central nesta intenção paliativa.

Mas, em Pediatria, este "cuidar" tem de atender igualmente os pais dos meninos doentes.

Porque o tempo de morrer do meu filho, não sendo **o meu** tempo de morrer, é, com certeza, **meu** tempo de morrer" também. É a extensão do "meu tempo de viver" que agora se acaba!

Nesta perspectiva, acompanhar os pais dos meninos no seu tempo de morrer acarreta alguma especificidade que não pode ser ignorada.

Curiosamente, hoje ninguém põe em causa a necessidade dos Serviços de Pediatria no tecido hospitalar. Mas não está a ser fácil considerar os cuidados paliativos pediátricos como algo de específico que pede a criação de unidades paliativas pediátricas capazes de satisfazer a especificidade das necessidades das crianças que vivem agora o seu tempo de morrer. E os exemplos destas dificuldades sobejam!

E não me parece difícil justificar a existência destas unidades:

Em que condições hospitalares (refiro-me claramente às instalações disponíveis!) podemos conversar com estes meninos assim doentes?

Podemos integrar facilmente uma criança em ambiente de paliativos geriátrico?

E em que condições podemos abordar os pais sobre o percurso previsível para a vida do filho?

Em que condições podemos ajudá-los a crescer para enfrentar a morte previsível dos seus filhos?

E que profissionais estamos já a preparar para integrar equipas (e que equipas?) capazes de dar as respostas devidas a estes meninos e seus pais?

Como poderemos ajudar estes pais a descobrir, nestes tempos de tamanha dor, qual é o verdadeiro bem **do filho**, mesmo, o verdadeiro bem **para o filho**?

Onde vamos fazer com que os pais possam abrir-se à espiritualidade da sua vivência, neste tempo singular em que esta dimensão é tão desesperadamente procurada?

Sabemos bem que o exercício da autonomia das crianças, sendo seu o direito, compete aos pais. Mas este exercício é de natureza fiduciária, isto é, é, na sua natureza ética, exercido em nome do bem do filho, não em razão do bem de quem pode decidir. E que condições podemos oferecer a estes pais para os ajudar a crescer nesta exigência cultural e ética?

Estaremos nós, profissionais de saúde, habilitados a dialogar com as crianças e/ou com os seus pais, sobre a morte, sobre a obstinação, a limitação ou sobre a suspensão terapêutica?

E sabemos, já, falar sobre o amor humano, sobre a Vida?

Estaremos nós, profissionais de saúde, capazes, hoje, de escutar a criança no seu corpo silencioso?

Caros amigos:

Só é possível acompanhar devidamente os nossos meninos no seu tempo de morrer quando soubermos acompanhá-los devidamente no seu tempo de viver.

"Nós não sabemos morrer!", lembra-nos o poeta. Mas poderemos e deveremos estar "lá", nesse tempo de morrer. Mas só poderá estar "lá", quem, no tempo de viver, soube igualmente "lá" estar e, assim, "lá" tenha sabido conquistar e garantir espaço para poder habitar condignamente.

E aprendamos a fazer morrer este pudor que em nós se vai exibindo sempre que o cheiro a morte invade os nossos Serviços!

É tempo de afirmar, no remanso deste Encontro único com a Vida, o direito à dignidade que lhe é, também agora devido.

Seja na intensidade de uma terapia farmacológica com que procuramos pôr fim à dor,

seja na intensidade de uma terapia humanizante com que nos aproximamos do sofrimento humano,

seja na determinação terapêutica da limitação ou supressão farmacológica ou tecnológica que visa bem fazer ou não fazer mal

seja na afirmação inequívoca de uma recusa da obstinação terapêutica

seja na disponibilidade ou até na indisponibilidade para uma doação de órgãos

seja no olhar cintilante de um rosto ético

À criança que vive o seu tempo de morrer, como a seus pais, devemos prodigalizar

não atitudes enfadonhas de epidérmico devocionismo

mas posturas de inequívoca novidade, epifania de uma incontornável eticidade

posturas que sejam a roupagem de um encontro de reais e singulares dignidades.

Mudar a face da morte é, então, mudar a minha face para que, quando enxergada pelo menino que morre, possa nele depositar, não um sorriso pálido ou amedrontado, mas uma lágrima viva que reconhece a sua pujança na Vida que nesta morte se espraia!

VIVER E MORRER ENTRE MÁQUINAS.
CUIDADOS PALIATIVOS A RECÉM-NASCIDOS

Maria do Céu Soares Machado
*Professora da Faculdade de Medicina
da Universidade de Lisboa; Alta Comissária para a Saúde*

O nascimento de um filho é um momento único de alegria e exaltação. Os pais passam os últimos meses da gestação a prepararem a vida que vai nascer e a adaptarem-se ao seu novo papel. Por isso, a notícia de que o filho tem um problema grave e a sua vida será de horas ou dias e passada numa unidade com equipamento sofisticado, é um choque que pode ser devastador para uma família.

A morte de um recém-nascido é antinatural, sentida como inexplicavelmente injusta, e muitos destes pais, por serem jovens, nunca viveram a morte de alguém que lhes fosse próximo. A perda é dolorosa e o luto difícil (1,2).

O progresso da tecnologia médica tem resultado num enorme sucesso no prolongamento da esperança de vida em todas as idades e o período perinatal é um exemplo da notável evolução no diagnóstico e tratamento das patologias do feto e do recém-nascido. A ecografia obstétrica permite o diagnóstico precoce em situações como as anomalias congénitas e a cardiotocografia possibilita a intervenção em tempo adequado nas situações de sofrimento fetal intraparto.

A expansão das Unidades de Cuidados Intensivos Neonatais durante os anos 70 foi consequência deste progresso, mas também da exigência de uma sociedade que reclamava mais atenção para as condições de nascimento e cuidados neste grupo etário. A perda de um bebé prematuro por

Jacqueline Kennedy e a não intervenção no caso do Baby Doe, um recém-nascido com síndrome de Down e atrésia do esófago e que não foi operado por decisão dos pais, foram largamente noticiadas pelos *media* (3).

Desenvolveram-se ventiladores e monitores adequados aos recém-nascidos, surge o surfactante artificial que permite tratar a doença de membrana hialina, voltam a utilizar-se os corticóides pré-natais e as aminas. A ecografia transfontanelar permitiu a avaliação de algumas lesões neurológicas e, mais tarde, surge a ventilação de alta frequência e o óxido nítrico. O laser é utilizado com êxito no tratamento da retinopatia da prematuridade.

Com a queda da mortalidade perinatal, obstetras e neonatologistas começam a preocupar-se com as sequelas que resultam da sobrevivência dos recém-nascidos com idade gestacional inferior a 26 semanas. Os procedimentos tornaram-se mais cautelosos, a reanimação mais prudente, a correcção do desiquilíbrio hidroelectrolítico e da hipotensão mais precoce e rigorosa.

A sobrevivência às 24 semanas de gestação é actualmente significativa mas os estudos de seguimento efectuados nestas crianças, como o EPICure, mostraram que a sobrevivência de bebés com idade gestacional inferior a 26 semanas de gestação se acompanha de sequelas neurológicas importantes (4) assim como de alterações cognitivas na idade escolar (5).

Em Portugal, no fim da década de 90, o limiar de viabilidade ou seja a idade gestacional em que 50% dos recém-nascidos pretermo sobrevivem sem sequelas caíu para 26 semanas de gestação sendo os resultados variáveis em idades gestacionais mais baixas (6).

Um estudo recente publicado na revista Lancet (7) sobre a mortalidade infantil abaixo dos 5 anos, em todo o mundo, mostra o peso das mortes neonatais mesmo em continentes como o europeu e o americano, nomeadamente por prematuridade, infecção e asfixia.

A atitude do médico num caso de prematuridade extrema, perante um nado-vivo às 23 ou 24 semanas de gestação, é um dos dilemas éticos mais importantes em medicina neonatal (8). As situações de lesão cerebral grave por patologia perinatal são também eticamente sensíveis pois levantam a questão de não iniciar reanimação ou interromper o suporte de vida. São exemplos a asfixia por patologia do cordão ou outras causas, mais graves em famílias que geneticamente têm menor tolerância à hipoxemia ou os síndromes polimalformativos (SPMF) de diagnóstico ao nascer ou mesmo no período pré-natal mas em que os pais não quiseram intervir.

Não há critérios que distingam claramente um feto de idade gestacional entre as 22 e as 25 semanas que nasce vivo e é capaz de sobreviver, de outro sem essa capacidade. É consensual entre os neonatologistas que, com excepção de situações comprovadamente incompatíveis com a vida, se justificam manobras de reanimação na sala de partos, adiando outras decisões para a Unidade de Cuidados Intensivos (9, 10).

Quando se prestam cuidados de saúde, há um momento em que se percebe que um tratamento agressivo pode eventualmente não trazer qualquer benefício e o prognóstico é previsivelmente negativo. Nesta situação, o suporte de vida apenas adia a morte e a atitude ética mais adequada será a suspensão do tratamento e a proposta de medidas paliativas (10).

A Medicina Paliativa permite ao doente morrer livre do sofrimento evitável, no local da sua escolha e com o apoio psicológico e espiritual da família. Os cuidados paliativos ao recém-nascido permitem prevenir e diminuir o sofrimento da criança que vai morrer e ajudar a família a suportar esse desfecho (10, 11). Segundo o *Institute of Medicine,* a ajuda na morte significa o controlo do sofrimento evitável do doente, de acordo com o desejo do próprio e da família, de forma racionalmente consistente com os valores clínicos, culturais e éticos (12).

Duff e Campbell em 1973 (13) referem já a prática de medidas de conforto no recém-nascido, em situações consideradas então incompatíveis com a vida mas que hoje têm um prognóstico diferente e esse é um dos problemas da decisão. De facto, o prognóstico varia com o progresso da tecnologia e também em parte com a experiência de cada unidade e os resultados obtidos.

A decisão de suspender cuidados compete ao neonatologista que, após avaliação clínica, a deve discutir em contexto multidisciplinar e explicar aos pais as limitações dos cuidados médicos (8).

Os critérios de decisão devem incluir todos os factos relevantes, considerar as opiniões de todos os envolvidos e não devem ser baseados em interesses particulares nem inspirados apenas em emoções, o que significa que se devem respeitar os princípios de omnisciência, omnipercepção, desinteresse e impassibilidade. Devem ainda ser consistentes, pelo que situações semelhantes obrigam a decisões iguais e sempre baseadas no melhor interesse da criança (3).

Habitualmente há concordância entre os pais e a equipa médica mas nos casos em que as opiniões diferem, a decisão não é fácil. O princípio ético "no melhor interesse da criança" é vago e pode ser justificação para atitudes opostas. Os interesses da sociedade que incluem a limitação dos gastos médicos, da família que considerou os interesses dos outros filhos e de si própria, nem sempre são coincidentes com os da criança (14).

A ajuda externa é de pouca utilidade embora haja actualmente a tendência para que as disputas sejam resolvidas pelas Comissões de Ética ou pelos tribunais. As Comissões de Ética têm necessariamente um papel muito reduzido neste cenário porque raramente integram elementos da área materno-infantil, além do que não dão resposta com a celeridade necessária nestes casos. Quanto aos tribunais, encontram-se na literatura vários exemplos tornados públicos como o caso Miller, de um prematuro de 23 semanas, em que foi pedido ao tribunal que fosse árbitro entre os pais que recusavam cuidados e os médicos que achavam que os deviam prestar.

O tribunal aceita que os médicos tomem decisões que obrigam a intervenção urgente na sala de partos, mas consideram que o consentimento dos pais passa a ser necessário para as decisões seguintes. O conhecimento dos juízes, mesmo apoiado em pareceres técnicos, não parece suficientemente profundo para decidir (15, 16).

Tomada a decisão de prestar cuidados paliativos, é importante definir bem em que consistem e qual o envolvimento dos pais.

Em Neonatologia, os cuidados paliativos são medidas de conforto e bem-estar que incluem aquecimento, hidratação e nutrição, controlo da dor e apoio aos pais com uma partilha de cuidados físicos e emocionais entre os profissionais e a família. O primeiros têm o conhecimentos e a aptidão e os segundos, tempo, motivação e habilidade prática para tratar da criança, desde que devidamente orientados (14). Os conflitos de interesse podem ocorrer pelo que o apoio à família deve ser visto como objectivo intrínseco dos cuidados paliativos.

Sempre que possível o bebé e a família devem ficar num quarto individual e os cuidados médicos e de enfermagem mantidos de forma contínua e presente. As visitas são permitidas sem restrição quanto a horário ou número.

O bebé é colocado em berço aquecido, posicionado de modo confortável, vestido e tapado com lençol e cobertor. A utilizacão de incubadora deve ser evitada pois é um factor de distanciamento dos pais e dificulta o cuidar do filho.

A hidratação e nutrição são consideradas como cuidados básicos no RN de termo e pretermo. Devem ser asseguradas por tetina ou sonda orogástrica. Não se consideram apropriados procedimentos invasivos para conseguir acessos venosos que podem determinar o prolongamento inútil da vida (11).

O controlo da dor é fundamental. É aceite a utilização de fentanil ou morfina endovenosa, intramuscular ou subcutânea assim como de midazolan, lorazepam ou fenobarbital. O acetaminofeno rectal ou per os é menos eficaz mas pode ser também útil (8, 10).

A sedação deve ser criteriosa e em doses adequadas. A eutanásia activa nao é permitida na maioria dos países, porque é uma atitude de intervenção irreversível que, para alguns, é interpretada como permissão de matar.

A utilizacão de O_2 por óculos nasais pode ter algum benefício no bem-estar do doente, diminuindo a sensação de falta de ar.

Deve constar no processo do doente a ordem de *Não Reanimar* que Anita Catlin propõe substituir por *Permitida Morte Natural*, argumentando que *"We do not kill; we allow natural death"* (9).

Atitudes como *Não Reanimar* ou *Não Ventilar* são mais fáceis de aceitar, após a tomada de decisão. Mais difícil é não fazer análises quando há suspeita de infecção, não prescrever antibióticos ou não tratar uma anemia. Os procedimentos que evitem a sensação de fome, sede, dor ou dificuldade respiratória devem ser considerados. Um exemplo é a polipneia de um grande prematuro com hemoglobina baixa e que pode melhorar com transfusão de sangue.

Os neonatologistas, embora tenham habitualmente alguma formação ética, podem manifestar relutância em escrever a ordem ou em comunicar com a familia e com a restante equipa de saúde (8) por terem dificuldade em lidar com a morte de uma criança ou porque estas decisões podem pôr em causa o seu entendimento ético ou filosófico sobre o valor da vida humana. Ou, ainda, por más experiências anteriores, convicção religiosa, por receio de erro no prognóstico ou de processos legais. Foram treinados para tratar e sentem a morte como uma derrota pessoal.

O peso da decisão combinado com a possibilidade de erro no prognóstico é um factor de angústia para a família e para os profissionais.

Instituir um programa de cuidados paliativos requer planeamento, treino e envolvimento de todos os participantes (10). Brian Carter descreve o protocolo de cuidados paliativos do Departamento de Pediatria do Medical College of Georgia (8) cujo objectivo é a orientacão racional e prática da equipa, centrado no apoio à família e no respeito pelo RN e discutido por médicos, enfermeiros, pais, assistentes sociais, psicólogos, administradores, eticista, advogado e capelão.

Em situações como a prematuridade extrema, as anomalias congénitas e a lesão cerebral grave e irreversível são propostas e ordenadas as seguintes atitudes: 1. Avaliação por um médico senior; 2. Discussão multidisciplinar; 3. Reunião com a família; 4. Aquecimento do RN em berço, sem monitor cardiorespiratório; 5. Indicação escrita "não reanimar"; 6. Plano de cuidados paliativos; 7. Encorajadas as visitas da família e a parceria de cuidados. 8. Oferecido apoio psicológico, social e religioso; 9. Aconselhamento quanto à autópsia e doação de órgãos, por um médico especialmente treinado (10)

Estes protocolos facilitam uma orientação geral sem espartilharem a liberdade de acção responsável. Devem ser estabelecidos por cada serviço e sujeitos a revisões frequentes, de acordo com a evolução da Ética Médica e das caracteristicas do próprio serviço (14, 17)

Os pais devem ser envolvidos na decisão mas não responsabilizados. A informação é partilhada sem transferir o poder que tem a equipa da saúde. É bom sublinhar que, actualmente, o período de ligação dos pais ao filho que vai nascer é mais longo, pois começa com a ecografia. Com os novos ecógrafos e imagens cada vez mais reais, os pais estabelecem parecenças, dão-lhe muito cedo um nome e gravam as imagens para o álbum de família. No período neonatal, os pais vivem ainda uma experiência de profundo significado afectivo e físico que constitui o nascimento, pelo que não se encontram nas melhores circunstâncias para o exercício de uma autonomia responsável (17).

A qualidade de vida da criança, a possibilidade de melhoria e a existência de dor e sofrimento são factores que consideram importantes na decisão de suspensão do suporte de vida (18).

A informação aos pais deve ser progressiva, pois a privação da esperança perturba a ligação ao filho. Deve ser feito um reforço positivo, chamando a atenção dos pais para aspectos que favorecem a ligação, como mostrar que tem parecenças com a família – tem o nariz do pai, as mãos da mãe, etc. Pode ser oferecida uma fotografia e uma folha com a impressão do pé ou da mão. Estas atitudes contribuem também para cumprir o luto e para estabelecer um reequilíbrio necessário até para lidar com os outros filhos.

Os pais sentem uma enorme gratidão quando o bebé acalma com a sua voz ou quando pegam ao colo ou dão banho porque lhes dá tempo para criar uma memória. Sentem que foram pais, apesar daquela vida tão breve e da enorme angústia daqueles momentos.

Os pais são informados quanto ao diagnóstico, prognóstico, grau de certeza e terapêutica possível, evolução, cuidados que vão ser prestados e esperança de vida. Mas mesmo quando a informação é completa, há sempre uma esperança de que haja um engano ou mesmo um milagre e o filho melhore. É curioso citar, embora as circunstâncias sejam diferentes, um estudo efectuado por Wolfe num servico de oncologia, que conclui que os médicos se apercebiam de que a situação era irreversível 206 dias antes da morte mas os pais só 100 dias mais tarde é que tinham essa percepção (19).

Pode ainda ser discutida a possibilidade de tratar em casa o que causa sempre uma grande apreensão em relação ao momento da morte, e condiciona múltiplas visitas ao serviço de urgência. Encontram-se na literatura experiências quanto à organização de consultas de cuidados paliativos, sendo referidas vantagens como menos reinternamentos em cuidados intensivos e menos reanimações na urgência. Estas consultas permitem a organização dos cuidados em casa, ajuda nas opções terapêuticas e facilitam as medidas de conforto (2, 12, 20).

A família precisa de sentir que não vai ser abandonada, que tem acesso à unidade se tiver necessidade, pelo que lhes deve ser proporcionado o telefone directo.

Recordo que paliativo deriva do termo latino *pallium* que significa uma peça sem função especial como um manto que cobre o vestuário, um capuz que se põe ao doente ou uma mortalha. Pode ser uma peça sem funcão especial mas traduz um gesto de proteccão. A Medicina Paliativa representa esse gesto de conforto, de ajuda, de respeito pela crianca e pelos pais.

É terrível o testemunho dos pais que já experimentaram a vivência de tratar de um filho sem esperança, como conta Marianne Rogoff em *Silvie's life*, a propósito da filha que sofreu asfixia grave ao nascer (21). À revolta de não conseguir compreender por que é que acontecera, junta-se a angústia de cuidar em casa de um bebé com lesão cerebral grave e a certeza dos médicos de que morreria até final do primeiro mês de vida.

A revolta, a ameaça de morte iminente, a inabilidade dos médicos em lidar com os pais, a incompreensão da família são descritas como vividas, com dor e espanto.... *no fim do primeiro dia em casa, não morreu. Ao fim de 1 mês ela não morreu. A família da mãe questiona: ... não é possivel transplante de cérebro? A família do pai propõe: ... ponham-lhe uma almofada em cima da cabeça e saiam de casa.*

... Silvia estava igual todos os dias, o que nos angustiava. Supostamente, os bebés surpreendem-nos, porque cresceram ou adquiriram um novo conhecimento ou estabelecem uma conexão...

... Para conseguir tratar dela, é necessário pensar que a morte está longe. Se não, como investir na situação? Conseguia sobreviver porque acreditava que Silvia percebia o meu amor quando a apertava nos braços...

Sílvia morreu com sete meses, em casa.

BIBLIOGRAFIA

1. FRISCHER L. The death of a baby in the infant special care unit. Pediatr Clin North Am 1998; 45(3): 691-9
2. CRAIG F., GOLDMAN A. Home management of the dying NICU patient. Semin Neonatol 2003; 8(2):177-83
3. COOPER R., KOCH K. Neonatal and pediatric critical care. Crit Care Clin 1996; 12(1): 149-64
4. WOOD N.S., MARLOW N., COSTELOE K., GIBSON A.T., WILKINSOn A.R. Neurologic and development disability after extremely preterm birth. N Engl J Med 2000; 343: 378-84
5. MARLOW N., WOLKE D., BRACEWELL M., SAMARA M. for the EPICure. Neurologic and development disability at six years of age after extremely preterm birth. N Eng J Med 2005; 352(1): 9-19
6. Nascer prematuro em Portugal. Registo nacional do recém-nascido com peso ao nascer inferior a 1500g. Prémio de Medicina Clínica, edições Bial, 2002
7. BRYCE J., BOSCHI-PINTO C., Shibuya K., BLACK R. and the WHO Child Health Epidemiology – reference group. WHO estimates of the causes of death in children. Lancet 2005; 365: 1147-52
8. CARTER B., BHATIA J. Comfort/palliative care guidelines for neonatal practice J Perinatol 2001; 21: 279-83
9. CATLIN A., CARTER B. Creation of a neonatal end-of-life palliative care protocol. J Perinatol 2002; 22: 184-95
10. JONSEN A.R., SIEGLER M., WINSLADE W.J. Clinical ethics: a pratical approach to ethical decisions in clinical medicine. 4th ed, McGraw-Hill Companies Inc, 1998
11. HIMELSTEIN B., HILDEN J., BOLDT A., WEISSMAN D. Pediatric palliative care. N Eng J Med 2004; 350(17): 1752-62

12. PIERUCCI R., KIRBY R., LEUTHNER R. End-of-life care for neonates and infants: the experience and effects of a palliative care consultation service. Pediatrics 2001; 108(3): 653-60
13. DUFF R.S., Campbell A.G.M. Moral and ethical dilemmas in the special-care nursery. N Eng J Med 1973; 289: 890-4
14. RANDALL F., DOWNIE Rs. Palliative care ethics. 2nd edition Oxford University Press Inc, New York, 1999
15. ANNAS J. Extremely preterm birth and parental authority to refuse treatment – the case of Sidney Miller. N Eng J Med 2004; 351(20): 2118-23
16. Editorial. Aiding decision making for baby Charlotte and baby Luke Lancet 2004; 364: 1462
17. OSSWALD W. Um fio de ética. Gráfica de Coimbra, 2ª edição, 2004
18. MEYER E.C. Parental perspectives on end-of-life in the pediatric intensive care unit. Pediatr Crit Care 2002; 30: 226-31
19. WOLFE J. Symptoms and suffering at the end in children with cancer. N Eng J Med 2000; 342 (5): 327-33
20. LEUTHNER S.R., PIERUCCI R. Experience with neonatal palliative care consultation at the Medical College of Wisconsin-Children's Hospital of Wisconsin. J Palliat Med 2001; 4(1): 39-47
21. ROGOFF M. Silvie's life, Zenobia Press, Berkeley California, 1995

COMENTÁRIO AO LIVRO "SILVIE´S LIFE" DE MARIANNE ROGOFF

MARIA DO CÉU SOARES MACHADO
*Professora da Faculdade de Medicina
da Universidade de Lisboa, Alta Comissária para a Saúde*

PREFÁCIO

No dia em que Anita Catlin, que tem dedicado toda a sua vida profissional aos aspectos éticos da prematuridade, me ofereceu "Silvie's life", eu tinha já mais de 20 anos de experiência como neonatologista, na Maternidade Alfredo da Costa e mais tarde no Hospital Fernando Fonseca.

Sendo as duas maiores maternidades portuguesas, muitas crianças vi nascer, com muitos pais falei e muito ouvi contar. A sensação única de uma vida que se salva quando se reanima um recém-nascido com sucesso, a luta pela sobrevivência de um bebé gravemente doente, a morte do filho desejado, experimentada pelos pais quando nasce um bebé com anomalias ou se precipita inesperadamente um parto prematuro ou há sinais de asfixia grave ao nascer.

Já tinha rido com o êxito e chorado quando era inadiável dar aos pais a notícia de que a doença do filho recém-nascido era mortal ou intratável ou causa de lesões cerebrais permanentes. Que o filho que viam na incubadora não ia ver, nem ouvir, nem andar, nem falar, nem ser filho.

Já tinha visto pais desesperados sentindo uma enorme culpa, pais incrédulos com uma enorme esperança em pequenos nadas, pais agressivos com a equipa, pais magoados com a vida.

Li "Silvie'life" de um fôlego, sem parar, atenta à dor que eu sabia existir que é a de uma mãe que perde um filho.

Li o que era uma gravidez desejada, a expectativa de um bebé saudável, o desespero de ter um filho doente e não perceber porquê, a desilusão na medicina.

Ao longo da minha vida profissional já tinha visto muitos pais perdidos, de olhar alucinado, pairando acima das máquinas, sem conseguir perceber o que lhes estava a ser explicado e já tinha também ouvido muitas vezes o testemunho de médicos e enfermeiros – já falei, não percebem; falamos em paralisia cerebral, perguntam quando tem alta; dizemos que não tem reflexo que lhe permita chupar o biberão, apenas lhes interessa saber o aumento de peso.

Ensinei aos mais novos como dar uma notícia má, como dizer a quem vive o momento de ser pai ou mãe que não vai ser pai nem mãe, da forma que tinha aprendido com os que foram meus mestres.

Li "Silvie'life" e percebi que havia muito mais. Que a dor e o sofrimento tinham uma dimensão muito maior do que a que eu lhe tinha dado. Percebi o desespero, o não conseguir saber o nome dos médicos porque se está num mundo irreal, o não se conseguir viver porque não há esperança, o que é cuidar de uma filha durante sete meses, dia a dia, todos os dias, sabendo que aquele dia pode ser o último.

Percebi o que pode ser a força e o apoio da família mesmo em contradição, o que é tentar dar a um filho uma vida aparentemente normal enquanto há vida, o que é a ética que tanto discutimos como seres superiores, o que é insistir com os pais que concordem que o bebé seja reanimado durante o reinternamento, quando anteriormente se obrigou a família a aceitar a morte e a levar o bebé para casa.

E, finalmente, percebi o que é ser mãe e pai de modo absoluto, que é muito mais do que gostar, do que sentir a alegria do filho que nos olha e sente o nosso apoio e segurança, do que sentir que o êxito do nosso filho nos compensa do amor que lhe demos. Ser pai e mãe é a dádiva mais generosa porque tem um sentido único, é amar sem pedir nada em troca.

COMENTÁRIO AO LIVRO "SILVIE´S LIFE" DE MARIANNE ROGOFF (2)

TERESA MORAIS BOTELHO
Psicóloga, Instituto Superior de Psicologia Aplicada

Nas últimas décadas o nascimento de bebés em risco de vida e a sua permanência em unidades de cuidados intensivos neonatais despoletou uma verdadeira avalanche de estudos relativos ao desenvolvimento do apego, expectativas maternas e paternas, comportamentos parentais entre outras áreas relacionadas. Não menosprezando o enorme contributo destes estudos, o depoimento de Marianne Rogoff leva-nos para além dos dados empíricos, modelos explicativos ou postulados teóricos. Marianne Rogoff leva-nos ao mundo dos afectos. Tal como guiou a breve caminhada da sua filha por este mundo, assim nos guia, a nós leitores, aos momentos mais profundos do sentir de pais que se confrontam com a expectativa de morte de um filho recém-nascido.

Um dos muitos momentos esclarecedores deste testemunho assume particular relevo para os técnicos que trabalham com pais de recém-nascidos em risco de vida. A prestação de informação por parte da equipa não funciona necessariamente como um momento apaziguador ou reparador das angústias parentais. Muito mais difícil do que se dar um diagnóstico, um prognóstico, enfim, um nome, muito mais difícil do que descrever a patologia, a sintomatologia ou quadro clínico, é a disponibilidade da equipa para não se escudar e, por vezes, esconder por de trás dos assépticos termos clínicos. Antes sim, construir uma relação com os pais, uma aliança terapêutica, em que não se é detentor de todas respostas mas se está disponível para, em conjunto com eles, poder procurá-las, poder construí-las.

Na caminhada que fazemos com esta mãe percebemos como um recém-nascido numa unidade de cuidados intensivos corre, não só risco de vida como também, o risco da perda do seu estatuto – o estatuto de bebé – transformando-se num quadro de dados bio-médico-tecnológicos, numa estatística de saúde pública ou num conjunto de resultados aquém e além dos dados normativos.

Através do olhar da autora somos também levados a espreitar a relação de casal. Uma dinâmica conjugal que não se cinge à vivência parental e que procura a cada instante a re-organização da relação do "homem" e da "mulher"; a não cedência à "força centrífuga" que, habitualmente, consome a relação conjugal em casais com filhos nascidos diferentes – ao invés, neste testemunho, assiste-se ao reforço e manutenção da relação fundadora que potenciou o nascimento da pequena Sylvie e, consequentemente, fez deles uma família. Ao contrário do bebé que nasceu, esta relação de casal não caminha em cada passar de dia para a morte mas sim para a vida.

Nas páginas deste depoimento aprendemos também que o amor parental é um imenso espaço aberto à convivência com todo tipo de afectos e emoções: os medos, a ambivalência, os pensamentos agressivos, a angústia, as dúvidas, sem que estes ponham em causa a veracidade da relação parental.

Com Marianne Rogoff sentimos, choramos, vivemos a relação com um bebé que, de início, ao contrário de ser uma esperança de vida, é uma esperança de morte. Porém, no percorrer das páginas, entramos no domínio de uma maternidade majestosa que procura com todos os seus sentidos dar sentido àquilo que é ser mãe de um bebé que, aparentemente, "nasceu apenas para morrer". Sentimos a importância da vinculação como motor da construção do significado da relação materna, independentemente do quão esta relação se distancie de outras mais convencionais. De uma forma absolutamente simples, somos levados a constatar que para se poder despedir de um filho recém-nascido que vai morrer (para que posteriormente seja possível fazer um luto bem sucedido) tem que se viver com ele. Viver, conviver, criar relações, partilhar vivências, criar significados, enfim, dar sentido a uma vida.

A vida de Sylvie, é uma vida pequena mas é uma grande vida. Grande em significados, grande em afectos de grandes pais. A vida de Sylvie é uma história de amor(es) mas, antes de mais e acima de tudo, a vida de Sylvie é um hino ao amor parental.

COMENTÁRIO AO LIVRO "SILVIE´S LIFE" DE MARIANNE ROGOFF

FILIPE ALMEIDA
*Professor Auxiliar de Pediatria da Faculdade
de Medicina da Universidade do Porto,
Assistente Hospitalar Graduado do Hospital de S. João*

ESTAR GRÁVIDA É ESTAR DE ESPERANÇAS

Um livro exigente, agradável, simpático e muito útil, este o que Marianne Rogoff nos oferece à leitura.

– Exigente, porque o texto em apreço aborda uma temática de grande tensão humana, especificamente humana: o confronto, não poético ou teórico, mas real, experienciado pelos pais de uma criança – a Silvie, uma recém-nascida, filha potencial de todos nós – que, acabada de nascer, se apronta já para morrer. O confronto de uma esperança sem limites com o desalento de uma desesperança que se nos impõe na contemplação de um "vazio humano".

Exigente, porque instantemente me sabe provocar não com o "suspense" de um filme de acção ou de terror, mas com a autenticidade de um sofrimento afectivo que me compromete, me envolve e me faz interrogar, a todo o tempo desta leitura, sobre o sentido da minha vida e sobre o sentido da minha fecundidade. Como Marianne Rogoff, a autora, como Lee, o pai de Silvie ou como a sua mãe, quantos de nós, protopais de um filho com doença terminal, nos ouvimos a perguntar: afinal, que sentido faz dar continuidade à vida, gerando "Silvies", ou seja filhos para morrer, e morrer já, sem completar o seu (não será porventura o meu?) projecto de existência?

Exigente, porquanto me coloca perante um "escandaloso" horizonte de felicidade. Silvie, surda, cega, muda e incapaz, veio a ser olhada como "uma luz tremenda", *ancoradouro de uma alma antiga que, neste seu corpo inerte procurou um lugar para voltar ao mundo apenas durante pouco tempo, para desta vez morrer em paz.* "Éramos privilegiados, diziam os pais, por partilharmos a viagem desta alma". Estranho conteúdo para um conceito eivado de contornos tão distintos dos assim exibidos!

Exigente e fidedigno porque me apresenta os pais da Silvie não numa postura amorfa, devocionista, tacitamente conformista, mas sentindo nas suas carnes a grande dificuldade em aceitar a infinda provação que lhes foi colocada em mãos. Viram-se estes pais confrontados com o monstro da doença e, depois, com o monstro da vida!

Exigente, pois, na medida em que não me permite banalizar o "olhar" que devo saber lançar sobre a vida, sobre o mundo, sobre a teia das relações humanas.

– Mas, dizia, uma leitura agradável. Agradável, porque me é apresentado num formato de bolso, com um texto escorreito, leve, de frases muito curtas e de leitura fácil. Mas, agradável, ainda, porque me cativa na procura de desvendar, mais que os factos de uma história verosímil, as emoções que, a cada página, nos vão sendo trazidas à colação.

– Disse, ainda, ser um texto simpático. Porquê? Não sei. Talvez por me ter feito simpatizar, muito, com as personagens centrais: <u>Silvie</u>, muito desejada e amada, expressão objectiva da intensidade do filho meu, aí bem expressa a dimensão da sua real vulnerabilidade. A quem me apeteceu, tantas vezes, poder também ter tido a oportunidade de tocar! A <u>mãe</u> que, estranhamente, não se apresenta com um nome (em parte alguma nos é dado a conhecer o seu nome!), mas que está presente a todo o tempo do livro. Ela é a narradora permanente da história relevando-me a natureza de todas as mães. Presença universal, sobretudo quando se está doente. Por isso, a contrário da minha habitual irritação com a anonimização de quem é sujeito de relação, vejo neste nome oculto um rosto levinasiano que, em tal indefinição, cativou em absoluto a minha simpatia. O <u>pai</u>, Lee, que sempre foi actor e nunca espectador, que neste tempo da sua vida não se envergonha de espelhar de forma radiosa a face feminina da sua masculinidade. Personagens que, isoladas num quarto, partilham esta afirmação: "fico feliz em casa com a Silvie, fazendo-lhe companhia" porque "o Amor tinha-me apanhado". Que fácil é simpatizar com estas personagens!!!

– Finalmente, um texto útil. Muito útil, permitam-mo. Pela sua actualidade. Versando matéria tão velha como o próprio homem, já que o acompanha desde a sua existência, o livro não se coíbe de trazer à liça, no nosso tempo, uma temática que se teima em mitificar, arredando-a das nossas conversas sociais e, mesmo, tantas vezes científicas. E só será possível ressocializarmos efectivamente a morte e a problemática afim se nos dispusermos a partilhar as nossas experiências, medos, angústias, tensões. E este livro é uma real partilha desta vivência única, assim humanamente desnudada ao longo do texto. É nestas pequenas partilhas que saberemos, paulatinamente, reconquistar o direito a estar junto dos moribundos porque só assim saberemos lá estar de forma adequada. E é a ética quem nos recomenda esta aprendizagem em forma de "pré-ocupação". O livro que aqui nos reúne, hoje, é ainda um convite a esta "pré-ocupação" essencial. Mas a utilidade deste trabalho, passando pela actualidade, acarreta também alguma novidade: a coragem de tratar da morte de um recém-nascido ou de uma criança de mui pequena idade, morte que a tantos parece envergonhar e que, por isso mesmo, a tantas crianças torna bem mais "pesado" o seu tempo de morrer. Numa trajectória suave e sem degraus abruptos de transpor, coloca-nos de forma mui clara a importância das unidades de cuidados paliativos, absolutamente indispensáveis para acompanhar crianças e seus pais. Não para serem mais uma intromissão escandalosa, como as de Ellen Hunt, assistente social, da Comissão de Protecção de Menores ou mesmo da Dr.ª Nightingale, mas como suporte de importância indiscutível para quem vive e sobrevive a estas condições.

É um livro útil para um médico que lida no seu dia-a-dia com crianças saudáveis e com crianças gravemente doentes: umas (a maior parte, felizmente) que evoluem para a recuperação da sua saúde, outras que evoluem para a morte a curto ou muito curto prazo. Muito útil porque equaciona muito bem e, bastava isso, descreve com transparência situações de erros comportamentais e relacionais que pervertem e condicionam tanto da vida do doente na sua expressão hospitalar, como a falta de um "ouvido" atento... a primazia de um "objecto de tratamento" sobre um "sujeito de doença" (Karol Wojtyla)... Muito útil porque levanta a tensão parental perante a possibilidade da eutanásia e, mesmo, da distanásia ("no hospital, a Silvie não poderá morrer!")

É, também, um livro útil para um profissional do ensino médico que, no seu quotidiano, tem de saber falar com os seus alunos exactamente sobre questões atinentes ao acompanhamento das crianças que vivem o seu tempo de morrer e ao acompanhamento dos seus pais que vivem, a igual, o tempo de morrer dos seus filhos.

E é, ainda, um livro útil para um pai que, como tantos outros pais normais, embriagado pela vida das filhas que Deus lhe colocou em mãos, quer conscientemente "ignorar" não só a vulnerabilidade das suas vidas como a real circunstância de que no seu tempo de viver está medularmente inscrito o seu tempo de morrer.

Marianne Rogoff percorre o fio da vida, trazendo-nos a morte da avó no tempo de morrer da neta, ocasião de nascimento de um irmão.

É. É assim a vida toda, para a qual nos devemos convidar a olhar bem de frente.

PSICOLOGIA DO ENVELHECIMENTO E VULNERABILIDADE

António M. Fonseca
*Psicólogo (UP). Doutorado em Ciências Biomédicas (ICBAS-UP),
Professor Auxiliar na Universidade Católica Portuguesa*

Esta texto divide-se em três partes. Na primeira parte é apresentado um modelo de compreensão das diferenças no desenvolvimento de cada pessoa e das diferenças de desenvolvimento entre pessoas baseado numa "perspectiva de ciclo de vida" (Fonseca, 2005). Esta perspectiva preconiza que os acontecimentos da vida humana podem ser entendidos segundo diversos níveis existenciais (biológico, psicológico, social, comunitário, cultural, histórico, ecológico, etc.) e através de uma interacção dinâmica, por meio da qual tais níveis influenciam-se de modo recíproco, podendo cada um dos níveis ser um produto da acção dos outros e, ao mesmo tempo, dar-lhes origem. Na segunda parte, analisamos como o esquema triangular de "arquitectura biocultural do ciclo de vida" proposto por Baltes & Smith (2004) permite compreender as variações que o desenvolvimento humano apresenta, salientando sobretudo o facto de que ao avanço da idade corresponde uma tendência crescente de vulnerabilidade e limitação. Isto significa, no fundo, que devemos ter a consciência de que o desenvolvimento comporta um carácter finito, não propriamente em termos de um "fim previsível" (o aumento da longevidade do ser humano mostra que o desenvolvimento não cessa nesta ou naquela idade pré-determinada), mas provavelmente em termos de uma acentuada diminuição do potencial de desenvolvimento e consequente aumento de vulnerabilidade, devida a factores simultaneamente biológicos e evolutivos. Na terceira parte, concretizamos os modelos teóricos antes apresentados lançando o nosso olhar sobre alguns aspectos específicos da vulnerabilidade do indivíduo idoso, discutindo os principais factores de vulnerabilidade e ilustrando essa discussão com a apresentação de dados empíricos relativos a investigações realizadas em Portugal nos últimos anos neste domínio.

1. Um modelo de compreensão do desenvolvimento intra-individual e inter-individual: a psicologia do ciclo de vida

Na linha de Paul Baltes e seguidores (ver por exemplo, mais recentemente, Baltes & Smith, 2004; Baltes, Lindenberger & Staudinger, 2006), o que hoje classificamos como *psicologia desenvolvimental do ciclo de vida* cristalizou-se em torno de um conjunto de critérios acerca da natureza do desenvolvimento humano, havendo dois que merecem aqui uma atenção especial:

- a existência de uma "integração" dos fenómenos centrais da vida humana, susceptíveis de serem analisados em múltiplos níveis (do biológico e psicológico ao organizacional e histórico),
- a existência de uma "interacção dinâmica" entre as variáveis e os processos inerentes a cada um dos níveis, podendo qualquer um ou todos eles contribuírem para o desenvolvimento humano.

Com a noção de *integração* pretende-se afirmar que os acontecimentos da vida humana podem ser entendidos segundo diversos níveis existenciais (biológico, psicológico, social, comunitário, cultural, histórico, ecológico, etc.). Com a noção de *interacção dinâmica*, defende-se que tais níveis não funcionam em paralelo, independentes, mas influenciam-se de modo recíproco, podendo cada um dos níveis ser um produto da acção dos outros e, ao mesmo tempo, dar-lhes origem. Tomadas em conjunto, integração e interacção dinâmica fazem abandonar a ideia de que cada nível existencial possa dar-nos por si, isoladamente dos restantes, uma compreensão global do desenvolvimento; na verdade, cada nível influencia e é influenciado pelos restantes.

Podemos apontar três implicações fundamentais desta concepção (Fonseca, 2005):

- a psicologia desenvolvimental do ciclo de vida vê o ser humano como um ser caracterizado por um dado potencial para a plasticidade, enquanto consequência de processos que ocorrem a níveis múltiplos e coexistem uns com os outros, podendo gerar ora possibilidades ora constrangimentos à mudança desenvolvimental;
- dessa plasticidade deriva um determinado potencial para a intervenção, permitindo prevenir, melhorar ou optimizar comportamentos ou percursos desenvolvimentais, agindo quer sobre o indivíduo, quer influenciando o contexto físico e social onde o seu curso de vida se desenrola;
- se o desenvolvimento consiste num processo essencialmente plástico, os indivíduos estão capacitados quer para jogarem uma parte activa no seu desenvolvimento, quer para serem actores potenciais de intervenção sobre esse mesmo desenvolvimento ao longo do ciclo de vida (ou seja, para serem *produtores* do seu próprio desenvolvimento).

Assim entendido, o desenvolvimento humano será o resultado da interacção entre factores biológicos, históricos e culturais, reflectindo-se em cada indivíduo as relações dinâmicas que entre si estes factores estabelecem, bem como a respectiva evolução ao longo do tempo. Ainda para Baltes, Reese & Lipsitt (1980), o desenvolvimento humano deve ser entendido como uma expressão de princípios ontogénicos e históricos (evolutivos), sendo o processo de desenvolvimento individual governado por factores associados a alterações que não são exclusivamente biológicas ou históricas, mas sim de natureza biocultural. O papel dos aspectos sociais na co-determinação do desenvolvimento individual trouxe à linha da frente a consideração de que muitos dos efeitos das mudanças no desenvolvimento devem ser explicados por factores associados à influência dos contextos sociais, e não apenas devido à influência da idade.

Com efeito, especialmente nos anos correspondentes à idade adulta e à velhice, o contexto social (modelado por condições culturais e instituições sociais) fornece um impulso para o conteúdo e para a direcção da mudança desenvolvimental tão ou mais importante do que as transformações biológicas que ocorrem no organismo humano. Com efeito, idade adulta e velhice constituem um período da vida humana – bastante extenso, aliás – em que o contexto sociocultural e os acontecimentos que nele se desenrolam potenciam a plasticidade do funcionamento psicológico, baseando justamente essa convicção no papel que a interacção organismo-ambiente desempenha à luz dos princípios defendidos pela abordagem do ciclo de vida.

Desde há cerca de vinte anos que Baltes (1987) afirma a natureza do desenvolvimento humano, ligando-a a três aspectos:

- o desenvolvimento compõe-se de mudanças intra- e inter--individuais;
- o desenvolvimento estende-se ao longo de todo o ciclo de vida, podendo envolver processos de mudança também em períodos tardios da vida;
- nenhum período etário apresenta supremacia na regulação do desenvolvimento.

Tendo em conta que as diferenças inter-individuais podem (e são, geralmente) qualitativamente diversas num ou noutro momento, há razões para crer, segundo Baltes (1987), que existem muitas direcções possíveis de mudança ao longo da vida, ou seja, a mudança pode ser *multidireccional*. Opondo-se francamente a uma compreensão de tipo organicista – em que o desenvolvimento é unidireccional, sequencial, dirigido para estados finais universais e está dependente da maturação biológica dos organismos, cessando quando esta é alcançada e eventualmente declinando a partir dessa altura –, a psicologia desenvolvimental do ciclo de vida encara o desenvolvimento humano como algo susceptível de ocorrer em qualquer altura do ciclo de vida dos indivíduos (mas não necessariamente a todos os indivíduos ao mesmo tempo), sendo caracterizado por múltiplos padrões de mudança (em termos de início, direcção, duração e finalidade).

Um resultado palpável da multidireccionalidade do desenvolvimento traduz-se no reconhecimento de que as que as diferenças inter-individuais tendem a aumentar com a passagem dos anos, acabando os indivíduos por se tornarem cada mais "divergentes" e "diferenciados" uns face aos outros. Outro efeito da multidireccionalidade caracteriza-se pela existência de um considerável pluralismo encontrado nas mudanças que constituem a ontogenia, ou seja, alguns sistemas de comportamento mostram crescimento enquanto outros evidenciam declínio, afectando o funcionamento individual de modo diverso consoante a expressão desse balanço entre crescimento e declínio (Baltes, 1987).

Mas se a mudança pode ser multidireccional, ela é obrigatoriamente *multidimensional*, ou seja, é um processo contínuo que decorre ao longo de toda a vida e abrange diversas dimensões do funcionamento humano, do plano biológico ao cognitivo, do emocional ao interpessoal, do organizacional ao cultural, todos estes planos contribuindo em conjunto para transmitir direcção, força e substância ao desenvolvimento humano (Baltes, 1987).

É a partir dos conceitos de multidireccionalidade e de muldimensionalidade que emergem duas noções centrais sobre a forma como a interacção recíproca organismo-ambiente age sobre o desenvolvimento. Trata-se das noções de "ganhos" ("gains") e de "perdas" ("losses") desenvolvimentais. O que significa falar em ganhos e perdas desenvolvimentais? Num dado ponto do ciclo de vida, teremos de admitir que algumas capacidades funcionais estão a crescer, enquanto outras estão a diminuir. Na verdade, recusando a existência de estádios pré-definidos e universais, a psicologia do ciclo de vida não aponta outro objectivo específico para o desenvolvimento que não seja a procura de uma adaptação bem sucedida entre organismo e ambiente. Para Baltes (1987), essa adaptação tem em conta o facto de o processo de desenvolvimento não ser apenas um movimento de obtenção de maior eficácia funcional ao longo da vida, consistindo antes numa ocorrência conjunta de *ganhos* (que traduzem crescimento) e de *perdas* (que traduzem declínio) na capacidade adaptativa.

A visão do desenvolvimento como uma dinâmica e contínua alternância entre crescimento e declínio corresponde a um esforço de alargamento da imagem (de raiz biológica) que conferia ao desenvolvimento um cariz de crescimento ou progressão até determinado momento da vida, e de declínio ou involução a partir daí, numa sequência universal e inalterável. Mas a relação ganho-perda também não significa que, ao longo da vida, ganhos e perdas na capacidade adaptativa existam em forças iguais. Pelo contrário, à medida que os anos avançam, acentuam-se as perdas face aos ganhos, podendo o indivíduo, no entanto, compensar as perdas decorrentes das limitações do organismo com o recurso à cultura ou através de um "arranjo" do ambiente que lhe permita atenuar ou mesmo tornar insignificantes essas limitações. No fundo, isto significa que por vezes, com o avanço da idade, a melhor forma de obter ganhos será mesmo através da redução das perdas...

Um dos efeitos práticos do estabelecimento de uma não causalidade entre a passagem do tempo e a predominância das perdas sobre os ganhos, será a consideração de que também na velhice é possível haver ganhos. Isto mesmo acabaria por ser consagrado pelo próprio Baltes, nomeadamente, quando fala na "sabedoria" ("wisdom") como um exemplo de ganho específico sob o ponto de vista cognitivo que adquire uma particular expressão com o envelhecimento, um ganho que emerge para compensar perdas em algumas dimensões do funcionamento cognitivo (Baltes & Smith, 1990).

A interacção dinâmica entre ganhos e perdas desenvolvimentais constituiu uma noção que evoluiu significativamente, acabando por se transformar numa modalidade de interpretação geral dos processos adaptativos inerentes ao desenvolvimento humano, com particular incidência na idade adulta e na velhice. Uma operacionalização deste modelo surge em Baltes & Baltes (1990), que configuram e distinguem três mecanismos interactivos – a "selecção" ("selection"), a "optimização" ("optimization") e a "compensação" ("compensation") –, os quais, interligados, formam o modelo de *selecção-optimização-compensação* (abreviadamente, *modelo SOC*). Em breves palavras, a *selecção* é o processo por meio do qual as pessoas idosas, atendendo às inevitáveis perdas e restrições impostas pelo envelhecimento, escolhem e focalizam a sua atenção e os seus recursos em experiências e domínios prioritários de acção, os quais conferem satisfação e um sentido de controlo pessoal. A *optimização* refere-se a uma decisão pessoal de envolvimento em acções e comportamentos que enriquecem e aumentam os recursos pessoais, maximizando a rentabilização dos percursos de vida escolhidos. A *compensação* envolve o uso de recursos exteriores ao indivíduo para o ajudar a atingir os seus objectivos.

Numa frase, a selecção envolve objectivos ou resultados, a optimização envolve a utilização de meios para atingir com sucesso os objectivos desejados, a compensação envolve respostas comportamentais tendo em vista conservar ou recuperar o sucesso adaptativo. De notar que cada um destes processos pode ser activo ou passivo, consciente ou inconsciente, interno ou externo (Baltes, Staudinger & Lindenberger, 1999).

A combinação entre os mecanismos de selecção, optimização e compensação constitui, hoje, um modelo metateórico consolidado de análise do processo adaptativo, capaz de ilustrar convenientemente sob o ponto de vista psicológico como decorre a *orquestração* do funcionamento individual. O modelo SOC preconiza que um processo adaptativo bem sucedido e com efeitos desenvolvimentais positivos consiste na obtenção de um resultado desenvolvimental onde se conjuguem uma maximização de ganhos e uma minimização de perdas, através da conjugação de processos de selecção, optimização e compensação.

Apesar de o modelo SOC poder ser tomado, de forma genérica, como um modelo com possibilidades de aplicação à generalidade das pessoas e passível de ser estendido à totalidade do ciclo de vida, Baltes & Baltes (1990) entendem que é mais facilmente aplicável ao processo de envelhecimento. Estudos (Baltes 1997; Freund & Baltes, 1998) têm demonstrado, efectivamente, que indivíduos idosos que usam de forma intencional e concertada estratégias de "selecção-optimização-compensação" apresentam níveis mais elevados em indicadores subjectivos de "envelhecimento bem sucedido" ("successful aging"). Tendo por referência o modelo SOC, poderíamos dizer que à medida que envelhece e vê as suas capacidades a sofrerem um declínio, a pessoa *selecciona* "objectivos pessoais" (Baltes & Baltes, 1990; Baltes, 1999) nos quais deseja continuar a envolver-se, seja em função das prioridades que entretanto fixou para a sua vida, seja em função das suas capacidades e motivações, seja em função das exigências que o ambiente lhe coloca. Nesses objectivos pessoais seleccionados (por exemplo, praticar um desporto, exercer voluntariado, frequentar uma "universidade sénior"), a pessoa procura *optimizar* as suas capacidades, colocando justamente em acção aquelas que se revelam mais interessantes sob o ponto de vista adaptativo e que lhe permitam manter a congruência entre os seus objectivos, interesses e desejos, e as acções concretas que realiza. Finalmente, sempre que tal se revele necessário, a pessoa procede a *compensações*, de natureza técnica (utilizar um aparelho auditivo) ou de natureza comportamental (procedendo a uma condução mais defensiva e evitando conduzir durante a noite, por exemplo).

2. A "arquitectura biocultural" do ciclo de vida

Para além de reforçar a vertente ligada à mudança de estruturas e funções psicológicas ao longo de todo ciclo de vida, a concepção de desenvolvimento atrás descrita mostra bem como a evolução do psiquismo e do comportamento humano têm de ser vistos como algo claramente dinâmico e não-linear. O envelhecimento, em particular, é tomado nesta definição como um processo biopsicossocial complexo, baseado num desenvolvimento ontogenético e numa organização comportamental de cariz multidimensional e multifuncional, dando-se especial relevo aos factores contextuais e culturais implicados nos mecanismos adaptativos inerentes a esse mesmo envelhecimento. Para Baltes, Staudinger & Lindenberger (1999), o ser humano é simultaneamente produto da biologia e da cultura, sendo a cultura fundamental para compensar e superar as fragilidades e desajustamentos de tipo biológico que se vão acentuando com o avanço da idade. Através da cultura, os indivíduos tendem a adaptar-se mais eficazmente ao meio social envolvente e, como defendem Baltes, Staudinger & Lindenberger (1999), dado que ao longo do ciclo de vida o papel da biologia diminui, o papel da cultura tende a aumentar como variável reguladora do funcionamento psicológico e social do indivíduo (Figura 1).

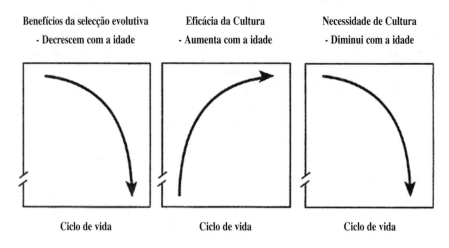

Figura 1
Representação dos princípios orientadores da dinâmica entre biologia e cultura
ao longo do ciclo de vida (adaptado de Baltes, 1997).

Não tendo havido alterações na composição genética do ser humano nos últimos séculos, tem sido justamente o recurso à cultura (nos seus variados aspectos materiais, sociais e tecnológicos) que lhe tem permitido atingir níveis cada vez mais elevados de conhecimento, fazendo da actualização permanente de saberes e da aprendizagem ao longo da vida uma verdadeira "necessidade adaptativa". No decurso da vida humana necessitamos, assim, de recorrer cada vez mais a recursos de natureza cultural para explorar o potencial biológico inerente ao genoma humano; a diminuição do potencial biológico associado à idade exige que a manutenção da eficácia do organismo se faça recorrendo ao papel compensador da cultura, para que essa diminuição seja minimizada ou mesmo não notada. Baltes e colaboradores referem-se à actividade cognitiva como aplicação prática deste argumento, sublinhando a necessidade crescente de treino e mesmo de "suportes" (uso de calculadora, por exemplo) para que, apesar do envelhecimento, a pessoa continue a apresentar um nível de desempenho cognitivo tão semelhante quanto possível ao que mantinha durante a juventude (Baltes, Staudinger & Lindenberger, 1999).

A psicologia desenvolvimental do ciclo de vida alerta, contudo, para o facto de que numa fase muito avançada da vida – que Baltes tem designado pela expressão "4ª idade" (Baltes & Smith, 1999, 2003) –, a eficácia do papel da cultura enquanto mecanismo facilitador da adaptação tende a reduzir-se e a acompanhar a perda de plasticidade adaptativa que já se verificara sob o ponto de vista biológico, levando Baltes, Staudinger & Lindenberger (1999) a afirmarem que a estrutura ontogenética do desenvolvimento individual revela uma espécie de arquitectura inacabada. Para Baltes & Smith (2003), os avanços registados nos últimos anos nos domínios científico e político-social criaram um optimismo em torno da longevidade e da melhoria da qualidade de vida na velhice que, no entanto, parecem não ser extensíveis ao período mais tardio da vida (genericamente, a partir dos 80 anos de vida).

Daqui resulta, para Baltes & Smith (2003), que a "4ª idade" é muito vulnerável, tudo indicando que "a arquitectura do ciclo da vida", ao invés de reflectir a beleza incompleta que se encontra em algumas obras de arte inacabadas pelos seus autores, "reflecte uma frustrante incompletude que se torna particularmente evidente nas suas implicações à medida que se aproxima a velhice mais avançada, isto é, a Quarta Idade" (Baltes & Smith, 2003, p.131). Os argumentos teóricos (Baltes, 1997) e empíricos (Baltes & Mayer, 1999) mais recentes confirmam, efectivamente, que o processo de optimização do desenvolvimento humano na "4ª idade" é francamente mais difícil do que em períodos anteriores da velhice, evidenciando bem as consequências da redução da plasticidade adaptativa.

A este propósito, Baltes (1997) sugerira já que a plasticidade biológica atinge o seu expoente máximo na juventude e início da vida adulta, para depois diminuir no decurso do restante ciclo de vida. Como lida o ser humano com esta perda de eficácia no funcionamento biológico (traduzida em vulnerabilidade crescente) e, sobretudo, de que forma procura compensá-la? Como já anteriormente vimos, o mesmo Baltes (1997) é claro ao defender que, ao longo do ciclo de vida, mais e mais recursos de natureza cultural e tecnológica são necessários para se usufruir do potencial biológico inerente ao genoma humano.

Este esquema triangular da *arquitectura biocultural do ciclo de vida* – diminuição de plasticidade biológica com a idade / aumento de necessidade de cultura com a idade / diminuição de eficácia da cultura com a idade – é, para Baltes & Smith (2003), um quadro conceptual dinâmico que permite compreender as variações que o desenvolvimento humano apresenta, afirmando claramente que ele pode ser incrementado e optimizado, mas não ignorando que ao avanço da idade corresponde também uma tendência crescente de vulnerabilidade e limitação. Isto significará, no fundo, que devemos ter a consciência de que o desenvolvimento comporta um carácter finito, não propriamente em termos de um "fim previsível" (o aumento da longevidade do ser humano mostra que o desenvolvimento não cessa nesta ou naquela idade pré-determinada), mas provavelmente em termos de uma acentuada diminuição do potencial de desenvolvimento (ainda que muito variável de pessoa para pessoa e mesmo, em cada pessoa, de sistema para sistema), devida a factores simultaneamente biológicos e evolutivos, cuja compreensão global constitui um desafio para a ciência psicológica.

3. Alguns aspectos da vulnerabilidade do indivíduo idoso

O envelhecimento manifesta-se quer pelo declínio da integridade funcional de um órgão, tecido ou células particulares, quer de modo inespecífico pela falha de cooperação entre componentes biológicos, quer ainda pelo aumento, com a idade, da associação entre funções que causam instabilidade dinâmica. Segundo Yates (1993), mesmo sem a ocorrência de patologias, a probabilidade de adoecer e de morrer aumenta com a idade cronológica, assentando a maior ou menor vulnerabilidade do indivíduo idoso em factores diversos, uns que necessariamente o tornam mais vulnerável (acumulação de resíduos metabólicos e de radicais livres; exposição a acidentes e a acontecimentos stressantes; doenças e incapacidades várias), outros que podem fazer aumentar ou diminuir essa vulnerabilidade (ambiente físico onde se vive; ambiente social e envolvimento em actividades culturais, religiosas e de aprendizagem; estilo/hábitos de vida quanto a nutrição, exercício, drogas, sono, actividade sexual, lazer e actividades de risco; recursos cognitivos, materiais e ocupacionais disponíveis; atitude face à vida).

3.1. Vulnerabilidade e saúde

Falar de idosos obriga, desde logo, a que se atenda à sua condição de saúde, um dos aspectos chave do seu bem-estar geral. Um dos actuais e mais poderosos paradigmas relativos à saúde – *a saúde comportamental* – coloca o comportamento individual na base de uma cadeia causal de responsabilidades pela saúde/doença de cada pessoa (Paúl e Fonseca, 1999, 2001). Em toda a medicina preventiva contemporânea há, de resto, indicações comportamentais muito claras sobre o efeito que têm sobre a saúde aspectos como o regime alimentar, o exercício físico, ou os comportamentos aditivos. Mesmo na ausência de sintomas de doença, a presença de determinados comportamentos, tidos como de risco, leva a considerar que os indivíduos não são saudáveis, uma vez que a probabilidade de adoecer está aumentada. O paradigma da saúde comportamental torna-se mais relevante com o acumular de experiências consideradas favoráveis ou desfavoráveis para a sua saúde, vividas pelo sujeito que envelhece, o que faz com que seja o próprio comportamento dos sujeitos ao longo da vida a reflectir-se na ocorrência de um envelhecimento normal ou patológico.

Para além dos comportamentos individuais, a dimensão relacional assume igualmente um importante papel na promoção da saúde, designadamente, da saúde mental. Quer Barreto (1988), quer Paúl (2001), sublinham que a existência de relações sociais significativas na velhice é considerada como um factor protector da saúde mental dos indivíduos; se isto é assim durante toda a vida, torna-se algo ainda mais significativo em fases de maior vulnerabilidade, como sucede no envelhecimento. Ao longo da vida, as redes sociais dos indivíduos mudam de acordo com os contextos familiares, de trabalho e de vizinhança, entre outros; acontecimentos como a reforma, a morte dos pares, a mudança de casa, etc., são susceptíveis de alterar profundamente essas redes, desagregando-as e/ou reorganizando--as, em todo o caso modificando-as e, nessa medida, facilitando ou dificultando a manutenção da saúde mental dos idosos. Para os citados autores, a existência destas redes de apoio são uma condição essencial para assegurar a autonomia dos idosos, um auto-conceito positivo e uma maior satisfação de vida, indispensáveis para se alcançar um envelhecimento óptimo.

Na verdade, a pertinência da preocupação com a saúde dos idosos torna-se ainda maior quando pensamos não apenas na necessidade de promover um envelhecimento normal, mas sobretudo em potencializar um envelhecimento óptimo, o qual se fundamenta numa base funcional (Fénandez-Ballesteros, 2000) e é sinónimo de uma velhice saudável, competente e bem sucedida. Esta é genericamente conceptualizada como uma velhice definida por uma baixa probabilidade de doença e de incapacidade, associada a um elevado funcionamento cognitivo e a um compromisso activo com a vida (Rowe & Kahn, 1997).

De facto, se a saúde não é por si só condição de felicidade, a sua ausência provoca sofrimento (físico e psicológico) e quebra no bem-estar, através de interacções complexas – directas e indirectas – com outros factores da qualidade de vida. A doença mobiliza as capacidades de coping dos indivíduos para a recuperação, focaliza toda a sua actividade e recursos nesse problema e pode, secundariamente, fazer com que haja diminuição de poder económico (os gastos com a saúde são habitualmente elevados), perda de autonomia, alteração das actividades diárias e das relações sociais, desconforto generalizado e, por vezes, medo da morte. Todas estas questões, comuns às situações de doença, sucedem com efeito de forma mais provável e agravada no caso dos idosos. Para estes, a saúde surge como uma preocupação prioritária e uma das variáveis determinantes da respectiva satisfação de vida.

3.2. *Vulnerabilidade e bem-estar psicológico*

Recentemente, a relação entre o bem-estar psicológico e diversas "variáveis da vida corrente" foi objecto de uma meta-análise por Pinquart & Sorensen (2000), os quais analisaram 286 estudos versando estes itens e chegaram à conclusão de que o estatuto socio-económico e educacional, as redes sociais, a competência e a saúde são as variáveis que mais impacto exercem sobre o bem-estar psicológico entre as pessoas idosas.

Em Portugal, Novo (2003) procurou "explorar a natureza do bem--estar psicológico no contexto da personalidade em mulheres na idade adulta avançada" (p.576), tendo para o efeito implementado um estudo junto de 69 mulheres idosas, com idades entre os 65 e os 75 anos (pertencentes a coortes nascidas entre os anos 1923 e 1934), residentes na zona da Grande Lisboa e vivendo de forma autónoma, em condições físicas consideradas normais e sem história de perturbação diagnosticada do ponto de vista mental.

Os resultados alcançados nesta investigação permitiram a identificação de dois grupos distintos, um manifestando um "bem-estar picológico global" e outros manifestando um "bem-estar psicológico reduzido". Quanto a este segundo grupo, ele é constituído por mulheres que "revelam níveis inferiores de satisfação consigo próprias e com a sua vida actual, uma avaliação negativa nas diversas áreas do Conceito de Si, sinais de sofrimento emocional e de tensão psicológica e uma vivência insatisfatória das relações interpessoais" (Novo, 2003, p.580-581). Não obstante esta imagem claramente negativa, os dados também evidenciaram a existência de um grupo de mulheres manifestando uma integração pessoal e interpessoal satisfatória, representado nas participantes com um bem-estar psicológico global. "Estas participantes apresentam uma definição e avaliação de si positivas, uma satisfação com a vida presente e com a do passado, capacidades de relacionamento interpessoal positivo e não manifestam sinais significativos de vulnerabilidade psicológica" (Novo, 2003, p.580).

Parecendo evidente, pois, que o envelhecimento não implica necessariamente menor bem-estar psicológico, para Paúl (1992) importa, no entanto, procurar estabelecer uma cadeia de causalidade que explique as variações de bem-estar observadas nos idosos, o que para esta autora só poderá ser alcançado a partir de uma análise que tenha presente a unidade ecológica "pessoa-ambiente", comprendendo o bem-estar psicológico dos idosos em distintos cenários. "O bem-estar dos idosos tem de facto a ver com atitudes, traços de personalidade, estados de humor e mais ainda com o ambiente em que os indivíduos se desenvolveram e vivem, numa combinação única, que é a sua história de vida" (Paúl, 1992, p.65-66).

3.3. *Vulnerabilidade, autonomia e competência*

Partindo de uma perspectiva salutogénica do envelhecimento (Antonovsky, 1987), o critério de sucesso na velhice é, na sua versão mais básica, a autonomia física, psicológica e social dos idosos. Para Antonovsky (1998) e Brooks (1998), a perspectiva salutogénica é útil para nos proporcionar uma concepção de envelhecimento bem sucedido onde saem reforçados quer o papel das variáveis psicossociais, quer o papel de recursos internos (a força do "eu") e externos (o suporte social) como factores de promoção da saúde (física e mental), condição indispensável para um envelhecimento bem sucedido.

Para Brooks (1998), a perspectiva salutogénica permite-nos ainda compreender porque é que ocorrem variações no envelhecimento bem sucedido de pessoa para pessoa, defendendo o autor que o sentido de coerência pode ser visto como a chave para essa compreensão. De acordo com o estudo por si realizado em que procurou estabelecer uma correlação entre o sentido de coerência e três dimensões essenciais do envelhecimento bem sucedido (satisfação de vida, vida social e saúde física), Brooks (1998) concluiu que o sentido de coerência funciona como uma variável psicológica susceptível de explicar variações na qualidade de vida ligada ao envelhecimento, devendo por isso merecer a devida atenção enquanto orientação teórica capaz de predizer o envelhecimento bem sucedido.

Outros estudos recentes têm, entretanto, ajudado a consolidar uma ideia que é central ao próprio conceito de envelhecimento bem sucedido, ou seja, envelhecer não constitui um sinónimo inevitável de deterioração, dependência e perda de qualidade de vida. Na sequência da realização de um estudo longitudinal, de tipo qualitativo, Heikkinen (2000) identificou uma série de importantes factores de vulnerabilidade susceptíveis de colocar em risco um envelhecimento saudável – que ele apelidou de "condições limite" ("boundary conditions") –, como a falta de saúde, a diminuição de capacidades perceptivas, problemas de mobilidade e escassez de relações humanas. Para Heikkinen (2000), então, desde que os indivíduos idosos não tenham problemas sérios no seu quotidiano ou sofram dos referidos factores de vulnerabilidade, nada sugere que experimentem uma velhice estereotipada (nas palavras do autor, "an old age existence"), pelo contrário, tudo aponta no sentido de poderem viver a sua vida como qualquer outra pessoa, mesmo quando a sua idade já ultrapassa os 80 anos.

Em Portugal, baseada nos resultados alcançados através do *Estudo EXCELSA* (Paúl, Fonseca, Cruz & Cerejo, 2001), Paúl (2001, 2005) avança com um modelo de envelhecimento humano em que, apesar da condição de idoso não representar um grupo de risco enquanto tal, é possível prever que um indivíduo mais velho e/ou com um estilo de vida de maior risco sofrerá perdas desenvolvimentais: menor competência, auto-avaliação mais pobre da saúde, rede social menos extensa, condição psicológica mais negativa. "Aparentemente, a saúde e o declínio das capacidades biológicas e mentais, mesmo quando nos referimos ao envelhecimento primário, são as grandes determinantes da condição psicológica e social dos mais velhos e os principais indicadores de um envelhecimento melhor ou pior sucedido" (Paúl, Fonseca, Cruz & Cerejo, 2001, p.425). Ora, sendo o envelhecimento um processo complexo, simultaneamente biológico e social, o ajustamento do ponto de vista psicológico implica sempre uma adaptação em que se poderá equacionar, face a uma crescente vulnerabilidade, o recurso a mecanismos de compensação, nomeadamente, a partir de mudanças ambientais que re-equilibrem a congruência entre o idoso e o ambiente, optimizando o seu desenvolvimento (Paúl, 2001). É neste quadro que o estilo de vida surge como um dado importante e que pode, à semelhança do que sucede em outras fases da vida, desempenhar um papel saliente, contribuindo para atenuar as perdas ou, pelo contrário, reforçando-as (Paúl & Fonseca, 2001).

3.4. *Vulnerabilidade e acontecimentos de vida*

A ligação entre acontecimentos de vida e vulnerabilidade tem sido objecto de sucessivas análises, sugerindo Felner, Farber & Primavera (1983) um conjunto de critérios que deverão ser atendidos ao pretender-se estudar a associação entre acontecimentos de vida e a ocorrência de perturbações de natureza física ou psicológica. Entre tais critérios contam-se, nomeadamente, o efeito cumulativo e de interacção mútua entre diversos acontecimentos de vida, a maior ou menor previsibilidade e/ou desejabilidade de ocorrência de um acontecimento de vida específico, a resiliência/vulnerabilidade pessoal aos acontecimentos (medida, por exemplo, pela percepção de controlo), bem como a maior ou menor capacidade individual para antecipar e prevenir as consequências prováveis e eventualmente negativas decorrentes de tais acontecimentos.

Felner, Farber & Primavera (1983) consideram, finalmente, que é possível identificar indivíduos que apresentam maior risco de desenvolverem desordens emocionais ou físicas na sequência de determinados acontecimentos de vida (mesmo os de carácter mais previsível), preconizando a implementação de medidas de prevenção primária "antes do acontecimento" justamente para aqueles indivíduos que demonstrarem maior risco potencial de adoecer físico ou psicológico. Neste sentido, tendo em vista o desenho de programas de prevenção primária adequados a estes indivíduos, revela-se importante (Felner, Farber & Primavera, 1983):

- identificar condições (individuais e sociais) que predisponham de forma consistente alguns indivíduos, mais do que outros, a desenvolverem perturbações de natureza física ou psicológica,
- considerar o efeito potencial de factores mediadores (como o suporte social, o controlo percebido, a avaliação do acontecimento) que possam acentuar ou reduzir o impacto do stresse associado aos acontecimentos de vida.

Olhemos, designadamente, para o acontecimento de vida "passagem à reforma", tão característico do período do ciclo de vida que aqui nos ocupa. Num estudo realizado junto de 502 reformados portugueses acerca precisamente do impacto da transição para a reforma, Fonseca (2004, 2006) propôs a delimitação e caracterização de *três padrões dominantes* de "transição-adaptação" à reforma para a população portuguesa: Padrão AG (ABERTURA-GANHOS), Padrão VR (VULNERABILIDADE-RISCO), Padrão PD (PERDAS-DESLIGAMENTO). O Padrão VR, concretamente, caracteriza-se por um aumento progressivo de vulnerabilidade sob o ponto de vista pessoal e relacional, ocasionando uma diminuição da satisfação de vida e do bem-estar, e colocando em risco as possibilidades de desenvolvimento humano. Esta situação é agravada pelo factor de o autor do estudo ter constatado que, com frequência, os indivíduos reformados "transitam" deste padrão para o Padrão PD, o qual traduz um estado generalizado de perdas desenvolvimentais, de que resulta a insatisfação com diversos aspectos do "eu", a experiência da solidão, a dificuldade em retirar prazer das ocupações do dia-a-dia e um acentuado desligamento das actividades sociais.

É óbvio que a fixação num Padrão PD não é inevitável nem o "resultado natural" do processo de envelhecimento; aspectos como o empobrecimento da saúde, a eventual perda de capacidade e de oportunidades para ocupar o tempo de forma útil, a ocorrência de acontecimentos de vida stressantes, e tantos outros factores, podem ajudar a que uma progressiva diminuição da satisfação global com a vida vá ganhando terreno, emergindo um claro desencanto com a vida actual, na sequência da descoberta que o dia-a-dia está mais pobre desde que se deixou a profissão (Taylor--Carter & Cook, 1995).

Mas Novo (2003) interroga-se, a respeito da adaptação à velhice, quando esta é pouco ou nada conseguida: "onde reside o elemento patogénico, na própria velhice ou nas regras que limitam as hipóteses de escolha, de ser e de viver?" De facto, quando o capital dos idosos não é devidamente aproveitado (como tantas vezes sucede), e se as pessoas depois após a "passagem à reforma" não se tornam assim tão diferentes como isso daquilo que eram dantes, faz todo o sentido que vendo a sua competência e a sua sabedoria completamente desaproveitadas (quando não desvalorizadas), haja pessoas que não resistam a este quadro geral de despromoção, acabando por entregar-se a formas de "abandono psicológico" que reportam para um padrão de envelhecimento marcado pelo desligamento e por perdas sucessivas.

3.5. *Vulnerabilidade, transições e crises*

Assentando os seus pressupostos nos princípios defendidos por Baltes & Baltes (1990), Glover (1998) refere-se à adaptação na velhice como algo que requer "habilidade para ser flexível" (p.329), o que é bastante dificultado em grande medida devido ao facto de o indivíduo ter necessidade de lidar com mais de um acontecimento em simultâneo – por exemplo, acontecimentos como a reforma ou a morte do cônjuge são acompanhados por outros, como a mudança de residência ou a perda de contactos sociais –, exigindo todos eles complexos esforços adaptativos. Assim, para Glover (1998), as pessoas idosas como que se encontram perante transições permanentes e sucessivas, que podem durar semanas, meses ou anos. A dificuldade em realizar transições com sucesso na velhice poderá conduzir à emergência de sentimentos de vulnerabilidade e a estados traumáticos, levando ao aparecimento de problemas como alcoolismo, perturbações graves de relacionamento, e outros. Mesmo que tenham vivido vidas relativamente estáveis durante a sua juventude e idade adulta, muitas pessoas encontram dificuldades sérias em lidar com os desafios do envelhecimento.

Nessa medida, Glover (1998) sinaliza diversos "focos de crise" na velhice, capazes de gerarem mudanças substanciais no estilo de vida dos indivíduos e de interferirem com o seu bem-estar geral:

- mudança no padrão de vida idealizado: se é verdade que muitos indivíduos iniciam a sua velhice (para Glover é coincidente com a reforma) com um "padrão de vida" que idealizaram ao longo de muitos anos (viajar, ir para o campo, etc.), tais planos são frequentemente alterados ou abandonados devido à ocorrência de acontecimentos imprevistos, criando dificuldades suplementares de adaptação;
- experiência de perdas sucessivas (perda do emprego, perda de amigos, perda do cônjuge, perda de saúde, perda de mobilidade, perda de independência, etc.), gerando sentimentos negativos e criando as condições para uma espécie de "luto permanente";
- mudanças nas relações, particularmente com o cônjuge e os filhos;
- problemas de saúde, o que poderá gerar stresse e provocar uma diminuição do controlo e da capacidade individual para lidar com os restantes problemas do quotidiano;
- problemas de auto-conceito: "envelhecer" adquire representações diferenciadas de pessoa para pessoa, podendo provocar estados de frustração e/ou de confusão de identidade;
- perda de controlo da vida pessoal;
- problemas económicos, os quais podem gerar um sentimento de insegurança que acabará por afectar todas as outras dimensões.

CONCLUSÃO

O envelhecimento bem sucedido envolve necessariamente uma série de processos que permitem ao indivíduo prosseguir o seu desenvolvimento pessoal, independentemente do avanço da idade e das limitações a ele associadas (Brandtstadter & Greve, 1994). Estes processos serão tanto melhor compreendidos quanto mais o "eu idoso" for conceptualizado como uma estrutura dinâmica, capaz de exercer um controlo activo sobre o desenvolvimento a que está sujeito e exibindo diferentes características em termos de organização e de procura de estabilidade. Estamos, assim, a considerar definitivamente que a resiliência do "eu idoso" passa pela consideração de fenómenos adaptativos dinâmicos, onde se conjugam mecanismos de vária ordem que asseguram não apenas a continuidade funcional do indivíduo ao longo do tempo, como garantem também um sentido de coerência da identidade pessoal mesmo debaixo de condições adversas.

Em termos concretos, Brandtstadter & Greve (1994) distinguem três processos básicos que operam em diferentes níveis funcionais mas que convergem para o mesmo objectivo, isto é, facilitar a adaptação, manter a identidade pessoal e assegurar o máximo bem-estar psicológico possível à medida que se envelhece:

- actividades instrumentais e compensatórias, tendo em vista prevenir a ocorrência de perdas em domínios relevantes para a identidade;
- mudanças e reajustamentos de objectivos e aspirações pessoais, que diminuam ou neutralizem avaliações de si próprio negativas;
- mecanismos de imunização, que reduzam o impacto de evidências acerca de si mesmo que possam revelar-se discrepantes com a preservação da identidade.

Estes distintos processos, "estabilizadores e protectores", em conjunto ou separadamente, parecem ser essenciais à manutenção e preservação de uma visão positiva de si próprio (Brandtstadter & Greve, 1994; Brandtstadter, Wentura & Rothermund, 1999). Cada um destes processos apresenta vantagens e custos, pelo que é de esperar que o indivíduo estabeleça um balanço apropriado entre estas três modalidades de manutenção da integridade do "eu", escolhendo aquela que melhor se ajusta às suas características pessoais e às circunstâncias externas de cada momento.

Este mecanismo de "alimentação do crescimento através dos défices" ("deficits-breed-growth") (Baltes, Staudinger & Lindenberger, 1999) é visto como uma metáfora de grande valor explicativo para uma série de ocorrências características do processo de envelhecimento, reforçando a importância do modelo SOC no estudo das relações entre desenvolvimento humano, envelhecimento e capacidade adaptativa (Baltes & Carstensen, 1996; Brandtstadter, 1998; Freund, Li & Baltes, 1999). É plausível, então, considerar que ao atingirem estados de crescente vulnerabilidade, as pessoas idosas recorram a meios externos (humanos, materiais e institucionais) no sentido de compensar essa vulnerabilidade e, ao fazê-lo, acabem por desenvolver novos valores, novos comportamentos, novas competências, resultando daí uma capacidade adaptativa mais elevada.

É um facto que cada vez mais se enchem as prateleiras de livros que mostram o caminho para atingir o sucesso a todos os níveis e incrementar, também na velhice, a qualidade de vida e a felicidade. O novo "mercado dos idosos" não é excepção e multiplicam-se as receitas de "como viver bem até aos 90 anos", de "como preparar a reforma", de "como preservar a saúde e manter-se jovem", em suma, de "como viver com qualidade", num misto de conselhos práticos sobre alimentação e exercício físico, gestão financeira, vida espiritual ou mesmo sobre as formas mais adequadas para reagir aos problemas comuns com que os idosos se confrontam.

Todavia, nas conclusões ao estudo efectuado em Portugal sobre o bem-estar psicológico em mulheres na idade adulta avançada, Novo revela-se bastante "inquieta" quanto à possibilidade de a vida poder ser vivida com uma efectiva qualidade nas últimas décadas de vida, dadas as dificuldades que a sociedade portuguesa coloca à expressão de uma vivência criativa. Para esta autora, a maior dificuldade de alguém que envelhece, seja qual for a sua condição psicológica, é poder continuar a ser visto como uma *pessoa humana*, embora velha: "A sociedade não acolhe nem reconhece a expressão das capacidades dos idosos e impede que as potencialidades de desenvolvimento ocorram. O equilíbrio próprio da população mais idosa é ameaçado pela impossibilidade de encontrar formas significativas de integração na ordem cultural actual. Isto é, encontrar um lugar significativo para o próprio ser valorizado ou validado socialmente" (Novo, 2003, p.586).

O incremento da capacidade adaptativa das idosas não pode assim limitar-se a uma "gestão psicológica" de défices e recursos, implicando igualmente a consideração de medidas materiais, sociais, biocomportamentais, emocionais e de saúde. A grande questão, em nossa opinião, é compreender como e quais os aspectos psicológicos, sociais e outros que fazem variar – e que variam com... – o bem-estar geral do idoso. Somente da resposta a esta questão poderemos, enfim, definir um (ou mais) padrão(ões) de "qualidade de vida" para os idosos, daí fazendo derivar políticas de intervenção preventivas e optimizadas de envelhecimento bem sucedido.

Numa perspectiva preventiva, revela-se importante actuar sobre o estilo de vida das pessoas (educação para a saúde, por exemplo) e sobre o contexto de vida do idoso (optimizando o seu ambiente residencial, seja na comunidade seja na instituição). A nível da intervenção secundária, esta deve visar sobretudo o reforço da capacidade de *coping*, tendo em vista amortecer ao máximo o impacto das fontes de stresse no ânimo e na funcionalidade da pessoa, promovendo um uso eficaz dos recursos disponíveis para lidar com problemas significativos. No caso concreto de Portugal, Paúl e Fonseca (2001) não têm dúvidas sobre a necessidade de aumentar e melhorar os serviços disponibilizados aos idosos e os cuidados que lhes são prestados, através de medidas várias que tenham em consideração os aspectos psicossociais do bem-estar psicológico na velhice, privilegiando os serviços e os cuidados que permitam um aumento da qualidade de vida no sentido mais abrangente do termo.

BIBLIOGRAFIA

ANTONOVSKY, A. (1987). *Unraveling the mistery of health*. San Francisco: Jossey-Bass.

ANTONOVSKY, A. (1998). The sense of coherence. An historical and future perspective. In H. McCubbin, E. Thompson, A. Thompson & J. Fromer (Eds.), *Stress, coping and health in families. Sense of coherence and resiliency*. London: Sage.

BALTES, P. (1987). Theoretical propositions of life-span developmental psychology: On the dynamics between growth and decline. *Developmental Psychology, 23*, 5, 611-626.

BALTES, P. (1997). On the incomplete architecture of human ontogeny: Selection, optimization, and compensation as foundation of developmental theory. *American Psychologist, 52*, 366-380.

BALTES, P. (1999). *How we master life: the orchestration of selection, optimization and compensation*. Comunicação apresentada na Vth European Conference on Psychological Assessment, Patras, 25-29 Agosto, 1999.

BALTES, M., CARSTENSEN, L. (1996). The process of successful aging. *Ageing & Society, 16*, 397-422.

BALTES, P., LINDENBERGER, U., STAUDINGER, U. (2006). Life-span theory in developmental psychology. In R. Lerner (Ed.), *Handbook of Child Psychology. Vol. 1: Theoretical Models of Human Development*. Hoboken: Wiley (6th ed.).

BALTES, P., MAYER, K. (Eds.) (1999). *The Berlin Aging Study: Aging from 70 to 100*. Cambridge University Press.

BALTES, P., REESE, H., LIPSITT, L. (1980). Life-span developmental psychology. *Annual Review of Psychology, 31*, 65-110.

BALTES, P., SMITH, J. (1990). Towards a psychology of wisdom and its ontogenesis. In R. Sternberg (Ed.), *Wisdom: Its nature, origins, and development*. Cambridge University Press.

BALTES, P., SMITH, J. (1999). Multilevel and systemic analyses of old age: Theoretical and empirical evidence for a fourth age. In V. Bengtson & K.W. Schaie (Eds.), *Handbook of theories of aging*. New York: Springer.

BALTES, P., SMITH, J. (2003). New frontiers in the future of aging: From successful aging of the young old to the dilemmas of the fourth age. *Gerontology*, 49, 123-135.

BALTES, P., SMITH, J. (2004). Lifespan psychology: From developmental contextualism to developmental biocultural co-constructivism. *Research in Human Development*, 1, 3, 123-144.

BALTES, P., STAUDINGER, U., LINDENBERGER, U., (1999). Lifespan psychology: Theory and application to intellectual functioning. *Annual Review of Psychology*, 50, 471-507.

BARRETO, J. (1988). Aspectos psicológicos do envelhecimento. *Psicologia*, VI, 2, 159-170.

BRANDTSTADTER, J. (1998). Action perspectives on human development. In W. Damon (Series Ed.) & R. Lerner (Vol. Ed.), *Handbook of Child Psychology. Vol. 1: Theoretical models of human development* (5th ed.). New York: John Wiley.

BRANDTSTADTER, J., GREVE, W. (1994). The aging self: Stabilizing and protective processes. *Developmental Review*, 14, 52-80.

BRANDTSTADTER, J., WENTURA, D., ROTHERMUND, K. (1999). Intentional self-development through adulthood and later life. Tenacious pursuit and flexible adjustment of goals. In J. Brandtstadter & R. Lerner (Eds.), *Action and self-development. Theory and research through the life span*. Thousand Oaks: Sage.

BROOKS, J. (1998). Salutogenesis, successful aging, and the advancement of theory on family caregiving. In H. McCubbin, E. Thompson, A. Thompson & J. Fromer (Eds.), *Stress, coping and health in families. Sense of coherence and resiliency*. London: Sage.

FELNER, R., Farber, S., PRIMAVERA, J. (1983). Transitions and stressful life events: A model for primary prevention. In R. Felner, S. Farber & J. Primavera (Eds.), *Preventive psychology*. New York: Pergamon Press.

FERNÁNDEZ-BALLESTEROS, R. (2000). Gerontología social. Una introducción. In R. Fernández-Ballesteros (Dir.), *Gerontología social*. Madrid: Pirámide.

FONSECA, A.M. (2004). *Uma abordagem psicológica da "passagem à reforma". Desenvolvimento, envelhecimento, transição e adaptação*. Dissertação de doutoramento, Universidade do Porto.

FONSECA, A.M. (2005). *Desenvolvimento humano e envelhecimento*. Lisboa: Climepsi Editores.
FONSECA, A.M. (2006). "Transição-adaptação" à reforma em Portugal. *Psychologica*, 42, 45-70.
FREUND, A. BALTES, P. (1998). Selection, optimization, and compensation as strategies of life management: Correlations with subjective indicators of successful aging. *Psychology and Aging*, *13*, 4, 531-543.
FREUND, A., LI, K., BALTES, P. (1999). Successful development and aging: The role of selection, optimization, and compensation. In J. Brandtstadter & R. Lerner (Eds.), *Action and self-development. Theory and research through the life span*. Thousand Oaks: Sage.
GLOVER, R. (1998). Perspectives on aging: Issues affecting the latter part of the life cycle. *Educational Gerontology*, 24, 325-331.
HEIKKINEN, R. (2000). Ageing in autobiographical context. *Ageing Society*, 20, 467-483.
HOOKER, K. (1991). Change and stability in self during the transition to retirement: An intraindividual study using P-technique factor analysis. *International Journal of Behavioral Development*, 14 (2), 209-233.
NOVO, R. (2003). *Para além da eudaimonia. O bem-estar psicológico em mulheres na idade adulta avançada*. Lisboa: Fundação Calouste Gulbenkian.
PAÚL, C. (1992). Satisfação de vida em idosos. *Psychologica*, 8, 61-80.
PAÚL, C. (2001). *A construção de um modelo de envelhecimento humano: O grande desafio da saúde e das ciências sociais no século XXI*. Aula de Agregação (Manuscrito não publicado).
PAÚL, C. (2005). A construção de um modelo de envelhecimento humano. In C. Paúl & A.M. Fonseca (Coord.), *Envelhecer em Portugal*. Lisboa: Climepsi.
PAÚL, C., FONSECA, A.M. (1999). A saúde e a qualidade de vida dos idosos. *Psicologia, Educação e Cultura*, 3, 2, 345-362.
PAÚL, C., FONSECA, A.M. (2001). *Psicossociologia da saúde*. Lisboa: Climepsi.
PAÚL, C., FONSECA, A.M., CRUZ, F., CEREJO, A., (2001). EXCELSA – Estudo piloto sobre envelhecimento humano em Portugal. *Psicologia: Teoria, Investigação e Prática*, 2, 415-426.
PINQUART, M., SORENSEN, S. (2000). Influences of socioeconomic status, social network, and competence on subjective well-being in later life. *Psychology and Aging*, 15, 2, 187-224.
ROWE, J., KAHN, R. (1997). Successful aging. *The Gerontologist*, 37, 433-440.
TAYLOR-CARTER, M., COOK, K. (1995). Adaptation to retirement: Role changes and psychological resources. *The Career Development Quarterly*, 44, 67-82.
YATES, F. (1993). Biological perspectives on growing old. In J. Schroots (Ed.), *Aging, health and competence*. Amsterdam: Elsevier.

A EXPERIÊNCIA DA SUBJECTIVIDADE: ELEMENTOS PARA UMA FILOSOFIA DA DOR E DO SOFRIMENTO

João J. Vila-Chã*
*Professor da Faculdade de Filosofia
da Universidade Católica Portuguesa*

Resumo: Desde que o ser humano alcançou a consciência de si, a vida humana está, ainda que apenas indelevelmente, marcada pela experiência da dor, experiência para a qual os indivíduos e as culturas sempre têm procurado encontrar sentido, descobrir uma justificação. A verdade, porém, é que a dor permanece sempre uma experiência *sui generis*, uma experiência originária: a humanidade provada pela dor, descobre-se cimentada por ela e procura respostas; umas vezes sublima-a, outras sofre-a, outras encara-a como uma simples inevitabilidade. Mas o reconhecimento

---

* Este texto serviu de base para a intervenção do autor no Colóquio "Aspectos do fim da Vida", organizado pelo Instituto de Bioética da Universidade Católica Portuguesa no Centro Regional do Porto no dia 19 de Maio de 2005. Numa versão ligeiramente modificada, o texto encontra-se também publicado em: José Henrique Silveira de Brito (Org.) – *Do Início ao Fim da Vida*. Braga: Publicações da Faculdade de Filosofia, 2005, pp. 31--55. Para a elaboração deste artigo foram-nos especialmente úteis as reflexões de Salvatore Natoli, a quem desejo prestar homenagem, sobretudo em seus livros *L'esperienza del dolore: Le forme del patire nella cultura occidentale*. Milano: Feltrinelli, 1986; e (com Leonardo Verga) – *La politica e il dolore*. Introduzione di Franco Riva. Roma: Lavoro, 1996. Referências importantes de fundo são ainda, para nós, neste contexto, José Ramón Busto Saiz – *El sufrimiento: ¿Roca del ateísmo o ámbito de la revelación divina?* Madrid: Comillas, 1998; Isabel Cabrera; Elía Nathan (ed.) – *Religión y sufrimiento*. México: Universidad Nacional Autónoma de México, 1996.

da experiência da dor exige em primeiro lugar a capacidade de a percebermos aí onde ela se encontra. No mínimo, precisamos de saber olhar o rosto de quem sofre, de saber interpretar os traços alterados que a dor desenha no rosto da pessoa em sofrimento. Temos que aprender sempre de novo a lidar com as máscaras da dor! Na realidade, é na experiência da dor que nós aprendemos as tonalidades afectivas do sofrer, a dimensão profunda dos valores e crenças que nos orientam na conjugação, quase sempre passiva, do verbo *doer*. A experiência da dor tem para nós, portanto, um carácter verdadeiramente crucial. Ela é, simplesmente, uma experiência fundamental do ser humano. Como experiência do inevitável, a dor é, sem dúvida, uma experiência radical: não só porque não lhe podemos fugir, mas também porque, na medida em que existe, ela, com a sua presença, condiciona em sua totalidade o campo da nossa experiência mais global. A dor imprime uma orientação distinta a partir do interior da nossa própria existência. Ou seja, aquilo que cada ser humano é em sua mesma unicidade não é pensável, na esfera da finitude, sem a experiência do sofrer. Na dor, portanto, e não obstante a separação, qualquer coisa nos espera; espera-nos sempre qualquer coisa dos outros, e, não menos, também se oferece qualquer coisa aos outros.

1. As máscaras da dor: A dor como experiência

A dor e o sofrimento são expressão, antes de mais, de uma profunda *experiência* que o ser humano faz. Este é, sem dúvida, um facto evidente. Mas a experiência tem sempre a potencialidade de se transformar em fonte de conhecimento. É pela experiência que nos damos conta daquilo que acontece, daquilo que, por assim dizer, nos penetra por baixo da pele. Afirmar que a dor se reconhece como experiência é constatar algo que é óbvio, pois, tal como ensina a Filosofia, todo o conhecimento deve ser visto à luz da experiência[1].

---

[1] Sobre a noção de experiência pode ver-se, entre outros, os seguintes estudos: D. W. Hamlyn – *Experience and the Growth of Understanding*. London; Boston: Routledge & K. Paul, 1978; Richard Schaeffler – *Erfahrung als Dialog mit der Wirklichkeit: Eine Untersuchung zur Logik der Erfahrung*. Freiburg i. Br.: Alber, 1994; John Edwin Smith – *Experience and God*. New York: Fordham University Press, 1995; Adriaan Theodoor Peperzak – "Emmanuel Levinas: Jewish Experience and Philosophy". In: *Philosophy Today* 27, 1983, pp. 297-306; Hermann Deuser – "Gott – Realität und Erfahrung. Überlegungen im Anschluß an die Religionsphilosophie von Ch. S. Peirce". In: *Neue Zeitschrift*

O conhecimento humano é conteúdo de experiência, mas a experiência da dor inaugura para nós um tipo de conhecimento irredutível às outras modalidades de percepção do mundo. A experiência da dor faz com que o mundo nos apareça transformado na sua totalidade. Nesse sentido, podemos dizer que a dor pertence ao tipo de experiências cruciais do ser humano, pois ela o submete a uma tensão que, quando não produz destruição, acresce certamente a nossa capacidade de percepção. A dor, qualquer que seja a sua origem e qualquer que seja o modo como é vivida, rompe com o ritmo habitual da existência, pois nela introduz uma linha de descontinuidade, a qual, por si só, é capaz de lançar nova luz sobre as coisas. Pode-se, por isso, dizer que a dor é padecimento, mas também revelação[2]. A dor obriga-nos a ver o mundo de um modo nunca antes visto. A dor é veículo de conhecimento, não por efeito da abstracção, mas pela sua capacidade de nos voltar sobre nós próprios, submetendo-nos ao imperativo da experiência e obrigando-nos a interrogar-nos sobre o próprio sentido da existência. Por isso é que arriscamos dizer que não há nada de mais pessoal no ser humano do que a experiência da dor. Mas não é apenas isso; a dor alcança uma verdadeira dimensão cósmica, pois, nela e por ela, o singular e o universal se co-implicam numa aliança inconfundível, aliança esta que está por detrás do próprio fenómeno que é a linguagem.

---

für systematische Theologie und Religionsphilosophie 25, 1983, pp. 290-312; Vincent M. Colapietro (ed.) – *Reason, Experience, and God: John E. Smith in Dialogue*. New York: Fordham University Press, 1997; Ninian Smart – *The Religious Experience*. 5th ed. Upper Saddle River, N.J.: Prentice Hall, 1996; Jürg Freudiger; Andreas Graeser; Klaus Petrus (Hrsg.) – *Der Begriff der Erfahrung in der Philosophie des 20. Jahrhunderts*. München: Verlag C.H. Beck, 1996; Matthias Jung – *Erfahrung und Religion: Grundzüge einer hermeneutischen Religionsphilosophie*. Freiburg; München: Alber, 1999; Luigi Pareyson – "L'Expérience religieuse et la philosophie". In: Luigi Pareyson – *Ontologie de la liberté: La souffrance et le mal*. Paris: Éditions de l´´Eclat, 1998, pp. 43-118; Gerd Haeffner – "Erfahrung — Lebenserfahrung — religiöse Erfahrung: Versuch einer Begriffsklärung". In: *Theologie und Philosophie* 78, 2003, pp. 161-192; J. Nicolás; M. J. Frápoli (ed.) – *Verdad y experiencia*. Granada: Comares, 1998.

[2] Sobre a noção filosófica de Revelação, pode ver-se: Michel Henry – *L'essence de la manifestation*. 1. ed. Paris: Presses universitaires de France, 1963; Emmanuel Levinas – "Amour et révélation". In: AA.VV. – *La Charité Aujourd'Hui*. Paris: Éditions S.O.S., 1981, pp. 133-148; Mario Ruggenini – "Il linguaggio e la rivelazione". In: Mario Ruggenini – *Dio assente: La filosofia e l'esperienza del divino*. Milano: B. Mondadori, 1997, pp. 262-286.

Mas esta relação que se estabelece entre dor e linguagem permanece um mistério. Consideremos, por exemplo, o muro de silêncio que sempre se levanta entre aqueles que sofrem e aqueles que não sofrem e que, para além do natural sentimento de piedade, separa; ou a impotência de cada consolação levianamente oferecida, a vaidade das palavras que pretendem trazer auxílio e que a pessoa que sofre por vezes amavelmente tolera ou simplesmente afasta para longe de si. A dor tem, pois, a capacidade de criar confins intransitáveis: estes formam-se quase inevitavelmente em proporção à densidade da dor. Por outras palavras, se, por um lado, a dor aproxima, por outro ela também separa. Esta separação torna, não raro, supérfluas as palavras que se referem à dor. Se com Dante se pode dizer que do amor *'ntender no la può chi no la prova*, muito mais isto se deve dizer da dor: no sofrimento e na dor a comunicação regista o perigo da sua própria recessão até ao ponto da sua quase inviabilidade. A dor é a vida em processo de redução; a morte é, em cada caso, o seu risco maior. Aquele que sofre tende ao silêncio ou ao grito. Nesse sentido, a dor parece fugir ao discurso. O amor que é por natureza expansivo, pode não se dizer totalmente no discurso, mas é seguramente gerador de sinais e de palavras que o exprimem. Mas a dor que se dá de si em cada signo reproduz-se como enigma extremo, onde parece que só a entende quem verdadeiramente faz a experiência de por ela ser tocado[3].

Mas a verdade é que da dor também não podemos deixar de falar. Apesar do muro de silêncio que sempre se levanta, quem sofre não pode deixar de ir à procura da palavra e, de uma forma ou de outra, de a encontrar. É que em cada um de nós o sofrer é uma espécie de reverberação da dor universal. Pela dor que sinto estabelece-se uma solidariedade entre mim e todos quantos sofrem. Isto acontece não tanto pela via da comunicação individual e directa, mas pelo facto de que diante do mistério do sofrimento cada ser humano, certamente a seu modo, se sente de alguma forma posto em causa. É verdade que o sofrimento é apenas de quem sofre, mas diante da dor irrompe de forma clara e inequívoca a possibilidade mesma do sofrer em sua irredutibilidade. A dor sentida universaliza-se na dor possível, a dor possível encontra-se no quotidiano da dor sofrida.

---

[3] Exemplos paradigmáticos da transformação operada pela experiência da dor e do sofrimento podem ser vistos em: Louis Bertrand Geiger – *L'Expérience humaine du mal*. Paris: Éditions du Cerf, 1969; Shalom Carmy – *Jewish Perspectives on the Experience of Suffering*. Northvale, N.J.: Jason Aronson, 1999.

É neste reenvio perpétuo que a dimensão da dor se actualiza como dimensão constante; a presença da dor torna-se imagem familiar sempre afastada, e, contudo, sempre reemergente. A possibilidade da dor é sempre percebida por nós a partir da constatação do sofrimento, em nós ou nos outros[4].

A experiência individual da dor remete-nos para uma espécie de cosmologia da dor, ainda que implícita. A cosmologia da dor dá abrigo ao sofrimento dos indivíduos e, para ele, de alguma forma, procura explicação. Na verdade, é através de mediações ideais e sociais que a dor entra no discurso; ou seja, é por via indirecta que a humanidade dissipa o silêncio que a dor inevitavelmente instala onde quer que ela se verifique. Mediante os ritos e os símbolos, os homens de todos os tempos têm dado expressão à sua dor e dela sempre alcançaram falar: em todos os povos e culturas, ritos e crenças constituem, de facto, um vocabulário para a expressão da dor. Disso dão prova as práticas terapêuticas, todas as grandes religiões e a própria Filosofia[5].

Desde que o ser humano alcançou o estágio da consciência de si, a humanidade tem estado indelevelmente marcada pela experiência da dor e para ela tem procurado encontrar sentido, descobrir uma justificação. Mas a dor permanece sempre uma experiência *sui generis*, uma experiência originária. A humanidade provada pela dor, descobre-se cimentada por ela e procura respostas: umas vezes sublima-a, outras sofre-a, outras encara-a como uma simples inevitabilidade. Mas o reconhecimento da experiência da dor exige em primeiro lugar a capacidade de a perceber onde é que ela se encontra. No mínimo, precisamos de saber olhar o rosto de quem sofre, de saber interpretar os traços alterados que a dor desenha no rosto da pessoa que sofre. Temos que aprender sempre de novo a lidar com as máscaras da dor!

---

[4] Para um estudo mais pormenorizado do *efeito* da dor e do sofrimento, veja-se: Jacek Brodniewicz – *Über das Schmerzphänomen in der Sicht der Philosophie und der ausgewählten Humanwissenschaften, Psychologie und Kulturlehre*. Frankfurt am Main; New York: P. Lang, 1994; Angela Ales Bello – "Dolore e sofferenza". In: *Aquinas* 43, 2000, pp. 541-542; Elisabeth List – "Schmerz als Grenzerfahrung". In: *Journal Phänomenologie* 2003, pp. 8-14; Thomas Fuchs – "Schmerz und Gedächtnis". In: *Journal Phänomenologie* 2003, pp. 15-24; Jorge Biscaia – "Sofrimento e dor humana". In: *Cadernos de Bio-Ética* 9, 1995, pp. 7-13.

[5] Cf. David Morris – *La cultura del dolor*. Buenos Aires; México, D.F.; Santiago de Chile: Editorial Andrés Bello, 1994.

São as máscaras da dor que indicam as diferenças e as distâncias entre quem sofre e quem não sofre: elas sublinham, por um lado, a separação e produzem, por outro, a comunicação. As máscaras da dor objectivam a pena de quem sofre, mas fornecem também a universalidade desta tarefa. Não existe uma experiência da dor separada da totalidade da experiência. As máscaras da dor têm a tarefa de transmitir o tecido através do qual os sofrimentos individuais se intersectam com a própria vivência social. Em cada sofrimento dá-se como que uma ritualização da dor, a qual pesa sobre os seres humanos com uma violência inconfundível mas também como uma herança que não pode ser eliminada[6].

2. Dimensão individual e individualizante da dor

A dor destina-se não só a ser sofrida, mas também a ser interpretada. Nas máscaras da dor aliam-se a experiência subjectiva do sofrimento e a objectividade da sua expressão. As expressões da dor, como manifestações materiais em que a dor toma corpo, são múltiplas e, por isso, difíceis de enumerar. Elas dependem da origem, da natureza, da intensidade da dor, mas também do contexto social e histórico em que a mesma se verifica. Mas o sofrimento tem sempre uma gramática que lhe é própria, mediante a qual o podemos decifrar e interpretar[7].

A objectividade da dor corresponde à objectividade do corpo. Antes de mais, é no corpo que se objectiva a dor. Hoje, mais do que nunca, a experiência da dor tem, na sua complexidade, uma objectividade clínico--científica e os fantasmas corpóreos e o plexo de sofrimentos com eles conectados não são separáveis do saber médico e dos seus corolários imaginários. Na idade da técnica, a experiência da dor não pode não pas-

---

[6] Veja-se o importante estudo de Helmuth Vetter – *Der Schmerz und die Würde der Person*. 1. Aufl. Frankfurt am Main: Knecht, 1980.

[7] Cf. David Morris – "El dolor está siempre en tu cabeza". In: David Morris – *La cultura del dolor*. Buenos Aires; México, D.F.; Santiago de Chile: Editorial Andrés Bello, 1994, pp. 175-199; David Morris – "Los significados del dolor". In: David Morris – *La cultura del dolor*. Buenos Aires; México, D.F.; Santiago de Chile: Editorial Andrés Bello, 1994, pp. 35-63; Johannes Vilar I Planas de Farnés – "¿Qué es el dolor?". In: Johannes Vilar I Planas de Farnés – *Antropología del dolor: Sombras que son luz*. Pamplona: EUNSA, 1998, pp. 19-48.

sar pela objectividade do corpo, e a dor que se experimenta não pode senão ser tocada pelas esperanças suscitadas pelos triunfos da ciência e da técnica.

O silêncio e o grito são os extremos em que oscilam as atitudes comuns naquele que sofre. As variações de tom psíquico e moral caiem no interior desta grande oscilação de fundo. Entre o silêncio emudecido e a aflição inscrevem-se as modalidades da alma de quem sofre: a tristeza, a esperança, as lágrimas, o medo, mas também a ironia e o sarcasmo sobre a própria dor. O que é certo é que jamais ao longo da história da civilização aquele que sofre encontrou sozinho os recursos para viver a própria dor, ainda que, em última análise, tenha sofrido só e só tenha morrido. A nossa experiência da dor educa-nos acerca das tonalidades afectivas do sofrer, sobre os critérios morais segundo os quais se vive o sofrimento, acerca do imaginário social, sobre as crenças e as visões metafísicas que orientam os seres humanos no mundo da dor. A experiência da dor tem para nós, portanto, um carácter verdadeiramente crucial. Esta é, na verdade, uma experiência fundamental do ser humano[8].

Um dos traços mais dominantes e tremendos do sofrimento está no facto de ele naturalmente induzir um sulco de divisão em torno de quem sofre. Nessa medida, é claro que a dor tem em nós o poder de *delimitar*, de traçar fronteiras. O círculo do sofrimento, enquanto experiência de uma limitação radical, é também experiência do limite e sobretudo da própria limitação. O sofrimento constitui uma modalidade clássica através da qual se faz a experiência da própria individualidade e se conhece a individuação como princípio e forma do existir e do morrer. A via da dor dá ao homem a possibilidade de se constituir integralmente como indivíduo pela simples razão de que ninguém é substituível na própria dor tal como ninguém o é na própria morte. O sofrimento faz, pois, aparecer com evidência a nossa insubstituibilidade e, por isso, é factor essencial na emergência da própria individualidade. A filosofia ensina-nos que do mesmo modo que não se dá conhecimento sem recurso à experiência, assim também não se dá experiência que não seja própria, i.e., em cada caso *minha*. Sören Kierkegaard identificou o Eu como sendo uma relação

---

[8] Para uma analítica existencial da experiência da dor, veja-se: Alice Holzhey-Kunz – *Leiden am Dasein: Die Daseinsanalyse und die Aufgabe einer Hermeneutik psychopathologischer Phänomene*. Deutsche Erstausgabe. Wien: Passagen, 1994.

que se relaciona consigo mesma; o Eu existe sempre na e pela relação, mais concretamente, na relação que se relaciona consigo mesma. Pode, por isso, dizer-se que o Eu que cada um de nós é constitui uma rede polimorfa e multiversa de relações. O Eu tem certamente em si mesmo a sua consistência, mas esta define-se também com base num sistema de relações do qual ele faz parte. O sujeito humano constitui-se como uma relação complexa de relações, através das quais ele se descobre como algo de inexplicável na sua integralidade. O sujeito humano encontra a sua densidade na medida em que se reconhece como ponto de fusão de forças e, nessa mesma medida, como lugar gerador de efeitos. O sujeito humano descobre-se ora como entidade organizada ora como centro de agregação. Nessa medida, o sujeito é necessariamente organismo e estrutura. Por mais complexa que seja a sua composição, ele existe enquanto entidade fortemente coesa. Muito mais do que uma mera objectividade, o Eu constitui um centro de *actividade*[9].

Mas a rede de relações que constitui um sujeito não é apenas o resultado de uma justaposição extrínseca de sequências heterogéneas, mas resulta certamente da coordenação complexa de forças hierarquizadas. Dominante, porém, é aqui não uma entidade, mas sim uma relação: esta estabiliza numa determinada forma em cada momento do tempo, ainda que a sua determinação não seja inteiramente exaustiva. Por outras palavras, a constituição do sujeito é possível graças a uma relação que em cada caso se revela ser dominante. O sujeito, como campo relacional ordenado e, assim, como centro de força, qualquer que seja o grau de complexidade que o constitui, tem e mantém uma certa densidade material e estável como unidade de referência a si próprio e como entidade diferenciada ou aspecto que o torna distinguível da realidade que lhe é contígua. O sujeito alcança a representação de si como feixe de experiências, ou seja, recolhe numa certa unidade o fluxo contínuo dos seus estados existenciais. Assim, na hora de definir o sujeito humano, é conveniente não ficarmos pela sua dimensão de entidade absoluta, nem pela pura consideração do mesmo como pólo egológico, como eu psicológico, como pessoa ou como corpo. Todas estas definições são legítimas e constituem, sem dúvida, aproximações plausíveis à compreensão do sujeito humano, mas não são

---

[9] Cf. Vincent Descombes – *Le complément de sujet: Enquête sur le fait d'agir de soi-même*. Paris: Gallimard, 2004.

suficientes para explicar o carácter irrepetível e a unicidade do indivíduo humano. O termo *eu* identifica uma unidade de referência a que são aplicáveis um conjunto de funções estáveis e uma família de predicados. O sujeito enquanto eu pode ser especificado como um espaço objectivo de experiência, susceptível de descrições finitas, interpretáveis como propriedade ou estados daquele objecto que tem precisamente a propriedade de ser sujeito. O sujeito é, então, aquele ente que sabe de si mesmo através das descrições de si que lhe são dadas, por si ou por outrem[10].

Esta unidade de referência que dizemos ser o *eu* e que é passível de ser interpretado como um núcleo hierárquico de relações, faz-se aquilo que é, ou seja *eu*, de um modo muito peculiar mediante a experiência da dor[11]. Se o eu é um fluxo de experiências, cada experiência é atribuível a este eu; donde se segue que em cada experiência o *eu* se faz cada vez mais insubstituível, isto é, cada vez mais si-próprio. Mas se na dor somos insubstituíveis isso é porque a dor é uma antecipação da morte. A estreita implicação da dor e da morte torna os dois acontecimentos, em certo sentido, intercambiáveis: a experiência desse possível diante de nós que é a morte tem-se unicamente através da dor. Da morte, enquanto tal, não se pode fazer a experiência; com efeito, Epicuro tem razão quando diz, no seu famoso aforisma, que a morte "não é nada para nós, porque enquanto somos, a morte não existe, e quando a morte é, já não somos". Mas esta consideração de Epicuro só é verdadeira na medida em que olharmos para a relação entre a vida e a morte em termos alternativos e de pura exclusão. De facto, o nexo entre a vida e a morte não se experimenta desta maneira: a morte é-nos dada por antecipação em cada momento que

---

[10] Para um aprofundamento da problemática filosófica em torno do *sujeito*, veja-se: Michel Henry – "Le concept d'âme a-t-il un sens?". In: *Revue philosophique de Louvain* 64, 1966; Michel Henry – "Philosophie et Subjectivité". In: André Jacob (volume dirigé par) – *Encyclopédie Philosophique Universelle: L'Univers philosophique*. Paris: Presses Universitaires de France, 1988, pp. 46-56; Manfred Wetzel – *Prinzip Subjektivität*. Freiburg i. Br.: Alber, 1997; Emmanuel Levinas – "La substitution". In: *Revue philosophique de Louvain* 66, 1968, pp. 487-508; Claude Morali – *Qui est moi aujourd'hui?* Préface de Emmanuel Levinas. Paris: Fayard, 1984; Bruno Romano – *Soggetto, libertà e diritto nel pensiero contemporaneo: Da Nietzsche verso Lacan*. Roma: Bulzoni, 1983; Etienne Balibar – "Le structuralisme: Une destitution du sujet?" In: *Revue de métaphysique et de morale* 2005, pp. 5-22.

[11] Cf. Bettina Schmitz – "Das Ich als Schnittstelle: Schmerz und Erfahrung im Bedeutungsprozess". In: *Journal Phänomenologie* 2003, pp. 43-48.

passa[12]. A experiência da morte habita o coração mesmo da vida: a extenuação da vida não se dá apenas quando ela se consuma no tempo, mas dá-se já com toda e qualquer redução das possibilidades expansivas que a própria vida contém, dá-se sempre que elas se curvam e se fecham sobre si próprias. A redução das nossas capacidades vitais é já uma manifestação da *dor* e do *sofrimento*. Por outras palavras, a experiência da morte é antecipada de modo eminente na dor; a dor pelo simples facto de restringir as possibilidades da vida aproxima-nos do fim, sendo deste um sinal: a dor abre em nós as portas à morte. Daí a pertinência da sabedoria antiga que nos ensina que *media vita in morte sumus*, no coração da vida produz-se a experiência da morte.

A dor induz na vida um clima de morte: ela é uma experiência antecipada de morte não só porque restringe as possibilidades da vida, ou da sua expansão, mas porque, tal como a morte, ela não é o resultado de uma escolha, antes, é algo que simplesmente (nos) acontece. Enquanto evento negativo, a dor é mal, de modo que quando se escolhe ela é escolhida apenas como passagem obrigatória ou como risco calculado em função de um bem maior. A primeira intenção nunca é a dor. Em geral, os eventos que dão origem à dor são em larga medida afins àqueles que produzem a morte pelo simples facto de que eles nos colocam perante o limiar da vida. A dor não é uma experiência que se escolhe fazer ou não fazer, que se elege ou se descarta, mas é algo que nos advém e como tal pode ser simplesmente suportada ou, pelo menos em certas condições, aceite. Este sentido da dor está expresso na palavra grega *pathos*, a qual, na sua forma originária, denota o ser atingido do exterior, independentemente das determinações positivas do acontecimento que nos bate à porta. A dor é aquilo que por excelência nos advém: não se escolhe, chega. O acontecimento da dor é aquilo que, por natureza, se padece. Daí o profundo significado do apelo à *paciência* como virtude por excelência a manter em situações de sofrimento, como capacidade de saber suportar[13].

---

[12] Sobre tema tão caro ao discurso da Filosofia, veja-se, por exemplo: Giorgio Agamben – *Language and Death: The Place of Negativity*. Translated by Karen E. Pinkus with Michael Hardt. Minneapolis: University of Minnesota Press, 1991; Maurice Blanchot – *L'instant de ma mort*. Éd. originale. Saint-Clement-la Rivière: Fata Morgana, 1994.

[13] Elementos para um discurso filosófico sobre a *paciência*, podem encontrar-se, por exemplo, em Maurice Blanchot – "Discours sur la patience (en marge des livres d'Emmanuel Levinas)". In: *Le nouveau commerce* 1975, pp. 19-44.

A dor não se escolhe, ela chega-nos de forma inelutável, i.e., de forma semelhante à morte. A inelutabilidade da dor é um lugar comum de todas as culturas. A dor antecipa a morte ou, como dizíamos antes, é a modalidade eminente de fazer dela a experiência em vida; tal como a morte, a dor é uma experiência universal e inelutável. À dor não se foge, mas esta é também uma das razões, se não a principal, pela qual a dor não é homologável em relação às outras experiências humanas. Não se trata de uma experiência em relação à qual podemos decidir fazer ou não fazer, que se sabe poder fazer ao mesmo título que se fazem as outras experiências da vida. No momento em que nos bate à porta, se para ela estivermos preparados, a dor *obriga*[14]. Enquanto experiência do inevitável, a dor é, sem dúvida, uma experiência radical, não só porque não lhe podemos fugir, mas também porque na medida em que existe, ela com a sua presença condiciona, na totalidade, o campo da nossa experiência mais global. A dor imprime uma orientação distinta a partir do interior da nossa própria existência.

O sofrimento, portanto, é uma experiência que nos obriga e esta é precisamente uma das razões porque, por ela, o ser humano se individualiza. Mas na mesma medida em que individualiza, também vincula. Os seres humanos vinculados à dor, em-cada-caso-sua, alcançam como que tomar a medida de si próprios, pois dela, em cada caso, o homem não se pode nunca eximir. Os seres humanos entre si vinculados pela experiência da dor descobrem-se também necessariamente vinculados a si próprios: o *padecer* abre as portas da vida à morte, abre-nos inevitavelmente ao *fim*. Na realidade, a dor é já uma experiência manifesta e concreta do fim. Aliás, não será precisamente aqui que reside o fascínio de um texto, traduzido em realidade verdadeiramente intemporal, como é o *Livro de Jó*?

A dor coloca-nos no caminho da consumação e faz-nos à dimensão do nosso próprio limite, torna-nos autênticos como a morte, porque nela, tal como nesta, somos insubstituíveis. A dor não consente substitutos, não nos permite em nenhum caso ceder a outras experiências ou a transferir--nos para um outro tempo que não o nosso. Por outras palavras, o sofrimento coincide com a experiência do próprio limite e mantém-nos abertos

---

[14] A noção de *obrigação* encontra-se, em tom profundamente original, filosoficamente elaborada em John D. Caputo – *Against Ethics: Contributions to a Poetics of Obligation With Constant Reference to Deconstruction*. Bloomington: Indiana University Press, 1993.

sobre o limite; ela faz-se uma só coisa com o sentimento de finitude. Por isso é que nós sofremos não só com a dor efectiva, mas também com a própria possibilidade da dor. A dor mantém-nos suspensos sobre o abismo do nada; mais, a dor recorda-nos a precariedade da existência que nós próprios somos e, desse modo, ilustra de forma que não pode deixar de nos convencer, a precariedade do nosso próprio ser-no-mundo[15].

Enquanto experiência do limite e antecipação da morte, a dor assume em nós a forma da *angústia*. Segundo Heidegger, a angústia leva-nos a fazer a experiência da vulnerabilidade do ser, ensinando-nos que todo o existente deve ser interpretado à luz do evento (*Ereignis*). No horizonte do *Evento*, o ser humano não é mais do que uma porção do devir, nada mais do que um segmento da vivência universal. Por outras palavras, na medida em que nos encerra no limite que nos é próprio, a dor não pode também deixar de nos abrir à totalidade do Ser.

3. O carácter *provatório* da dor

A experiência da dor traz consigo a exigência de uma justificação do sentido da própria existência. A dor põe à prova não tanto e não apenas aquele que sofre, mas também no sentido em que se torna motivo de procura de uma justificação total do mundo. Enquanto prova, a dor institui-se como *ponte* entre o individual e o universal; o eu sofredor transforma-se num nó desta teia universal representado pelo sofrer em si mesmo. Na experiência singular da dor amadurece a procura mais radical sobre o ser; no silêncio causado pela dor e pelo sofrimento cresce a procura metafísica, a qual nos leva a querer saber: afinal, porque é que há ser e não nada?

A dor é também exposição radical ao perigo de fundo da perda de si; por outras palavras, a dor, seja ela física, psíquica ou moral, constitui a circunstância própria e o lugar idóneo em que se desenvolve e amadurece o sentimento da angústia mais radical[16]. Por isso é que a dor constitui para

---

[15] Veja-se, por exemplo, Karl Jaspers – *Reason and Existenz: Five Lectures*. Milwaukee: Marquette University Press, 1997; Cristóbal Holzapfel – "Muerte y suicidio en Jaspers". In: *Philosophica (Valparaíso)* 26, 2003, pp. 69-79.

[16] Para lá dos clássicos, tais como Sören Kierkegaard e Martin Heidegger, podemos encontrar uma delicada aproximação à problemática da *angústia* em Amadeo Silva-Tarouca – *Die Logik der Angst*. Innsbruck: Tyrolia-Verlag, 1953.

o ser humano a experiência provatória por excelência. Na verdade, tudo quanto existe tem dentro de si um destino implícito de sofrimento. A existência é realmente cruel: tudo aquilo que nela se gera também nela se dissolve. A dor traz à luz o lado enfermo da existência, ou seja, dela revela a sua precariedade ou finitude estrutural. Por outras palavras, a dor revela simplesmente a nossa condição de criaturas[17].

A experiência da dor, seja ela vivida como padecer pessoal ou como aproximação ao sofrimento dos outros, institui uma situação real que nos reconduz à angústia original, enquanto actualiza o estado de perigo em razão da própria presença do mal. Entre a dor e a angústia existe uma implicação estreita, já que a dor que nos atinge não é apenas sofrimento por causa de alguma coisa, mas é sobretudo padecimento associado à nossa consciencialização progressiva de que o nosso próprio espaço vital está em processo de redução, de que as nossas próprias possibilidades de viver estão em processo de contracção.

O sofrimento restringe, de facto, as nossas possibilidades, e por isso desenha como possível o nosso fechamento a toda a possibilidade; no fundo, torna actual a possibilidade mesma do impossível. A experiência da dor veicula por antecipação a experiência da morte e a experiência da morte transforma-se em fonte de angústia. Na dor, portanto, sofre-se por qualquer coisa, mas esse qualquer coisa de que se sofre incentiva e faz irromper, para além de todos os particularismos, o próprio *sofrer do sofrimento*[18].

A experiência da dor é dada, ainda que a título diverso e sempre com diferente peso, a cada ser humano. Dor e existência são uma única e mesma coisa. Por virtude desta radical realidade a ninguém é consentido um estado de neutralidade em relação à dor. A dor acompanha a vida como a sua sombra constante. Se a dor faz aparecer a existência sob o signo da desolação, a própria dor individual deixa de ser vivida como qualquer coisa de absolutamente meu e é imputada à própria vida: a dor individual aparece como não sendo nada mais do que uma determinação local da dor geral do mundo. Esta dimensão universal do sofrimento aparece de modo

---

[17] Sobre esta problemática, vejam-se especialmente as páginas lúcidas e profundas de Maurice Blondel – *L'action (1893): Essai d'une critique de la vie et d'une science de la pratique*. Paris: Presses Universitaires de France, 1993.

[18] Cf. Bernard Schumacher – "La mort comme possibilité de l'impossibilité d'être: Une analyse critique de Heidegger". In: *Archives de Philosophie* 62, 1999, pp. 71-94.

eminente no nosso sentimento do luto. Este é expressão da dor, mas também forma socializada do sofrimento[19].

A dor é uma experiência intensa, mas também variada nos seus diversos timbres: a dor varia desde a dor viva, física, corpórea, pontual e intensa, até ao nível de uma percepção universalmente dolorosa, ao espectáculo do mundo como desolação e, nesse sentido, como destino de morte[20]. Daqui, de novo, e sempre, a angústia: à dor viva corresponde a tonalidade enferma da alma como sentido do efémero, como angústia causada pela *vaidade* de tudo e de todas as coisas. Nada melhor do que o *luto* para expressar a interrogação sobre o sentido da existência em nome da experiência da sua própria precariedade. Por isso, o ser que pensa não pode, por definição, negar o carácter originário da experiência da dor[21].

Em que consiste verdadeiramente a dor, para lá da pura e simples consumação do padecer? A pergunta pela natureza da dor pertence à história da civilização e das culturas, e obteve respostas diversas em relação aos contextos epocais e sociais em que se insere[22]. Existe, então, verdadeiramente a dor? Ou será que, em si mesma, a dor não existe, mas simplesmente corresponde a um erro de posicionamento e por isso é consequência da modalidade errada de como nos referimos à existência? Nesse caso, bastaria corrigir o posicionamento assumido em relação ao mundo e desse modo o mundo da dor se transformaria em simples aparência. De facto, esta é uma das considerações clássicas acerca da dor, particularmente nas culturas orientais e nas filosofias com elas conectadas. Pelo contrário, existem também posições para as quais a existência da dor é inequívoca, sendo ela um resultado da existência e nela estando implicada.

Todas as grandes religiões e todas as grandes filosofias propõem um re-direccionamento à experiência da dor. Na sua configuração onto-

---

[19] Cf. Gisbert Greshake – *Der Preis der Liebe: Besinnung über das Leid*. Freiburg i. Br.: Herder, 1985; C. S. Lewis – *A Grief Observed*. New York: Bantam Books, 1976.

[20] Cf. Artur Schopenhauer, "Sobre la teoría del dolor del mundo". In: SÁNCHEZ MECA, Diego (ed.) – *Schopenhauer: El dolor del mundo y El Consuelo de la Religión*. Madrid: Alderabán, 1998, pp. 119-142.

[21] Vejam-se a este respeito as sábias considerações de Leonardo Coimbra – *A alegria, a dor e a graça: Do amor e da morte*. Revisão e prefácio de Sant'Anna Dionísio. Porto: Tavares Martins, 1956.

[22] Cf. Roselyne Rey – *Histoire de la douleur*. Paris: La Découverte, 2000; Rodolfo D. Alvia (comp.) – *El dolor: Un enfoque interdisciplinario*. Buenos Aires; Barcelona; México: Paidós, 2001.

-cosmológica a dor adquire uma densidade e um peso objectivo, sendo interpretada como *mal*. O sofrimento não é apenas aquilo que traz consigo dano e destruição, mas, mais radicalmente, ele é expressão do mal e transforma-se em princípio de dissolução. As raízes do sofrimento afundam-se, pois, no problema do mal e na objectividade do negativo. É assim que a dor se manifesta como voz do nada, da potência negativa que afecta o ser, e, como tal, é *mal*[23].

Mas a dor pode também tornar-se via real para um bem maior. Se a experiência da dor tem esta estruturação complexa e é susceptível de uma gama infinita de modificações, é racional pensar que cada unidade de sofrimento humano no mesmo momento em que é vivido também é interpretado. Cada um é intérprete do próprio sofrimento a partir do conjunto de disposições em que à sua dor é dado acontecer. Aquilo que parece ser o sofrimento imediato dos homens é sempre algo totalmente diferente do que nos é dado de forma mais imediata, ou seja, o sofrimento nunca é algo de simples na sua própria constituição. A dor do sujeito é sempre produto de um conjunto de disposições através das quais o sujeito que sofre constrói o seu ser-no-mundo[24].

A realidade é interpretação e, por isso, também a dor o é: a nossa dor é aquilo de que não podemos senão ser intérpretes. A experiência da dor resulta, então, inseparável do horizonte interpretativo em que se situa e dentro do qual necessariamente se desenvolve. Este horizonte corresponde em geral a uma metafísica e coincide com uma visão do mundo, a qual almeja em cada caso ser congruente. A experiência da dor, como evento individual e história colectiva, nunca pode fugir ao enquadramento epocal em que é vivida.

4. A dor e o sofrimento na Idade da Técnica

A técnica tem hoje, sobretudo no mundo Ocidental, um peso determinante na predisposição geral do campo da experiência. Sob este aspecto, ela determina em larga escala as condições dentro das quais os seres huma-

---

[23] Cf. Luigi Pareyson – *Ontologie de la liberté: La souffrance et le mal*. Traduit de l'italien et préfacé par Gilles A. Tiberghien. Paris: Éditions de l'Eclat, 1998.
[24] Cf. Bettina Schmitz, art. cit.

nos podem experimentar a dor. Não há dúvida de que a ciência e a técnica têm na sociedade contemporânea o poder de fazer deslizar o limiar da dor e por isso de decidir acerca dos limites de percepção do sofrimento. A intenção fundamental segundo a qual a técnica se constitui é a do domínio. O domínio é, em certo sentido, o horizonte mítico da técnica pois ela constitui, a seu modo, um cenário inclusivo da compreensão do mundo e da nossa orientação nele.

A técnica como horizonte da compreensão do mundo associa a exactidão do compreender à capacidade de domínio. A experiência contemporânea da dor manifesta-se dentro desta cena, nem poderia ser de outra maneira. Por isso a dor é hoje compreendida como qualquer coisa que pode e deve ser confrontada enquanto algo passível de ser dominado.

O sofrimento só pode ser experimentado na medida em que existe uma linguagem capaz de o dizer. A dor impede, separa, torna impossível aquilo que antes se julgava possível. Contudo, ao excluir, a dor nem sempre anula, antes abre, por vezes, horizontes novos de possibilidade. Na dor passamos por uma experiência de morte, mas não se diz que através desse morrer não se possam descobrir inéditas e surpreendentes capacidades de vida. Como diz a sabedoria popular, é verdade que a dor muitas vezes mata; mas quando não mata, se a soubermos viver, faz certamente crescer.

A dor lacera o sentido, mas não até ao ponto de o extinguir: mesmo na crise permanece, pelo menos, aberta a possibilidade de nos interrogarmos sobre o próprio sentido do sentido[25]. A busca do sentido a que nos constringe a dor diz respeito à totalidade da existência e consiste na reconstrução de si a partir das possibilidades concretas, na re-articulação do nexo entre o possível e o impossível, aqui e agora, para *mim*.

Cada ser humano, portanto, torna-se único (também) pelo seu sofrer. Na dor, não obstante a separação, qualquer coisa nos espera; mais, na dor

---

[25] A problemática existencial do *sentido* encontra-se aprofundada, por exemplo, em Emmanuel Levinas – "De la signifiance du sens". In: Richard Kearney; Stephen O'Leary (éd.) – *Heidegger et la question de Dieu*. Paris: Grasset, 1980, pp. 238-247; Matthias Wanitschke; Guido Erbrich – *"Auf die innere Stimme hören": Die Frage nach Gott und dem Sinn des Lebens im Werk von Vaclav Havel*. [1. Aufl.]. Leipzig: Benno, 1994; Virgilio Melchiorre – "Il luogo del senso: La verità fra vocazione e speranza". In: *Annuario Filosofico*1997; Yves Labbé – *Le sens et le mal: Theodicée du Samedi Saint*. Préface de Claude Bruaire. Paris: Beauchesne, 1980.

esperamos sempre qualquer coisa dos outros, mas nela também podemos oferecer qualquer coisa aos outros. Mas isto implica que entre quem sofre e quem não sofre exista qualquer coisa de comum. Na verdade, os sujeitos põem-se em relação entre si na medida em que se integram num horizonte comum de sentido, sentido que os precede e dentro do qual a cada um é dado tomar a palavra e, dessa forma, encontrar palavras comuns também para a dor. A dor, tanto como o amor, mostra-nos que pode existir compreensão na separação e proximidade na distância.

A modalidade em que a nossa época se compreende a si mesma confere à dor um significado diferente e não homologável em relação àquele que teve em outras épocas do mundo: precisamente porque se modificou a cena resulta agora distinto o sentido do sofrer. O inédito, e, neste sentido, o absolutamente novo na civilização contemporânea não é dado pela presença da técnica, mas pelo facto de que a técnica se transformou na modalidade dominante através da qual a realidade vem a ser compreendida e interpretada[26]. O homem ocidental sempre manipulou o mundo, mas nem sempre o compreendeu como qualquer coisa de simplesmente manipulável. Sendo assim, a dor não pode fugir à modalidade técnica de conceber o mundo e por isso os termos nos quais em geral e na maioria das vezes se efectua a experiência da dor são de cariz tecnológico. Mas dizer tecnológico significa também dizer racional. Hoje a racionalidade científico--tecnológica e a racionalidade como tal tendem a coincidir, não tanto porque se excluam outras formas de conhecimento, mas porque o conhe-

---

[26] Para uma hermenêutica da técnica, veja-se, entre outros, Rafael Capurro – *Leben im Informationszeitalter*. Berlin: Akademie, 1995; Georges Friedmann – *La puissance et la sagesse*. Paris: Gallimard, 1970; Arthur M. Melzer; Jerry Weinberger; M. Richard Zinman (eds.) – *Technology in the Western Political Tradition*. Ithaca: Cornell University Press, 1993; Daniel Sibony – *Entre dire et faire: Penser la technique*. Paris: B. Grasset, 1989; Wolfgang Schirmacher – *Ereignis Technik*. Herausgegeben von Peter Engelmann, Deutsche Erstausg. Wien: Passagen, 1990; Peter Kemp – *Das Unersetzliche: Eine Technologie-Ethik*. Berlin: Wichern, 1992; Gabriel Marcel – *Les hommes contre l'humain*. Paris: Fayard, 1951; Ernest Jünger – *Sobre el dolor, seguido de La movilización total y Fuego y movimiento*. Barcelona: Tusquets Editores, 1995; Otto Pöggeler – *Hermeneutik der technischen Welt: Eine Heidegger-Interpretation*. 1. Aufl. Lüneburg: Unibuch, 2000 ; Néstor A Corona; Bernhard Irrgang – *Technik als Geschick? Geschichtsphilosophie der Technik bei Martin Heidegger: Eine handlungstheoretische Entgegnung*. Dettelbach: Röll, 1999; Massimo Cacciari; Massimo Donà – *Arte, tragedia, tecnica*. 1. ed. Milano: R. Cortina, 2000; Emmanuele Severino – "Discussione sulla tecnica". In: *Teoria* 24, 2004, pp. 5-27.

cimento científico se revela como o conhecimento mais eficaz em relação às expectativas.

Seja como for, a verdade é que a técnica não libertou o homem da dor e da morte. Mas também é verdade, por outro lado, que ela contribuiu para uma extraordinária atenuação da dor e do sofrimento. Se a técnica não venceu a dor, pelo menos tem ajudado a submeter as forças do mal através do controlo das causas que o produzem e através da limitação dos efeitos devastadores que se lhe seguem. A técnica, aliando em si a força da prevenção e da cura, tem objectivamente limitado os danos e desse modo restringe o espaço do sofrimento[27]. Ninguém pode duvidar de que os sucessos da técnica tornaram mais cómoda a vida ainda que não tenham emancipado o homem da experiência do mal. A técnica contribui de forma decisiva para que a terra se torne cada vez mais habitável e mais cómoda para a vida. Mas um dos efeitos mais surpreendentes da técnica é, sem dúvida, o seu poder de alterar hoje o limiar da dor como nunca antes tinha acontecido[28].

O acrescido controlo técnico sobre a dor, aliado à possibilidade mesma do seu ocultamento total, deu lugar a uma espécie de fantasia acerca da remoção da dor. Na sociedade contemporânea a técnica tem procurado subtrair a dor ao ordinário da vida, e dessa forma permitiu cultivar a ilusão de que já não existe sofrimento, ou que ele é qualquer coisa de perfeitamente neutralizável desde o momento em que já não o encontremos no nosso caminho. Mas a neutralização da dor não anula a sua existência. Daí a incoercível necessidade de salvação, traduzida na busca de um mundo sem dor, ou em que a dor tenha pleno sentido. O que explica, pelo menos em parte, que na nossa sociedade se verifique o recrudescer de movimentos a que poderíamos chamar de salvação sem fé. O neopaganismo contemporâneo não ama a terra apesar da sua dor, mas ama-a porque ela se tornou mais visível e menos cruel: hoje requer-se menos força para viver do que em épocas passadas, e ao ser humano, para

---

[27] Cf. Oliva Blanchette – "Technology and Health". In: AA.VV. – *Philosophy and Culture*. vol. 2. Montreal: Éditions de Montmorency, 1988, pp. 595-599.

[28] Cf. Paul Chauchard – *La douleur*. Paris: Puf, 1950; David Morris – *La cultura del dolor*. Buenos Aires; México, D.F.; Santiago de Chile: Editorial Andrés Bello, 1994; Marc Schwob – *A dor*. Lisboa: Instituto Piaget, 1997; Rodolfo D. Alvia (comp.) – *El dolor: Un enfoque interdisciplinario*. Buenos Aires; Barcelona; México: Paidós, 2001; Andrew Miller – *A dor industriosa*. Santa Maria da Feira: Editorial Teorema, 1999.

se conduzir na existência, já não é necessário cultivar uma mentalidade heróica[29].

O progresso tecnológico atenuou enormemente o peso da existência, mas a esta vantagem vão aliados novos limites. Um limite singular é dado pelo facto de que na sociedade contemporânea já se não sabe ou se sabe cada vez menos integrar a dor na própria vida, independentemente da capacidade que os sujeitos têm de se lhe adaptarem e de a compreender. Hoje, por exemplo, a medicalização crescente da vida pode vir a configurar-se como uma forma sofisticada e refinada de isolamento, com a agravante de ser legitimada pela autoridade de um saber forte, que é a medicina. A dor já não pode entrar na vida e, se entra, deve configurar-se como qualquer coisa que apenas diz respeito aos outros ou em relação à qual quem não sofre se pode sentir como um mero espectador. A espectacularização da dor é hoje uma modalidade fundamental através da qual a nossa sociedade produz dela um distanciamento cada vez maior, de modo que a mera curiosidade parece tomar cada vez mais o lugar da participação. Assim, não será de considerar os casos televisivos de morte em directo como uma verdadeira obra-prima de cinismo disfarçado de informação? O despudor com que se espectaculariza a dor dos outros é, na realidade, a verdadeira face da exclusão. A dor, pelo contrário, quer sempre, no seu sentido humano, ser reconhecida e respeitada.

Nas sociedades modernas, a dor é considerada como um puro *handicap*, seja da parte de quem sofre seja da parte de quem avalia o sofrimento. Por isso o problema da dor põe-se sobretudo em termos de eficiência, quer dizer, das possibilidades maiores ou menores de recuperação. É indubitável que a técnica dá hoje possibilidades de recuperação antes improváveis, mas isso não impede que elas se revelem de todo insuficientes quando se trata do acolhimento social daqueles que sofrem. Na maioria dos casos, a técnica, por si só, já não pode senão definir o espaço em que habita a solidão.

Hoje a medicina mais esclarecida dá-se conta de que deve restituir o mais possível ao paciente o governo da sua doença, e, mais ainda, o deve

---

[29] A ideia de heroísmo e do herói encontra-se desenvolvida em Eric Bentley – *The Cult of the Superman: A Study of the Idea of Heroism in Carlyle and Nietzsche, With Notes on Other Hero-Worshippers of Modern Times*. With an appreciation by C. S. Lewis. Gloucester, Mass.: P. Smith, 1969; Tomás Carlyle – *Os heróis*. Apresentação e tradução de Álvaro Ribeiro, 2.ª ed. Lisboa: Guimarães Ed., 2002.

ajudar a encontrar na doença o governo de si, ou seja, a autonomia. A dor tende a ser considerada um mal no momento em que a técnica se arvora o direito e a pretensão de a tratar completamente. Aliás, não será esta uma das razões implícitas no desenvolvimento das modernas terapias da dor? O trabalho sobre o sintoma, o controlo sempre mais articulado e atento em torno do limiar de aparição da dor tende a transformar aquilo que é intolerável em qualquer coisa de simplesmente fastidioso. A dor tende a tornar-se fisicamente mais suportável, mas mentalmente mais dolorosa. A redução da dor viva sem a eliminação da raiz do mal atenua os espasmos do corpo, mas, precisamente por isso, desloca a dor cada vez mais para a esfera da mente. Daí, penso, a crescente necessidade de dar atenção à dimensão psicológica e espiritual no tratamento da pessoa doente.

5. Excurso teológico

O Deus da Bíblia é o Deus vivo. A este Deus não se chega por demonstração, mas é Ele próprio que Se torna manifesto mediante a Sua acção. O povo judeu faz a experiência de Deus no fogo da história e d'Ele adquire conhecimento através das experiências do tempo. Israel ganha consciência de si na relação com o seu Senhor, e, na compreensão dessa relação, desenvolve a sua história e espera a plenitude. Israel não fala de Deus, mas *com* Deus: Deus não é um tema da razão, mas um conteúdo de narração; é a história de um encontro, de uma relação e, sobretudo, de uma *eleição*[30].

---

[30] A relação entre o Deus Bíblico e a problemática do Sofrimento encontra-se aprofundada em estudos como os seguintes: Martin Buber – *Königtum Gottes*. 2., verm. Aufl. Berlin: Schocken Verlag, 1936; Hans Urs von Balthasar – "Der Zugang zur Wirklichkeit Gottes". In: Johannes Feiner; Magnus Löhrer (Hrsg.) – *Mysterium Salutis: Grundriss heilsgeschichtlicher Dogmatik*. Band II. Einsiedeln; Zürich; Köln: Benziger Verlag, 1967, pp. 15-43; D. Barthélemy – "Dieu méconnu par le vieil homme Job". In: *Vie Spirituelle* 43, 1961, pp. 445-463; Joseph Coppens et al. – *La notion biblique de Dieu: Le Dieu de la Bible et le Dieu des philosophes*. Gembloux: J. Duculot, 1976; Kristiaan Depoortere – *A Different God: A Christian View of Suffering*. Louvain; Grand Rapids, Mich.: Peeters Press; W.B. Eerdmans, 1995; Herwig Arts – *God, the Christian, and Human Suffering*. Collegeville, Minn.: Liturgical Press, 1993; George Arthur Buttrick – *God, Pain, and Evil*. Nashville: Abingdon Press, 1966; Oliver Fielding Clarke – *God and Suffering an Essay in Theodicy, or The Justification of God in the Face of Evil*. Derby: P. Smith, 1964; James

Em Israel, Deus revela-Se fundamentalmente numa tonalidade de Esperança. Em primeira instância, Deus funda a Esperança em Si mesmo e, nessa medida, inaugura-a. Mas é também Deus quem a garante e, a cada instante, a alimenta. O Deus de Israel é de facto o Deus da promessa e da libertação. A relação essencial entre Deus e o Seu Povo, tal como é expressa através do tetragrama sagrado, é uma relação de intimidade e de esperança. O Deus bíblico é o princípio e o fim de uma experiência de salvação. O Deus de Israel é Aquele que chama, Aquele que promete, Aquele que ordena, Aquele que liberta. Mais propriamente, como diz Pascal, o Deus de Israel é o Deus dos Patriarcas, de Abraão, de Isaac, de Jacob, numa palavra, o Deus do *padecer*. A religiosidade bíblica, na sua dinâmica mais substancial, permaneceria totalmente incompreensível fora da ideia de Aliança. A Aliança com Deus é a dimensão que funda e institui a fé de Israel. A aliança permanece a dimensão fundamental e o horizonte insuperável da experiência bíblica de Deus[31].

Com base no evento cristológico, o Antigo Testamento é reinterpretado e actualizado. Mas no centro de atenção está, tanto num caso como no outro, a categoria formal da aliança, agora interpretada em termos de Esperança. A esperança transforma-se, graças ao Judeo-Cristianismo, numa categoria psicológica. A antropologia do Ocidente desenvolve através do Cristianismo uma sensibilidade empírica permeada de Esperança, e a disposição a esperar torna-se no factor determinante e no carácter típico do Ocidente. Neste sentido, o Cristianismo perpetua e renova uma ideia de fundo do Judaísmo: Deus revela-se como o *Deus da consolação*. À som-

---

Davenport Bryden – *God and Human Suffering*. Nashville: Broadman Press, 1965; Paul S. Fiddes – *The Creative Suffering of God*. Oxford; New York: Clarendon Press; Oxford University Press, 1988; Gustavo Gutiérrez – *On Job: God-Talk and the Suffering of the Innocent*. Maryknoll, N.Y.: Orbis Books, 1987; Jürgen Moltmann – *Sufrimiento de Dios: Esperanza del mundo*. Managua, Nicaragua: Centro Inter-Eclesial de Estudios Teológicos y Sociales, 1992; Kazo Kitamori – *Theologie des Schmerzes Gottes*. Göttingen: Vandenhoeck & Ruprecht, 1972; François Varillon – *La Souffrance de Dieu*. Paris: le Centurion, 1975.

[31] Os fundamentos bíblicos da doutrina da *aliança* podem ser encontrados em Calum M. Carmichael – *The Origins of Biblical Law: The Decalogues and the Book of the Covenant*. Ithaca, N.Y.: Cornell University Press, 1992; Norbert Lohfink; Erich Zenger – *Der Gott Israels und die Volker: Untersuchungen zum Jesajabuch und zu den Psalmen*. Stuttgart: Verlag Katholisches Bibelwerk, 1994; Walter Strolz (Hrsg.) – *Jüdische Hoffnungskraft und christlicher Glaube*. Beiträge von Erwin Isak Jakob Rosenthal et al.. Freiburg (i. Br.); Barcelona; London: Herder, 1971.

bra deste Deus se refugia o pobre e n'Ele encontram nova força todos os condenados da terra[32].

Na tradição judaico-cristã, a esperança está fundada na certeza de que Deus é fiel e que realizará tudo aquilo que promete. Por isso viver na Esperança é uma espécie de preceito: a Esperança é algo que devemos querer sempre. Mas se aqui referimos a Esperança é porque ela é necessária para falar da dor. Sem uma teologia da aliança, que coincide formalmente com a esperança absoluta e, psicológica e sociologicamente, com a efectiva capacidade de esperar sem condições, não seria compreensível a experiência bíblica da dor. Fora do cenário judaico-cristão a humanidade ocidental dificilmente teria alcançado a Esperança. O pensamento bíblico libertou de facto na humanidade forças extraordinárias, soltou nos indivíduos potências e capacidades de resistência que de outra forma seriam inconcebíveis[33].

A tradição bíblica, na verdade, produz qualquer coisa de inédito e de muitos modos imponderável, a saber, a capacidade humana de esperar na sua mais pura radicalidade. É que não se espera apenas aquilo que se pode esperar, mas esperável é aquilo que em sentido próprio é inatingível, ou seja, inaudito. Aqui reside, aliás, o significado profundo do milagre. O milagre não tem nada a ver com magia, nem é qualquer coisa que possa ser produzido pela manipulação e pelo sortilégio, nem é um poder que se adquire sobre Deus, mas é a convicção de que a Deus nada é impossível. A tradição cristã tornou impossível o trágico, mas não suprimiu a dor; pelo contrário, potenciou-a levando-a até ao ponto da suprema abjecção. O

---

[32] Para um aprofundamento da posição do *pobre* na mundividência bíblica, veja--se: Luise Schottroff; Wolfgang Stegemann – *Jesus von Nazareth, Hoffnung der Armen*. Stuttgart; Berlin; Köln; Mainz: Kohlhammer, 1978; Wolfgang Stegemann – *Das Evangelium und die Armen: Über den Ursprung der Theologie der Armen im Neuen Testament*. München: Kaiser, 1981; Domingo de Soto (1494-1560) – *Deliberación en la causa de los pobres*. Domingo de Soto y replica de Juan de Robles. Madrid: Instituto de Estudios Políticos, 1965; Juan Carlos Scannone; Marcelo Perine (comp.) – *Irrupción del pobre y quehacer filosófico: Hacia una nueva racionalidad*. Buenos Aires: Ed. Bonum, 1993; Jorge R. Seibold – "La mística de los humildes". In: *Stromata* 59, 2003.

[33] Sobre a temática da esperança, pode ver-se: Johan Christiaan Beker – *Suffering and Hope: The Biblical Vision and the Human Predicament*. Philadelphia: Fortress Press, 1987; Xavier Tilliette – "Aporétique du mal et de l'espérance". In: *Archivio di Filosofia* 56, 1988, pp. 427-439; Pedro Laín Entralgo – *Antropología de la esperanza*. Madrid: Guadarrama, D.L., 1978.

homem trágico morre à mão das forças que o geraram, e a sua expressão é o grito; o homem bíblico, por seu lado, é aquele que é capaz de permanecer indefinidamente na dor já que uma força misteriosa, soberana e silenciosa o rege, orienta e conforta. O Deus da Consolação encontra o ser humano sempre no fundo de cada abandono. Esta situação está paradigmaticamente retratada nas palavras do Salmista: *Meu Deus, Meu Deus, porque me abandonaste?* Como sabemos, estas são precisamente as palavras que os Evangelhos colocam na boca de Jesus no alto da Cruz: *Eli, Eli lemà sbactani?* (Mt. 27, 46). Mas o grito de Jesus, produzido desde o mais fundo do Seu abandono, na solidão extrema da Cruz, não é propriamente um grito desesperado: o grito de Jesus não é certamente a expressão de uma matéria deformada que agora simplesmente retorna à matriz de onde brotou. O fundo daquele grito é o espírito de abandono, ou da confiança em Deus. Esta dimensão emerge claramente na narrativa de Lucas onde Jesus grita ainda, mas agora com estas palavras: *Pai, nas Tuas mãos entrego o meu Espírito* (Lc 23, 46). O grito é de dor e de laceração, mas é simultaneamente grito de confiança e de abandono. Por outras palavras, o acontecimento cristológico da Paixão e Morte de Jesus revela-nos de forma extraordinária a estreita implicação que existe entre Dor e Esperança[34].

A esperança bíblica desenvolve-se ao longo de uma trajectória diversa da esperança simplesmente humana e natural. Também os gregos conheciam a esperança, mas esta era uma esperança breve, uma mera exposição ao possível, ao futuro indeterminado, que em alguns casos pode ser libertador e favorável, noutros simplesmente nefasto. Para os gregos a esperança é sempre breve e o êxito uma incerteza.

A palavra que melhor exprime o conceito bíblico de Esperança é a *Fé*[35]. Esta é certamente mais do que a capacidade humana de esperar. De

---

[34] Sobre o *significado* antropológico da Cruz, pode ver-se: René Girard; James G. Williams – "The Anthropology of the Cross: A Conversation With René Girard". In: René Girard – *The Girard Reader*. New York: Crossroad, 1996, pp. 262-288; Robert Hamerton-Kelly – *Sacred Violence: Paul's Hermeneutic of the Cross*. Minneapolis: Fortress Press, 1992.

[35] Veja-se: Heinrich Schlier – "Glauben, Erkennen, Lieben nach dem Evangelium und den Briefen des Johannes". In: Heinrich Schlier – *Besinnung auf das Neue Testament*. 2. Aufl. Freiburg i. Br.: Herder, 1967, pp. 279-293; Bernhard Welte – *Was ist Glauben? Gedanken zur Religionsphilosophie*. Freiburg im Breisgau: Herder, 1982; Jacques

facto, a fé judaico-cristã resplandece no fracasso. Aí onde tudo é vazio e silêncio, aí onde o homem jaz na sombra da morte, brilha, como diria Franz Rosenzweig, a *Estrela da Redenção*. O Deus bíblico, o Deus de Jesus Cristo, garante a certeza do êxito para lá de toda a desagregação. Para lá de toda a falha abre-se novamente um horizonte de possibilidade. Não acreditar quer dizer não ter fé na fidelidade de Deus. Este é para o homem bíblico o acto de impiedade por excelência. Fidelidade e fé são termos relativos um ao outro. É que só quem acredita pode ser fiel; mas não é menos verdade que a fidelidade, como prática de vida, como observância quotidiana, alimenta também a fé[36]. Numa palavra, é apenas no círculo libertador do Amor que a nossa experiência da Dor encontra de verdade *salvação*. O que é o mesmo que dizer, filosoficamente, que na experiência do Sofrimento nos é dada a possibilidade não tanto de fechar, mas sobretudo de abrir a espiral do crescimento na realização da própria *subjectividade* do sujeito que a faz.

Vermeylen – *Le Dieu de la promesse et le Dieu de l'Alliance: Le dialogue des grandes institutions théologiques de l'Ancien Testament*. Paris: Cerf, 1986

[36] Sobre a lógica da *promessa* e da *fidelidade* escreveu magistralmente Jean-Louis Chrétien – *La voix nue: Phénoménologie de la promesse*. Paris: Éditions de Minuit, 1990.

CONTROLAR A DOR E OUTROS SINTOMAS
– UM INCONTORNÁVEL DEVER

João Amoedo
Médico Especialista de Medicina Geral e Familiar
Competência em Medicina Farmacêutica

DOR: GENERALIDADES

A IASP (Associação Internacional para o Estudo da Dor) define dor como experiência sensorial e emocional desagradável, associada a uma lesão tecidular real ou potencial, ou descrita como tal lesão.

Esta definição permite albergar vários tipos de dor, na perspectiva da fisiopatologia: nociceptiva (somática e visceral), neuropática (por lesão do tecido nervoso) e psicogénica.

Existem outras chaves classificativas para a dor, como por exemplo, quanto à duração (aguda, crónica – considerando-se crónica a dor cujo período de manifestação é superior a 3 – 6 meses); ou quanto à natureza específica da sua causa (oncológica, músculo-esquelética).

A sensação dolorosa é possível porque ao longo do nosso corpo existem amplamente disseminados receptores dolorosos (nociceptores) relacionados com extensões das vias nervosas, cuja base celular é o neurónio. Os nociceptores são sensíveis à estimulação exercida pelo efeito de substâncias químicas cuja libertação decorre da lesão das células de qualquer tecido (exemplo: prostaglandinas, iões hidrogénio). Os neurónios comunicam entre si por substâncias químicas mediadoras (os neurotransmissores), as quais actuam ligando-se aos receptores (exemplo: receptores μ). Existem neurotransmissores que facilitam a transmissão da dor (exemplo: substância P) e neurotransmissores que inibem a transmissão (exemplo: endorfinas, noradrenalina, serotonina).

DOR CRÓNICA: "DOENÇA"

As dores repetidas e não tratadas podem tornar-se crónicas através de um complexo mecanismo chamado "sensibilização", que pode ser central e periférica.

Quando a dor se torna crónica, pode ganhar uma identidade própria, de tal forma que mais do que um mero sintoma, passa a comportar-se como uma verdadeira doença. A dor crónica "doença" pode condicionar uma constelação de manifestações difíceis de controlar, tornando-se um problema (alteração do sono, imobilidade, depressão, isolamento, depressão do sistema imune, absentismo profissional, superdependência de familiares ou cuidadores, etc.). A melhor forma de evitar a dor crónica "doença" é tratá-la correctamente, logo desde o início.

MEDIR A DOR

Apesar da dor ser uma sensação subjectiva, existem formas validadas de tentar medir objectivamente a sua intensidade, as chamadas escalas de dor. O uso das escalas pode permitir catalogar a dor em escalões (dor ligeira, dor moderada, dor intensa, dor insuportável), facilitando assim a avaliação comparativa da sua evolução espontânea, bem como a resposta ao tratamento, sendo assim um auxiliar muito útil na decisão terapêutica. Existem vários tipos de escalas: escala visual analógica (VAS), escala numérica (de 0 a 10), escala de faces (exibindo imagens de diferentes expressões faciais), e escalas mais complexas (ex. questionário de dor Mc Gill).

ESCADA ANALGÉSICA

A propósito da dor oncológica, a OMS criou e desenvolveu, no início dos anos 80, o conceito de escada analgésica para o tratamento da dor, constituída por 3 degraus: 1º degrau – Analgésicos não opióides/ para a dor ligeira; 2º degrau – analgésicos opióides fracos/ para a dor moderada; 3º degrau – analgésicos opióides fortes/ para a dor intensa a insuportável. Estabeleceu-se desde então, que a dor deve ser tratada de acordo com a intensidade, recorrendo para o feito a diferentes tipos de fármacos, assumidos isoladamente ou, se necessário, em associação. Ao longo do tempo, esta escada tem vindo a servir de guião para o tratamento da dor, para além das situações do foro oncológico.

DOR: UM PROBLEMA FREQUENTE

De acordo com a EFIC (Federação Europeia dos capítulos da IASP), os resultados de um estudo pan-europeu, envolvendo cerca de 46.000 doentes, denominado PAIN IN EUROPE, divulgado em 2003, mostram que a prevalência de dor crónica na população adulta europeia é cerca de 19% (75 milhões de pessoas). Neste estudo, 1/3 das donas de casa inquiridas referiram sofrer de dor crónica; o tempo médio de duração da dor foi de 7 anos; 19% tinham perdido o emprego; 20% referiram sofrer de depressão relacionada com a dor; 1/6 chegava a desejar a morte; 43% acreditavam que o seu médico estava mais preocupado com a sua doença do que com a sua dor...

DOR E CUIDADOS PALIATIVOS

A Organização Mundial de Saúde definiu, em 2002, os Cuidados Paliativos como uma abordagem que permite melhorar a qualidade de vida dos doentes e suas famílias, quando defrontam problemas relacionados com doenças que ameaçam a vida, através da prevenção e alívio do sofrimento relacionado com a dor e outros problemas (físicos, psicossociais e espirituais) os quais podem ser identificados de forma precoce, mediante cuidadosa avaliação.

Em 2004, a European Federation of Old Persons (EURAG), sensível à evidência de que afinal todos temos que morrer... e sendo que 80% de todos os idosos têm que enfrentar uma, por vezes longa, etapa paliativa, alertava para a circunstância paradoxal de os cuidados prestados no combate à dor, náusea e outros sintomas que podem ser evitados ou minimizados, estarem longe de corresponder às necessidades!

A referida organização defende a tese de que o tratamento da dor e outros sintomas evitáveis deve ser considerado um direito que assiste ao doente no fim da vida, cabendo à sociedade (que inclui os profissionais de saúde...) o dever de apoiar essas pessoas e seus familiares, tanto nessa fase como no luto; apontando ainda como solução, a criação de uma organização de cuidados paliativos de alta qualidade, orientada para o doente, mas não negligente no apoio aos profissionais de saúde envolvidos; respeitadora das opções do doente, mas atenta ao sub – tratamento e ao excesso de cuidados.

Na Declaração da Coreia, divulgada em Março de 2005, após uma cimeira de Associações Nacionais de Cuidados Paliativos, foi recomendado aos Governos dos países o seguinte:

"(...) Incluir os cuidados paliativos nas suas políticas de saúde, como recomenda a OMS;

Reconhecer o acesso aos cuidados paliativos como um direito humano;

Disponibilizar recursos para programas e serviços de cuidados paliativos;

Estabelecer políticas sustentadas, informadas e claras de cuidados paliativos, com planos de acção para a sua implementação;

Incluir os cuidados paliativos nos seus programas nacionais de combate ao cancro;

Incluir os cuidados paliativos no tratamento de outras doenças progressivas e graves

Incluir os cuidados paliativos nas suas estratégias contra a SIDA;

Integrar a formação e treino em cuidados paliativos nos curricula pré e pós graduados de medicina, enfermagem, investigação em saúde e outras disciplinas relacionadas;

Providenciar treino, apoio e supervisão aos cuidadores não profissionais;

Disponibilizar os fármacos necessários ao controlo sintomático, tornando a morfina (e outros opióides) economicamente acessível, sobretudo para os mais desfavorecidos;

Identificar e eliminar as barreiras legais existentes nos diferentes países, que inviabilizam o uso adequado da morfina e outros opióides;

Assegurar a avaliação sistemática das necessidades em cuidados paliativos de forma a proceder, quando apropriado, ao desenvolvimento de serviços locais e/ou nacionais de cuidados paliativos;

Tornar os serviços de cuidados paliativos abrangentes e parte integrante do sistema de saúde;

Esforçar-se por tornar os cuidados paliativos de qualidade acessíveis a todos os cidadãos, no serviço de saúde que queiram escolher, incluindo os cuidados em hospital de agudos, cuidados de longa duração (lares e internamentos de doentes crónicos), unidades de internamento de cuidados paliativos e no próprio domicílio;

Todo o indivíduo tem o direito ao controlo da dor. Uma vez que existem métodos eficazes e acessíveis para aliviar a dor e a maioria dos outros sintomas, o custo do tratamento não deverá funcionar como um impedimento a que este se faça;

Os cuidados paliativos devem ser prestados de acordo com os princípios da equidade, independentemente da idade, raça, sexo e/ou orientação sexual, etnia, credo, status social, nacionalidade e capacidade para pagar os serviços. Os cuidados paliativos devem estar disponíveis para todas as populações incluindo grupos vulneráveis como os presidiários, trabalhadores do sexo e toxicodependentes;

A experiência acumulada no âmbito dos cuidados paliativos a doentes com cancro deve ser extensível, à escala mundial, aos cuidados de pessoas com outras doenças crónicas graves e incuráveis;

As famílias e outros cuidadores informais são elementos essenciais na prestação de cuidados paliativos efectivos. Eles devem ser reconhecidos e devidamente apoiados pelas políticas governamentais. (...)"

A VOZ DOS NÚMEROS

Se quisermos tipificar um perfil da população alvo dos cuidados paliativos, poderemos falar de doentes sofredores de doença crónica avançada, doentes em fase terminal, especialmente idosos, particularmente sofredores de cancro, sida, doenças neurológicas, etc.

Dos mais de 52 milhões de mortes que acontecem por ano no mundo, 10% são atribuíveis a cancro.

A prevalência de dor nos doentes com cancro avançado ronda os 70%, mas mesmo na fase inicial da doença, 35 a 45% dos doentes oncológicos já relatam sensações dolorosas.

A sida é uma doença emergente, estimando-se que a população global de seropositivos seja superior a 40 milhões. É chocante imaginar que 70 a 90% dos doentes com formas avançadas de sida têm dor não controlada!

A PERSPECTIVA DOS DOENTES PALIATIVOS

A revista JAMA publicou em 1999 um artigo da autoria de Meter Singre e colaboradores, relatando os resultados de um inquérito realizado onde se evidenciaram bem as principais preocupações de uma população de doentes terminais: controlo adequado da dor e outros sintomas; evitar o prolongamento fútil da vida; atingir uma sensação de controlo; não ser um fardo para os outros; estreitar as relações com os entes queridos.

Torna-se aqui bem claro o que já era consensual – quão importante é o controlo da dor para os doentes em fim de vida.

É igualmente relevante não esquecer que a dor pode ser amplificada pela presença de outros problemas mal controlados, como a insónia, a ansiedade, o medo relacionado com a realização de procedimentos diagnósticos ou terapêuticos, a depressão, o isolamento.

CONTROLO DA DOR E OUTROS SINTOMAS

Para além da dor, os doentes em fase terminal apresentam frequentemente outro tipo de problemas que podem estar relacionados com a sua doença principal, ou com doenças anteriores à condição actual; e ainda os relacionados com os efeitos dos tratamentos:

Sintomas digestivos e alimentares (Anorexia, caquexia, náusea e vómito, obstipação, estomatite, estase gástrica),

Sintomas respiratórios (dispneia, tosse, soluços),

Sintomas urinários (retenção, incontinência),

Sintomas relacionados com o sistema nervoso central (ansiedade, depressão, insónia, confusão, alucinações, delírio, coma, convulsões),

Outros (prurido, escaras, linfedema, ascite).

Existem protocolos de tratamento recomendado para todas as situações enumeradas, não devendo ser negligenciada a tentativa do respectivo controlo, para o bem-estar e a dignidade destes doentes.

O controlo da dor e outros sintomas perturbadores é um elemento essencial para permitir aos doentes a disponibilidade para desabafar sobre os seus problemas, os seus medos, as suas contradições, permitindo-lhes aceitar com alguma paz o fim que se aproxima em reconciliação com o seu passado e com a sua família alargada.

CONTROLO DA DOR

O tratamento farmacológico da dor compreende vários princípios: deve basear-se na via de administração oral, sempre que o doente consiga colaborar; mas a via transdérmica e a via subcutânea poderão ser vias alternativas de fácil manejo.

O tratamento deve ser pelo relógio, isto é, em horário fixo, no intervalo tecnicamente conveniente, conforme a farmacocinética da substância ou formulação farmacêutica.

A selecção deve ser pela escada, seguindo a opção mais correcta para a intensidade da dor verificada. No caso de necessidade deve ser dada medicação de recurso para tratar as exacerbações dolorosas ou a dor irruptiva (no caso dos doentes oncológicos).

O tratamento deve ter em conta o indivíduo, as suas particularidades e as necessidades próprias da doença, devotando ainda atenção a certos pormenores, como sejam, os antecedentes de intolerância a fármacos, as interacções, as medicações habituais ou ocasionais; deve contemplar a prevenção e o controlo de efeitos adversos esperados.

O tratamento da dor compreende o uso de um arsenal de fármacos bastante diferentes: os analgésicos de acção periférica, que incluem fundamentalmente o paracetamol e os anti-inflamatórios não esteróides; os analgésicos opióides fracos (tramadol e codeína) e os analgésicos de acção central potentes (ex: morfina, buprenorfina e fentanilo).

Existem disponíveis em Portugal associações fixas de paracetamol com tramadol e paracetamol com codeína.

Para além dos fármacos referidos, os anticonvulsivantes (ex: carbamazepina, oxcarbazepina, gabapentina), e os antidepressivos tricíclicos (ex: amitriptilina), podem ser usados como tratamento adjuvante, sendo particularmente úteis nos casos de dor neuropática (ex: neuropatias metabólicas, compressões nervosas).

Os corticóides estão muitas vezes indicados nas dores de origem neoplásica, como tratamento adjuvante.

Os medicamentos anti-inflamatórios, incluindo os coxibes, são os medicamentos mais prescritos em Portugal para controlo da dor, apesar do seu custo elevado e dos seus efeitos adversos (gastrointestinais, renais, cardiovasculares, cutâneos...) e elevado perfil de interacções medicamentosas.

O tratamento farmacológico mais eficaz da dor é obtido através do uso dos analgésicos de acção central, pois os opióides actuam directamente no sistema nervoso central, mimetizando o papel das endorfinas. No caso do tramadol existe também um mecanismo relacionado com a inibição da recaptação da serotonina e noradrenalina, que são mediadores nas vias descendentes (sistema antinociceptivo).

Durante o tratamento com opióides, se a dor assim o exigir, pode ser necessário, sobretudo na dor oncológica, mudar do 2º para o 3º degrau (exemplo, passar de tramadol para morfina) ou fazer dentro do mesmo degrau uma rotação de opióides (ex: mudar de morfina para buprenorfina ou fentanilo), se houver escalada de dose, sintomas ou sinais de toxicidade ou dor não controlada.

Existem tabelas publicadas, que estabelecem as equivalências entre opióides, permitindo facilmente a conversão recíproca de doses.

A utilização de opióides condiciona a ocorrência esperada de vários efeitos adversos: obstipação (95%), náuseas e vómitos (30%), sedação (20%), prurido (2%), alucinações (1%). Estes efeitos esperados podem ser minimizados através da titulação dos fármacos (aumento progressivo das doses, a partir de doses iniciais baixas) ou tratando preventivamente (dar laxantes, ou anti-eméticos, p. ex.), fazendo rotação de opióides ou mudando a via de administração.

Em Portugal existe um consumo muito baixo de medicamentos opióides, particularmente no que respeita a opióides fortes. A este facto não são alheios a falta de formação dos profissionais de saúde, a cultura opiofóbica que atravessa a sociedade portuguesa e se traduz nos receios infundados de abuso, dependência e depressão respiratória.

O receio da depressão respiratória não faz sentido, porque a dor é um estímulo para o centro respiratório, funcionando como antagonista da depressão respiratória.

Mas existem outras barreiras, como a dificuldade de acesso às receitas especiais em muitos serviços de saúde; a discriminação dos opióides, no actual sistema de comparticipação, sendo mais baixa relativamente à dos anti-inflamatórios; e a indisponibilidade dos opióides fortes nas farmácias do ambulatório.

É preciso mudar estes preconceitos e tornar eficaz o tratamento versátil da dor, usando a panóplia de meios comuns acessíveis a todos os médicos.

A necessidade de recurso a meios tecnicamente muito especializados, apenas acessíveis às mãos dos especialistas de dor, na sua maioria anestesiologistas, é uma condição excepcional e não serve de argumento para que algum médico se demita do dever de tratar a dor.

Este dever irrecusável é eticamente fundamentado, como é evidente. Já Galeno dizia, no séc. III, que era divino tratar a dor e todas as gerações médicas subsequentes consideraram que afastar a dor e o sofrimento é a primeira tarefa do médico. De facto, hoje em dia, em que dispomos de tantos medicamentos eficazes e seguros para o tratamento da dor, não é aceitável que se faça mau uso deles e se permita que haja doentes subtratados, ignorados no seu direito a receberem tratamento adequado e entregues a um sofrimento que lhes torna insuportável a vida e lhes faz desejar o alívio da morte.

FUTILIDADE TERAPÊUTICA

ALEXANDRE LAUREANO SANTOS
*Professor Aposentado da Faculdade de Medicina
da Universidade de Lisboa, Chefe Aposentado do Serviço
de Cardiologia do Hospital de Santa Maria*

1. Introdução

Agradeço ao Instituto de Bioética da Universidade Católica a minha honrosa inclusão no grupo de proponentes dos temas no Ciclo de Cursos Intensivos subordinado à *"Vulnerabilidade no fim da vida humana"*. A minha participação apenas terá a magra vantagem de abordar temas que vivi intensamente na vida clínica hospitalar de mais de trinta anos numa unidade de tratamento intensivo. Com os meus companheiros, médicos e enfermeiros, tive ocasião de partilhar as dúvidas, de viver as perplexidades e de me debater com algumas questões-limite perante os rostos marcados pelas incertezas, pela dor e pela solidão dos doentes e das suas famílias. Muitas daquelas situações-limite que aqui invocaremos têm apenas soluções precárias, no nosso país como em todo o mundo. Vale a pena trazer estes temas para outros meios que não os círculos estritamente clínicos – para os meios académicos e para os meios da cultura. As questões éticas que se colocam nos domínios da saúde são actualmente questões universais.

A futilidade terapêutica é um facto clínico com implicações éticas reconhecidas há mais de 3500 anos. No papiro de Adam Smith citam-se cinco casos de lesão alta traumática da coluna cervical para os quais qualquer tratamento que pudesse ser tentado teria sido vão, inútil e, portanto, desvantajoso. Nos aforismos de Hipócrates existem várias referências às atitudes dos médicos na abordagem dos doentes com situações incuráveis e à sua obrigação de evitar a utilização dos *"meios prejudiciais e desnecessários"*. Na actualidade, as questões da futilidade terapêutica nasceram certamente nos meios médicos e de enfermagem, com as preocupações sobre os cuidados que se prestam às pessoas portadoras de doenças progressivas e fatais, nomeadamente com a utilização de medidas de diagnóstico e de terapêutica que têm uma utilidade precária, duvidosa ou mesmo negativa.

O conceito de *"futilidade terapêutica"* pode ser admitido como um princípio não estritamente moral. Pode referir-se a uma apreciação da sua validade prática, e, portanto, a um juízo de mera prudência clínica e até apenas a uma manifestação do senso comum. O tema tem, no entanto, contornos que se podem ligar à utilização racional dos meios a utilizar nos cuidados de saúde e à gestão dos recursos disponíveis, sobretudo nos meios hospitalares onde aqueles são sempre necessariamente limitados. Sublinhe-se: o conceito de futilidade dos meios de intervenção diagnóstica ou terapêutica refere-se a um julgamento clínico e operacional conotado negativamente como indesejável e inadequado, independentemente dos seus custos. Embora represente sempre um consumo impróprio de recursos, a futilidade terapêutica tem como base conceitos de ordem clínica, com os seus critérios de avaliação intrínsecos, não dependendo da eventual escassez ou da abundância dos meios de intervenção.

Outros conceitos se podem associar ao de "futilidade terapêutica". A obstinação terapêutica (ou encarniçamento terapêutico) é uma expressão da linguagem coloquial ligada à ideia mais académica de *"distanásia"* – do grego *"morte difícil ou penosa"*. No vocabulário ético utiliza-se este último termo para designar o prolongamento do processo de morrer por intervenções que têm como objectivo a manutenção da vida sem se considerar a dor e o sofrimento, que, nas situações-limite que aqui invocamos, lhe estão necessariamente associadas. Neste contexto, a expressão inglesa *"life sustaining treatment"* define com bastante mais propriedade o conceito, retirando-lhe a carga pejorativa para os prestadores dos cuidados contida nos termos *"obstinação"* e *"encarniçamento"*.

No contexto dos temas que hoje aqui nos trazem, as questões éticas constituem o cerne do problema. Mais de 60 % dos óbitos no nosso país ocorre nos hospitais. Seguramente em mais de metade destas ocorrências, adequadamente, não são utilizados todos os meios possíveis para prolongar a vida com sofrimento intenso e uma dolorosa agonia. Explicitamente suspendem-se ou não se utilizam, por inadequadas, impróprias ou prejudiciais, algumas medidas que, tomadas, apenas iriam prolongar o sofrimento até uma próxima e inevitável morte. Seriam, então, decisões que plenamente caberiam no conceito de *"futilidade terapêutica"*.

2. Em torno do conceito de futilidade

Toda a intervenção diagnóstica ou terapêutica tem um certo ou certos objectivos. A designação de futilidade implica uma conotação negativa, que necessariamente se refere a uma certa ou a certas finalidades. O termo fútil deriva directamente do latim e refere-se ao carácter daquilo que não tem valor, importância, utilidade, ou que ainda daquilo que apenas se restringe à superficialidade e à aparência. Uma certa intervenção pode ser inútil ou inadequada para um certo objectivo e atingir plenamente outro ou outros. Por exemplo, uma transfusão de plaquetas pode ser inútil para salvar uma vida de um doente com uma leucemia, mas pode ser muito útil para controlar uma hemorragia e para manter a vida até ao início de uma outra possível intervenção terapêutica. Futilidade diagnóstica ou terapêutica – uma designação que muitos consideram imprópria ou ambígua – é a característica de uma medida na qual o seu próprio objectivo é inatingível ou é inadequado à situação, ou é inútil e portanto não traz benefício ao doente. Isto é, não contribui para o conhecimento da doença ou da sua evolução, para a avaliação do estado do doente, não constitui a materialização de uma decisão terapêutica e não irá melhorar prognóstico, o conforto, o bem estar ou o estado geral do doente.

A decisão tomada pode ser fútil por não ser atingível ou ter escassas possibilidades de ser lograda naquelas circunstâncias particulares da sua aplicação. É o que *Schneiderman et al.* designam por futilidade quantitativa referindo-se *"qualquer medida destinada a obter um resultado que, sendo possível, a razão e a experiência sugerem que é altamente improvável"*. Aqueles autores avançam mesmo uma definição operacional para as medidas fúteis. Consideram-nas fúteis quando os clínicos concluem (pela sua própria experiência ou pela experiência acumulada) que não tiveram sucesso nos últimos 100 casos estudados. Isto significa que a probabilidade de bom êxito é muito remota e que as raras circunstâncias em que houve efeito não podem tomar-se como fundamento de uma decisão clínica. Impondo um pouco mais de quantificação ao nosso raciocínio: a probabilidade de eficácia da medida é inferior a 5 %, intervalo de confiança que arbitrariamente se aplica no nosso raciocínio estatístico, limite para além do qual o efeito se toma como equivalente ao das meras leis do acaso.

Existem algumas questões oportunas que se podem colocar nesta maneira de abordar os problemas. O julgamento dos clínicos referente aos últimos 100 casos estudados precisa de ser quantificado em estudos retrospectivos ou de seguimento (e estes têm sempre menor validade que os estudos prospectivos). O raciocínio clínico tem muitas vezes o viés do peso emocional dos casos mais intensamente vividos. Se não existe uma metodologia rigorosa, os doentes considerados no raciocínio podem ter critérios de selecção muito heterogéneos contaminando os resultados assumidos pelos clínicos.

A dimensão qualitativa da futilidade diagnóstica ou terapêutica diz respeito ao próprio objectivo a alcançar – se a medida em circunstância alguma puder atingir os benefícios desejados, se tratar de uma quimera, se não puder lograr melhoria do prognóstico quanto à vida, ao conforto, ao bem-estar, à autonomia e ao estado global do doente, então é fútil, não tem fundamento e não deve ser aplicada na medicina clínica. Se uma medida terapêutica num doente em estado de inconsciência permanente apenas mantiver a situação e a vida se mantiver absolutamente dependente, a medida não deve ser tomada porque é fútil.

Em regra, os clínicos não afirmam em absoluto o resultado de uma certa medida. Muito frequentemente divergem entre si nas situações--limite no que se refere ao conceito que atribuem à qualidade de vida e à dependência que resulta para os doentes da aplicação de uma determinada medida terapêutica. Por isso, naquelas circunstâncias limite as decisões devem ser discutidas e tomadas em equipa, aceites por unanimidade e registadas no diário clínico. As decisões de diagnóstico e de terapêutica fúteis não têm fundamento clínico e ético e não devem ser tomadas.

A obstinação terapêutica, ligada frequentemente aos doentes com doenças crónicas, progressivas e fatais, é uma forma de futilidade terapêutica associada à distanásia que merece alguma reflexão. Os hospitais com tecnologia mais avançada possuem os meios para prolongar as funções orgânicas básicas. A sua utilização imprópria e indiscriminada cria um clima propício às condutas distanásicas. Fundamentalmente, os factores predisponentes para este tipo de condutas são: a) convicção acrítica de que a vida humana é um bem pelo qual se deve lutar até ao limite máximo de todas as considerações sobre as possibilidades de autonomia e os desejos dos doentes; b) ignorância ou menor atenção aos desejos e aos direitos dos doentes, dos seus representantes e das famílias, dos direitos de poder recusar o início e a continuação dos tratamentos médicos que prolongam a agonia do doente terminal; c) angústia das equipas de intervenção perante os insucessos terapêuticos e a resistência em aceitar a morte dos doentes; d) ausência de comunicação adequada e eficaz entre as equipas de intervenção e o doente, a sua família e os seus representantes.

3. Autonomia dos doentes

Os doentes e as suas famílias devem ter conhecimento dos factos e dos fundamentos das decisões que são tomadas relativamente à evolução das doenças, segundo as suas possibilidades de compreensão e de entendimento dos problemas específicos. Na medida possível e adequada, os doentes e as suas famílias devem ser ouvidos pelas equipas de intervenção e devem ter conhecimento dos objectivos e dos limites das medidas tomadas e das suas alternativas. Isto não significa que tudo seja explicado até à exaustão e sem o devido enquadramento, e que os doentes ou as suas famílias possam pedir a utilização de métodos de diagnóstico e intervenções ineficazes ou fúteis. Algumas vezes confunde-se a doutrina do consentimento esclarecido e a possibilidade completamente legítima dos doentes ou dos seus representantes conhecerem, aceitarem e recusarem as medidas de diagnóstico ou de terapêutica, com o direito ilegítimo da utilização arbitrária dos meios de intervenção inadequados, desnecessários e portanto fúteis ou, mais propriamente dito, prejudiciais.

A sociedade confia aos médicos a responsabilidade do julgamento clínico. São educados para esta finalidade utilizando os meios que a sociedade coloca ao seu dispor para tratar os doentes segundo a arte, devendo os médicos aceitar essa responsabilidade com os conhecimentos científicos actualizados, o treino e o adestramento adequados, integrando na sua actividade diária as atitudes recomendadas pela boa prática clínica e pelas normas éticas generalizadamente aceites. A sociedade não pode desejar que os médicos ofereçam para uma certa situação de doença, cega e acriticamente, um menu exaustivo de intervenções sem que se proponha explicitamente uma orientação esclarecida, isenta e atenta (que a deontologia impõe ser prestada num clima de solicitude, de serenidade, de interesse e até de afecto pela pessoa doente e pelas suas circunstâncias).

Se o doente recusa uma determinada intervenção proposta, deverão tranquilamente ser consideradas as alternativas, com os seus inconvenientes e eventualmente as suas vantagens. O doente tem sempre o direito de transmitir os seus desejos, as suas dúvidas e receios, de poder ouvir outras opiniões, de escolher outras equipas, de recusar ou de suspender uma determinada intervenção, dentro dos limites dos recursos disponíveis. Se se considera que não existe uma alternativa credível, o doente deverá ter conhecimento do facto. As suas propostas deverão ser consideradas e deverão ter uma resposta clara e satisfatória. Se o doente mantiver a sua atitude de continuar ou de interromper a seu pedido os tratamentos e o eventual internamento não deve deixar de existir um clima favorável às suas decisões esclarecidas e uma atitude aberta e solícita.

O doente e os que o rodeiam, ainda que livremente devam exprimir os seus desejos e os seus interesses, não podem exigir uma determinada abordagem diagnóstica ou terapêutica que não tenha o acordo explícito da equipa de intervenção. Não deve ter lugar a utilização de métodos de diagnóstico e de terapêutica que são inúteis por não contribuírem de um modo significativo para o esclarecimento das situações ou da sua evolução e que não tenham um efeito benéfico demonstrado, suportado por razoável documentação. Não deve iniciar-se, pois, uma intervenção cujos efeitos não estejam demonstrados. Se o doente não pode exprimir a sua vontade e se não existe um seu representante, a equipa de intervenção deve seguir os protocolos que a boa prática clínica impõe.

O estabelecimento de uma comunicação adequada e eficaz exige tempo, treino, planeamento e um ambiente adequado. Nas grandes instituições hospitalares, a existência de múltiplas equipas de prestação de cuidados parcelares constituídas por pessoas com formações, atitudes e linguagens diferentes, a circulação informal e indevida de dados referenciados a alguém, as conversas de corredor, todas podem contribuir para o ruído que necessariamente prejudica a informação correcta que é devida aos doentes e às suas famílias. É preciso que toda a equipa tenha uma linguagem simples, objectiva e verdadeira, e que não haja contradições nas informações facultadas. É necessário que exista coordenação. Recomenda-se a existência de regras elementares escritas e facilmente acessíveis aos doentes e aos que os rodeiam sobre os objectivos e o funcionamento das unidades, onde constem os nomes e até as imagens das pessoas que constituem a equipa de intervenção. Pode existir um primeiro documento distribuído na altura da admissão com instruções muito simples. Deve haver na equipa um interlocutor privilegiado e disponível para cada doente e para a sua família. O médico de família tem sempre um lugar proeminente neste tipo de situações; a sua intervenção não deve ser dispensada nas instituições hospitalares em muitas situações críticas.

4. Níveis de intervenção nas situações terminais

Pode ser útil para todos os intervenientes designar expressamente os níveis de cuidados de intervenção terapêutica que são adequados para os doentes portadores de situações graves, progressivas e irreversíveis. Todos os membros da equipa, nomeadamente os médicos, os enfermeiros e os técnicos devem conhecer os objectivos das medidas tomadas em todas as fases da doença. As decisões devem ficar claramente especificadas no processo clínico do doente.

Podem ser descritos, nestas circunstâncias, quatro níveis de intervenções terapêuticas a prestar aos doentes em situações graves e irreversíveis, os quais constituem, portanto, patamares de intervenção nos doentes críticos.

1 – Reanimação cardíaca e respiratória – cuidados sem os quais a morte é imediata;
2 – Cuidados continuados de reanimação e cuidados de tratamento intensivo (incluindo a profilaxia e o tratamento das arritmias cardíacas, a utilização de ventilação externa, de dispositivos de assistência circulatória e equipamentos de hemodiálise) – são os cuidados de manutenção da vida, não havendo lugar para a reanimação cardíaca e respiratória;
3 – Cuidados médicos gerais, o controlo da dor, o domínio da infecção, a administração de antibióticos, a cirurgia, a quimioterapia, a utilização de outros fármacos no sentido de manter a homeostase, a hidratação e a nutrição artificiais, não havendo lugar para a reanimação cardíaca e respiratória e para os cuidados continuados de reanimação;
4 – Cuidados gerais de enfermagem e todas as medidas destinadas ao conforto dos doentes incluindo os cuidados de higiene, o

controlo da dor, da ansiedade e do sofrimento, a hidratação e a nutrição, não havendo lugar para os níveis de cuidados considerados anteriormente.

Os programas de intervenção têm necessariamente que ser individualizados em função da situação e da sua provável evolução. Se o doente estiver consciente, deve poder estar informado da sua situação; ele e a família devem conhecer os níveis de intervenção terapêutica e os seus objectivos.

No termo das doenças irreversíveis não deve haver lugar para a reanimação cardíaca e respiratória. O único limite será a incerteza do diagnóstico, situação que necessariamente terá de impor o início imediato e continuado de todas as medidas de reanimação. Quando é possível conhecer as situações com antecipação há vantagem em que toda a equipa conheça a existência de decisões de não reanimação as quais serão decididas em conjunto, por consenso, anotando as decisões de *"não reanimar"* no processo clínico. A equipa de intervenção tem sempre o dever de tomar decisões diferentes das que foram consideradas anteriormente, se for esse o seu juízo nas situações concretas.

As instruções de não reanimar numa situação de paragem cardíaca ou respiratória são justificadas nas seguintes circunstâncias:

1 – Quando é manifestamente previsível que a reanimação não é possível ou quando o doente imediatamente a seguir repetirá o processo que conduziu à paragem cardíaca;
2 – Quando a paragem for o termo de uma doença de evolução necessariamente fatal bem documentada;
3 – Quando a qualidade de vida previsível após a reanimação for tal que não é seguramente aceite pelo doente.

A existência de alterações do estado de consciência impõe limites à participação dos doentes nas decisões que se referem ao tratamento da sua doença.

Quando há cessação definitiva de todas as funções do tronco cerebral avaliadas segundo os critérios generalizadamente aceites, o doente morreu e não há lugar para se prosseguirem intervenções terapêuticas, a não ser no sentido da eventual conservação de órgãos destinados a transplantação.

Nas situações de estado vegetativo permanente existem destruições graves e irreversíveis do neocortex cerebral, persistindo outras funções vegetativas do sistema nervoso central. Os doentes podem recuperar do estado de coma profundo, têm respiração espontânea, podem ter resposta a estímulos dolorosos, podem estar presentes funções vegetativas e reflexos primitivos que dependem apenas do tronco cerebral e não dependem da regulação cortical. Há incontinência dos esfíncteres e não existe evidência cognitiva de qualquer natureza, como não existe capacidade para conhecer o sofrimento.

As situações de estado vegetativo persistente ou permanente não pode ser diagnosticadas de imediato, sendo necessário um período de observação de um a vários meses. A vida destes doentes pode ser prolongada por muito tempo (dezenas de anos) desde que lhes sejam ministradas a hidratação e a alimentação e existam os cuidados de enfermagem adequados. Existe possibilidade de recuperação do estado vegetativo persistente em 1 a 2 % dos casos a qual, em grande parte, depende da etiologia. Se a causa for traumática ou o resultado de reanimação cardíaca por doença súbita, a manutenção do estado vegetativo persistente por mais de um mês torna altamente improvável a recuperação. Nas doenças degenerativas e progressivas a possibilidade de recuperação é nula. A orientação da terapêutica depende da causa inicial. Os doentes encontram-se completamente dependentes dos cuidados que lhes são prestados: quando a situação neurológica se confirma, o que deve ser feito cuidadosamente, deve tentar conhecer-se circunstanciadamente os desejos manifestados antecipadamente. Se não existem indicações claras para o prosseguimento dos cuidados deve ter-se em conta o melhor interesse do doente. A situação deve ser claramente discutida entre toda a equipa de intervenção e os familiares.

Os doentes com demências graves e progressivas e com a consciência gravemente comprometida chegam geralmente a esta situação no curso de um longo processo de doença. A vontade expressa dos doentes e da família é muito importante na orientação dos cuidados a prestar. No estado final, quando existe uma doença intercorrente, é legítimo não efectuar todas as medidas terapêuticas e ajustar os cuidados para evitar o prolongamento desnecessário, fútil e inconveniente da situação e o sofrimento sem esperança.

Se os doentes estão conscientes da presença de uma doença progressiva e mortal, toda a equipa terapêutica deve ser particularmente sensível ao seu sofrimento e às suas necessidades fundamentais, nomeadamente aos aspectos da qualidade da informação a prestar e a outros aspectos afectivos e psicológicos que se referem ao enquadramento do doente. Por vezes, a terapêutica da dor exige analgésicos corticais e intervenções por equipas especializadas que devem ser utilizadas sempre que tal for possível. O nível de cuidados deverá ser planeado de acordo com os doentes e as suas famílias. Em muitos casos os doentes rejeitam explicitamente formas agressivas de intervenção; a equipa não deverá, no entanto, abster-se de manifestar sempre a sua opinião.

Quando os cuidados a prestar não exigirem o internamento em hospitais do nível terciário sem quebra da eficácia da intervenção médica e da dignidade, de acordo com todos os intervenientes, poderá haver transferência do doente para um local onde seja possível um melhor enquadramento familiar no domicílio, num hospital local ou numa unidade de cuidados paliativos. As unidades de acolhimento destes doentes deveriam generalizar-se nas comunidades locais. Nalguns hospitais é possível manter equipas organizadas, com médicos, enfermeiros, assistentes sociais e pessoal auxiliar que prolongam o cuidados hospitalares no domicílio e mantêm a continuidade do apoio diferenciado em conjugação com a actuação dos médicos assistentes.

5. Epílogo

As discussões sobre os temas relacionados com a futilidade diagnóstica e terapêutica têm sido muito importantes para toda a sociedade e em particular para os profissionais de saúde. Primeiro, porque permitem uma abordagem destas questões a frio, afastados dos olhares atentos, sofridos e angustiados dos doentes e das suas famílias, tantas vezes perdidos nos corredores e nas salas de espera impessoais e frias dos nossos hospitais. Depois, porque permitem debater entre nós, profissionais da saúde, na presença dos moralistas, dos juristas, dos sociólogos, dos psicólogos, dos doentes e das suas famílias, de toda a sociedade, os aspectos nucleares e controversos das nossas actividades diárias, que povoam a nossa memória e a nossa consciência, e para nós nem sempre têm contornos completamente esclarecidos. Finalmente, porque nos impõem o dever de saber comunicar usando responsabilidade, competência, solicitude e empenho com os doentes e com as suas famílias.

BIBLIOGRAFIA

1. SCHNEIDERMAN L, Jecker N S, Jonsen AR. Medical futility: Its meaning and ethical implications. Ann Intern Med 112:949-954; 1990.
2. SERRÃO D., Ética das atitudes médicas em relação com o processo de morrer. In: Serrão D e Nunes R, edits. Porto Editora. Porto. 1998: pgs. 83-92.
3. Wanzer S. W., ADELSTEIN S. J., CRANFORD R. E. et al. The physician's responsability toward hopelessly ill patients. N Eng J Med 1984; 310: 955-9.
4. Optimum care for hopelessly ill patients: a report of the Clinical Care Comitee of the Massachussets General Hospital. N Eng J Med 1976; 295: 362-4.
5. SANTOS A. L., Acompanhamento dos doentes terminais: cuidados paliativos. In: Bioética. Archer L, Biscaia J e Osswald W, edits. Editorial Verbo. Lisboa. 1996: pgs. 355-60.
6. BRETT A. S., McCULLOUGH L. B., When patients request specific interventions. Defining the limits of the physician's obligation. N Eng J Med 1986; 315: 1347-51.
7. CURTIS J. R., PARK D. R., KRONE M. R., et al. Use the medical futility rationale in do-not-attempt-resuscitation orders. JAMA 1995; 273: 124-8.
8. DANIS M., PATRICK D. L., SOUTHERLAND L. I., et al. Patients' and families' preferences for medical intensive care. JAMA 1988; 260: 797-802.
9. JECKER N. S., SCHNEIDERMAN L. J., Futility and rationing. Am J Med 1992; 92: 189-96.
10. LANTOS J. D., SINGER P. A., WALKER P. M., et al. The illusion of futility in clinical practice. Am J Med 1989; 87: 81-4.
11. MILES S. H., Informed demand for"non-beneficial" medical treatment. N Eng J Med 1991; 325: 512-5.
12. MURPHY D. J., MURRAY A. M., ROBINSON B. E., et al. Outcomes of cardiopulmonary resuscitation in the elderly. Ann Intern Med 1989; 111: 199-205.
13. MURPHY D. J., BURROWS D., SANTILLI S., et al. The influence of the probability of survival on patient's preferences regarding cardiopulmonary resuscitation. N Eng J Med 1994; 330: 45-9.
14. TOMLINSON T., BRODY H., Ethics on communication in do-not-resuscitate orders. N Eng J Med 1988; 318: 43-6.
15. TRUOG R. D., BRETT A. S., FRADER J., The problem with futility. N Eng J Med 1992;326:1560-4.
16. WACHTER R. M., COOKE M., HOPEWELL P. C., et al. Attitudes of medical residents regarding intensive care for patients with the adquired immunodeficiency syndrome. Outcomes of cardiopulmonary resuscitation in the elderly. Ann Intern Med 1988; 148: 149-52.
17. YOUNGNER S. J., Who defines futility. JAMA 1988; 260: 294-5.

AS UNIDADES DE CUIDADOS INTENSIVOS PEDIÁTRICOS

FILIPE ALMEIDA
*Professor Auxiliar de Pediatria da Faculdade de Medicina
da Universidade do Porto, Assistente Hospitalar
de Pediatria do Hospital de S. João*

É bem significativo o número de recém-nascidos que hoje nascem com baixa, por vezes mesmo muito baixa, idade gestacional. Esta condição, a grande prematuridade, reclama o internamento destes recém--nascidos em unidades de cuidados intensivos (UCI's), unidades onde vivem, por tempo variável, os primórdios da sua vida extrauterina. Não infrequentemente, também a sua morte.

As UCI's são unidades que dispõem de recursos humanos diferenciados (médicos e enfermeiros), de sofisticada tecnologia (ventiladores, monitores, técnicas dialíticas, desfibrilhadores) e de um poderoso arsenal farmacológico (antibióticos "potentes" para enfrentar agentes microbianos de grande resistência, inotrópicos, terapêuticas substitutivas como o surfactante, etc.), o que lhes permite assegurar a assistência específica a estes doentes, nas suas fases mais agudas, gravemente ameaçados nas suas funções vitais. Estas unidades, no seu domínio tecnológico, dispõem de uma capacidade de monitorização contínua, instante a instante, das funções vitais dos recém-nascidos, permitindo uma resposta adequada, indispensável às exigências específicas destas graves patologias. São portanto espaços hospitalares onde se internam os doentes mais graves, de mais elevado risco, de maior vulnerabilidade biológica.

Nestas unidades, vive-se "ao minuto" a intensidade da doença, do risco, da vida. Vive-se permanentemente na incerteza, na iminência da rotura do sonho, da esperança, da morte! O viver e o morrer, que sempre se tocam ao longo da vida, exibem-se com intenso realismo no quotidiano destas unidades.

Se, para quem nelas habita, sobreviver parece ser mais difícil, se, aqui, morrer é quantas vezes mais fácil, então, tudo nestas UCI's tem de funcionar permanentemente bem, qualquer que seja a hora em que os seus serviços sejam necessários. Não só do ponto de vista organizacional e tecnológico, mas de um ponto de vista especificamente humano e humanizador que seja capaz de responder às grandes interrogações e angústias geradas nos pais de quantos recém-nascidos, assim gravemente doentes, aqui se encontram internados.

Para cumprir este desiderato, importa ter em consideração:

– o realismo dos quadros clínicos (procurando o estabelecimento de um diagnóstico rápido e apurado, da doença e da falência, a implementação de um tratamento urgente e eficaz, a definição de um prognóstico);
– a humildade indispensável aos seus profissionais, assessorados que estão por um imenso e sedutor poder tecnológico;
– a sabedoria para reconhecer o verdadeiro êxito (que êxito?), a verdadeira vitória (que vitória?); a sabedoria para recusar a "ribalta" oferecida pelos *media*;
– a necessidade de um exercício profissional permanentemente pautado por uma marca de humanismo, onde haja lugar para uma reflexão pessoal sobre a capacidade para acolher o "outro" que sofre e que, em pediatria, inclui os pais, sobre o sentido da vida (há um direito a nascer? um direito a viver? um direito a sonhar? um direito a morrer? o dever de sofrer?), sobre a transcendência (que Deus? para mim ou para o meu doente? em mim ou no meu doente?);
– a necessidade de um exercício profissional onde pontifique a coordenada ética na moldura dos seus comportamentos (a relação médico-doente-pais e o lugar da "máquina" intrusa nesta relação, a autonomia, a justiça – critérios de internamento e de alta, a alocação dos meios –, a beneficência e a não maleficência, o sentido do tratamento, a reanimação, e o DNR (ordem de não ressuscitar);

- estratégias de auto-avaliação (eficácia e qualidade da UCI e dos seus profissionais – reciclagem, cursos de formação nas áreas científica, de humanização e bioética) e de auto-disciplina (prevenção do desgaste pessoal físico e emocional – Síndroma de Burnout –, e do desgaste familiar), capazes de manter elevada a fasquia da sensibilidade e do respeito intransigente pela dignidade dos doentes (particularmente quando o tempo de viver se fina apressadamente) e pela dignidade dos profissionais;
- a afirmação da UCI como um espaço "vivo", onde pontue não só a qualidade da "presença" dos profissionais de saúde (actores que ousam estar próximo dos doentes, "com" eles e com suas famílias) como a qualidade física da sala (da cor, à luminosidade e à sonoridade!)
- a afirmação da UCI como um espaço onde a "esperança" tem um lugar que lhe é próprio e, portanto, real: desagrilhoar o desespero no tempo de transmitir a confiança e a segurança; exercitar a comunicação como manifestação de uma "presença" real e efectiva; respeitar a "verdade", revelando a verdade possível de ser ouvida; exibir o respeito pela dignidade da vida, particularmente no seu tempo de mais difícil afirmação!;
- desmitificar o "medo", apresentando ao lado da "unidade tecnológica" que apoia o filho a "unidade humana", que se preocupa com o filho e com os seus pais, com a sua doença mas com a sua pessoa, com a sua dor física e com o seu sofrimento, interessada num acolhimento personalizado, humanizado e humanizador;
- encarar a dor e o sofrimento como sintomas específicos das patologias que motivam os internamentos dos meninos nestas unidades, reclamando a prevenção e o tratamento adequados: para a dor, a "intersecção", para o sofrimento a "abertura" das vias aferentes e eferentes;
- privilegiar a comunicação, verbal e corporal; respeitando naturalmente as regras de higiene estritas, o contacto físico dos pais com os seus filhos promove uma comunicação de valor fundamental, espraiada numa linguagem corporal que neste domínio pode assumir relevância particular.

O convite "sedutor" que a tecnologia destas unidades alimenta deve merecer dos profissionais uma reflexão adequada no que ao sentido do tratamento diz respeito. Com efeito, o "tratamento" não é um bem em si mesmo. É um bem, enquanto meio necessário ao alcance de outro bem: a recuperação da saúde. A bioética pede que reflictamos não só sobre os meios mas também sobre os fins (a finalidade). E é nesta premissa reflexiva que se deve olhar para as questões éticas que neste domínio se erguem aos profissionais intensivistas: o "intensivismo" terapêutico, a "futilidade" terapêutica, a "desproporcionalidade" terapêutica, o "cuidar" intensivo.

Para quadros clínicos graves, a resposta deve ser de grande intensidade terapêutica, enquanto visa a remissão da doença, enquanto persegue a cura do doente, enquanto cumpre o princípio ético da beneficência. E, assim, justifica-se claramente o "intensivismo" terapêutico.

Mas, situações há que, mediante a melhoria da definição diagnóstica ou mediante a evolução clínica entretanto ocorrida, se vêm a configurar como quadros clínicos graves mas incuráveis, evolutivos e em adiantado estado de evolução, estabelecendo assim o diagnóstico de doente terminal. Este panorama acontece a qualquer doente, não apenas ao velho, pelo que o doente terminal não pode ser encarado como o idoso, mas como o doente que, incurável, seja qual for a sua idade, recém-nascido porventura, se aproxima inexoravelmente e talvez rapidamente da sua morte. A este doente, quiçá nos primórdios da sua vida, devemos cometer o tratamento adequado que visa agora não a cura mas o apoio indispensável e específico deste seu "novo" tempo de morrer. Não o reconhecer, não agir neste sentido, leva-nos quantas vezes à obstinação terapêutica, justificada apenas na disponibilidade tecnológica da unidade, não no interesse do doente. A escalada terapêutica é assim inevitável e ofenderemos, nesta postura, a dignidade do doente no incumprimento das suas necessidades específicas. Impõe-se, nestas circunstâncias, saber limitar ou mesmo suspender a intensidade terapêutica aguda, atendendo ao princípio da não maleficência (limitação terapêutica) como ao da beneficência (suspensão terapêutica). Persistir numa terapêutica intensiva absurda, sem possibilidade de cumprir o objectivo procurado, a cura, significa admitir a futilidade como parte aceitável de uma estratégia terapêutica – um erro ético, já que, agora, a respectiva estratégia deve ser desenhada noutras coordenadas.

Nestes doentes é ainda previsível ocorrer a falência das suas funções vitais, designadamente a cardiorrespiratória. E, nestas circunstâncias, deve estar definido um plano de intervenção que evite ser o doente eventualmente condenado a "não morrer", quando o seu tempo de morrer possa ter porventura chegado. É o tempo de definir as normas para uma "não reanimação" electiva, assim designada por DNR.

"Não reanimar" não pode jamais ser encarada como uma atitude passiva, quiçá negligente. Esta decisão tem de ser uma decisão que vise o "melhor" bem do e para o doente, não uma redutora omissão terapêutica. Esta é a decisão que quer servir o "melhor" bem do doente: permitir que viva o seu tempo de morrer, consciente ou inconscientemente, mas alvo de uma acção de inequívoca humanitude profissional.

Mas "não reanimar", acompanhar um doente terminal não equivale a "nada mais haver a fazer". Bem pelo contrário: tomada esta decisão, urge implementar uma estratégia de indiscutível intensidade terapêutica que não visa a cura do doente mas o sentido do "cuidar", acompanhando-o nas necessidades de conforto, de controlo eficaz da dor, de suporte humano do seu sofrimento. É agora a novidade de uma particular engenharia de humanização que se impõe ao profissional de saúde.

E esta estratégia terapêutica pode ter lugar em unidades de cuidados intensivos, quantas vezes o único lugar onde a estes doentes é possível morrer, apoiados fundamentalmente por um poderoso contexto de humanidade. Os radares biológicos, que ontem alarmavam estridentemente para "acudir", esperam hoje a continuidade da linha cardio-eléctrica, denunciadora do tempo de paz que o doente encontrou, recusando um indefensável vitalismo, como um redutor utilitarismo biológico.

Mas morrer hoje em cuidados intensivos pode ainda assumir novidade nas suas consequências. Mercê da tecnologia disponível, não raramente é possível fazer o diagnóstico de morte do tronco cerebral em doentes com as suas funções cardiorrespiratória, renal e hepática preservadas. A estes doentes é ainda possível, quando mortos, exercer a solidariedade que, porventura em vida, tenham manifestado: a doação de órgãos.

Respeitar a dignidade do recém-nascido que na UCI encontra a ponta final da sua vida é tarefa de inegável dificuldade para os profissionais de saúde que têm o dever de nele espelhar o horizonte da sua própria dignidade.

Mas a este desafio saberão dar a resposta conveniente, isto é, a resposta eticamente adequada.

CUIDADOS INTENSIVOS E CUIDADOS PALIATIVOS

António Carneiro
*Chefe de Serviço de Medicina Interna, Intensivista
e Director da UCIP do Hospital Geral de Santo António*

Na iniciativa do Instituto de Bioética da Universidade Católica do Porto, centrada no tema "Vulnerabilidade no fim da vida humana" coube--me abordar o tópico cuidados paliativos na perspectiva de um Intensivista. O título central do programa era: "Mudar a face da morte". São as reflexões que na altura fiz que passo a escrito neste texto, com a intenção de partilhar a minha experiência como Internista dedicado aos cuidados intensivos há mais de 15 anos.

INTRODUÇÃO

Na segunda metade do século vinte a Medicina evoluiu imenso. Entre as grandes conquistas que abriram novas perspectivas no tratamento de doenças, previamente fatais, inclui-se a capacidade para substituir e/ou suportar artificialmente funções essenciais à vida (ventilação mecânica, diálise, ...), substituir órgãos vitais (transplantes de coração, rim, fígado, ...) e até recuperar, para uma vida funcionalmente activa, pessoas que foram vítimas de paragem cardio-respiratória. A própria definição de morte mudou. Hoje a morte define-se pela "morte do tronco cerebral" e não pela paragem do coração e da respiração. A Medicina actual consegue manter a funcionar o coração e os pulmões de uma pessoa que já morreu tal como consegue salvar uma pessoa cujo coração e pulmões pararam.

Quando se confirma a morte do tronco cerebral (que é a parte do cérebro que controla o funcionamento dos órgãos essenciais para a vida) declara-se a morte dessa pessoa, sendo possível que, nesse momento, todos os restantes órgãos estejam viáveis e a funcionar (à custa dos tratamentos capazes de artificializar a vida). Estes órgãos podem salvar outras vidas se colhidos para serem transplantados. Nesta dimensão o âmbito de intervenção da Medicina Intensiva prolonga-se para além da própria morte.

A morte passou a ter facetas novas e diversas de tudo o que conhecíamos.

Nem todos tivemos tempo e oportunidade para reflectir sobre estes assuntos, mas quando o fazemos somos confrontados com circunstâncias que nos despertam sentimentos contraditórios. Sentimo-nos exaltados quando vemos os enredos das séries televisivas como o "Serviço de Urgência", onde a arte do realizador e dos actores nos fazem exultar com a capacidade para salvar vidas que de outra forma se perderiam precocemente. É uma realidade que os profissionais dedicados à urgência / emergência / cuidados intensivos vivem todos os dias, é altamente motivadora e pode deixar, aos menos experientes, a sensação de que ciência está sempre pronta a vencer a morte.

Contudo, em muitas situações consegue-se evitar que a morte ocorra, nesse momento, mas não se consegue recuperar essa vida para um estado comparável ao que tinha antes desse acontecimento. Evitar uma morte precoce nem sempre resulta numa vida salva. Há situações em que só conseguimos adiar o momento da morte. Noutros casos a doença evolui para uma agonia prolongada e penosa (1). Esta é a outra face da realidade que os doentes, as suas famílias e os profissionais também vivem todos os dias. Nesta dimensão a prioridade é o investimento na qualidade do fim de vida para aquela pessoa concreta nas condições que lhe são próprias e pessoais. Esta dimensão é mais difícil de optimizar nas nossas actuais instituições de saúde.

A capacidade para artificializar a vida não significa apenas a aptidão para evitar mortes evitáveis, pois inclui também o risco de prolongar o fim de vida com sofrimento indesejável. A face da morte mudou, mas a condição humana não se alterou. A vulnerabilidade da vida humana tem agora novas dimensões. A Medicina actual é capaz de manter pessoas vivas à custa de procedimentos e intervenções que permitem prolongar artificialmente a vida, o que torna essas vidas humanas ainda mais vulneráveis e dependentes. Esta capacidade para salvar vidas que de outra forma se perderiam precocemente constitui um dos momentos mais exaltantes e compensadores do exercício da Medicina moderna. Contudo, o preço pago por essa capacidade é o risco de poder prolongar a agonia e o sofrimento de pessoas para quem a morte é inevitável. Os cuidados de fim de vida passaram a ser parte integrante das preocupações dos profissionais de saúde que tratam doentes graves.

As consequências de índole ética, moral, científica e organizacional desta nova realidade são imensas. A ciência é capaz de impedir mortes evitáveis, mas nunca evitará que chegue a hora da morte. A morte é a única certeza da vida. O que mudou foi a forma de morrer.

Derek Angus estudando a população americana (2) observou que em cinco estados dos EUA, 90% das pessoas saudáveis, inquiridas sobre a forma como gostariam de encarar o fim de vida expressaram o desejo de morrer em casa, mas na prática mais de 50% morrem nos Hospitais e mais de 20% fazem-no depois de submetidas a tratamentos em cuidados intensivos. Não dispomos de dados equivalentes em Portugal, mas a mensagem que daqui decorre é comparável à que se vive em Portugal: a face da morte mudou.

A ARTIFICIALIZAÇÃO DA VIDA

A aptidão para substituir funções vitais e por essa via prolongar a vida é uma das mais notáveis evoluções da Medicina, mas essa aptidão não significa, em nenhuma circunstância, a vitória da ciência sobre a morte. Significa apenas que os actuais saberes médicos e as ciências afins estão em condições de tratar doenças previamente fatais e evitar que a morte aconteça nessa circunstância. A evolução das sociedades e dos saberes médicos permitiram prolongar a vida de tal forma que entre 1920 e 2000 a esperança de vida do Portugueses duplicou (de cerca de 40 anos de esperança média de vida para cerca de oitenta anos). A responsabilidade desta evolução radica essencialmente nas medidas de saúde pública (higiene, vacinações, melhor alimentação, esgotos, educação, ...) (3) a que se juntam os progressos científicos que permitem, hoje, tratar doenças previamente incuráveis. De entre as consequências desta evolução ressalta o aparecimento de uma população constituída cada vez mais por pessoas idosas (com menor reserva para resistirem a doenças graves), por sobreviventes de doenças graves frequentemente com sequelas e diminuição da sua reserva fisiológica e por pessoas dependentes de cuidados de saúde, muitos dos quais constituídos por tratamentos que artificializam a vida (3).

Hoje não nos podemos limitar a considerar se podemos ou não salvar uma vida em determinadas circunstâncias concretas, pois temos de saber em que condições é que tal vai decorrer, a que preço e que qualidade de vida implica essa intervenção. Há situações em que é possível almejar que o doente volte a ter uma vida de relação digna e compensadora, noutras circunstâncias a gravidade da doença é de tal monta que os saberes actuais não são suficientes para impedir que o doente fique com sequelas de gravidade extrema, por vezes sobrevivendo com grande dependência e ocasionalmente com sofrimento, não só do próprio como dos familiares e conviventes. Cada caso é uma circunstância individual e única.

A decisão de iniciar tratamentos de risco e/ou alta agressividade incluindo a artificialização da vida exige ponderação de todos estes aspectos. As referências que balizam essa reflexão são:

➢ a doença (e o que a Medicina actual pode fazer),
➢ a pessoa (o seu sentimento e desejos) e
➢ o contexto social em que essa doença e essa pessoa se integram.

Nesta medida o diagnóstico preciso e o prognóstico antecipável no momento em que as decisões são tomadas, determinam as possibilidades e a legitimidade de cada uma das intervenções.

As imensas potencialidades da Medicina actual são frequentemente conseguidas à custa de procedimentos altamente agressivos (cirurgias, medicamentos com importantes efeitos secundários, tratamentos altamente invasivos, ocasionalmente amputação de órgãos, ...). Muitos desses procedimentos constituem violações da integridade física e provocam sofrimento. Neste contexto o princípio da beneficência é permanentemente confrontado com o princípio da não maleficência. Por isso a decisão deve ser tomada em função da pessoa e não da doença e/ou do procedimento, interpretado à luz do benefício espectável versus sofrimento tolerável.

Por outro lado, a legitimidade das intervenções capazes de salvar vidas, à custa de um sofrimento, nem sempre negligenciável, impõe que a decisão seja tomada por quem está qualificado e autorizado para a tomar, que os procedimentos estejam conformes ao estado da arte e que a intenção de quem os decide seja a cura ou, se esta não for possível, o tratamento e/ou o alívio do sofrimento. Se estes preceitos não forem respeitados os tratamentos podem ser desproporcionados, excessivos ou até ilegítimos.

Este preceito é facilmente aceitável do ponto de vista moral e no caso português tem mesmo expressão no texto do código penal: *"As intervenções e os tratamentos que, segundo o estado dos conhecimentos e da experiência da medicina, se mostrarem indicados e forem levados a cabo de acordo com a "leges artis", por um médico ou por outra pessoa legalmente autorizada, com intenção de prevenir, diagnosticar, debelar ou minorar a doença, sofrimento, lesão ou fadiga corporal, ou perturbação mental, não se consideram ofensa à integridade física"* (Código Penal, art. 150.°). (4)

Daqui decorre o entendimento de que se não forem respeitadas as condicionantes que legitimam cada uma destas intervenções, estas podem ser tidas como "ofensas à integridade física". É o que acontece quando se entra no domínio da obstinação terapêutica, já que o mesmo C. Penal estabelece que *"... é ilícita a obsessão (encarniçamento terapêutico) de debelar patologias parciais, (ex. Cirurgias excessivas, ...) perante a convicção científica (o dever ser da competência e actualização médica) da sua inutilidade face ao estado do doente ..."* (4)

Não nos podemos pois esquecer que os procedimentos / tratamentos instituídos com a intenção de prolongar a vida, incluindo a sua artificialização confrontam-se sempre com dois pólos contraditórios: a exaltante e nobre missão de curar, tratar e aliviar o sofrimento devolvendo a pessoa ao convívio dos seus e a indesejável circunstância em que os tratamentos prolongam o sofrimento, com risco de indignificar a vida humana e prolongar o processo de morrer.

As circunstâncias são sempre individuais, referem-se a uma pessoa concreta num momento concreto, pelo que as decisões também devem ser individualizadas e ajustadas à circunstância em que essa pessoa se encontra. Contudo, a decisão individualizada deve-se alicerçar em princípios éticos e morais de índole geral, enquadrados nas circunstâncias sociais e legais ajustadas à realidade desse caso.

A DECISÃO EM MEDICINA INTENSIVA

A Medicina Intensiva é uma das áreas das ciências médicas onde as questões de índole ética relacionadas com os limites da vida e as condições da morte são mais complexas. O documento orientador da formação em Medicina Intensiva, produzido pelo Colégio de Medicina Intensiva da Ordem dos Médicos define-a nos seguintes termos: *"É uma área multidisciplinar e diferenciada das Ciências Médicas que aborda especificamente a prevenção, diagnóstico e tratamento de situações de doença aguda potencialmente reversíveis, em doentes que apresentam falência de uma ou mais funções vitais, eminente (s) ou estabelecida (s)"* (5).

Decorre deste entendimento que nenhum doente se destina aos cuidados intensivos. As intervenções dos cuidados intensivos, por definição e por organização logística, são transitórias e pautadas pela noção de reversibilidade. A constatação de que a situação é irreversível impõe decisões de continuidade de cuidados para além do âmbito estrito dos espaços reservados à prática de cuidados intensivos.

As circunstâncias em que os Intensivistas se defrontam com *"... doença aguda potencialmente reversível, em doentes que apresentam falência de uma ou mais funções vitais, eminente (s) ou estabelecida (s)"*, são variadíssimas mas podem ser agrupadas em dois grandes grupos:

> situações esperadas (representadas pelas situações em que a doença é prévia e conhecida, em que o diagnóstico principal está estabelecido e a reserva funcional dos órgãos vitais está avaliada ou estimada) e

> situações inesperadas (representadas pela doença súbita e pelas situações em que a condição prévia do doente não é conhecida).

No primeiro caso é espectável que, de acordo com as normas das boas práticas, o médico responsável pelo tratamento desse doente conheça o diagnóstico e com base nesse conhecimento estabeleça o prognóstico à luz do estado da arte e das condições concretas desse doente. É espectável que as decisões tenham envolvido o doente, familiares, conviventes (se apropriado) e a equipa de saúde que se ocupa do doente.

A decisão relativa a cada procedimento, incluindo a artificialização da vida, deve envolver os interessados (identificados caso a caso com respeito pela individualidade da pessoa doente) ponderando a legitimidade de cada intervenção, tendo em conta os benefícios esperados e os riscos previsíveis ou possíveis.

A decisão alicerça-se no respeito pela autonomia da pessoa e no princípio da beneficência.

A decisão deve incluir a definição de objectivos e limites para a intervenção, respeitando a proporcionalidade de cada procedimento com respeito pelos princípios da não maleficência e da justiça distributiva.

Nas situações em que a doença é inesperada, a informação disponível é muitas vezes insuficiente para estabelecer um diagnóstico seguro e nestas circunstâncias o prognóstico, no momento da abordagem inicial do doente, é por vezes incerto. É igualmente frequente que o doente não tenha condições e ou oportunidade de expressar os seus desejos na medida em que pode estar inconsciente ou incapaz do ponto de vista mental ou pode não ter havido tempo e/ou circunstâncias que permitissem informá-lo. Neste contexto a intervenção dos profissionais de saúde assenta muitas vezes no consentimento presumido, alicerçado nos princípios de beneficência e justiça. Mas os fundamentos e o comportamento que legitimam as suas intervenções são exactamente os mesmos das situações em que o consentimento é esclarecido.

Em todos os casos os cuidados com os doentes mais graves, em particular os que estão em risco de vida, exigem intervenção de equipas de saúde qualificadas, que devem ter sempre a preocupação de obter o máximo de informação. A decisão é tanto mais acertada e ajustada quanto mais precisa for a informação disponível. Este processo exige cooperação com familiares, conviventes e outros profissionais.

O prognóstico baseia-se no diagnóstico e por isso evolui com a evolução da doença.

Este conhecimento permite estabelecer um plano de tratamento e acompanhamento do doente, tendo em consideração as condições concretas de cada pessoa individual.

A maioria dos doentes com doença grave não está nos serviços de cuidados intensivos. Os princípios aqui revistos, a propósito da decisão em cuidados intensivos, são comuns às restantes situações, depois de ajustados às condições e circunstâncias concretas em que o doente se encontra.

O desenvolvimento das ciências médicas, em particular a capacidade para artificializar a vida, criou novos problemas éticos. Confrontados com estas realidades, as autoridades norte-americanas solicitaram ao congresso dos EUA, em finais dos anos sessenta, uma posição de princípio que orientasse o comportamento dos cidadãos. Dessa iniciativa resultou o *"Belmont report"* (6) publicado em 1978, no qual se estabelece que as decisões relativas às intervenções em situações de risco de vida devem ser sustentadas em referências éticas e que estas deveriam basear-se nos seguintes princípios:

➢ *Respeito pela pessoa humana,*
  ✔ *Os indivíduos devem ser tratados como agentes autónomos;*
  ✔ *As pessoas com autonomia diminuída têm direito a protecção*
➢ *Beneficência*
➢ *Justiça*

No ano seguinte, 1979, dois dos membros da Comissão que redigiu o "Belmont report": Beauchamp (médico) e Childress (filósofo), publicaram um livro que intitularam: "Principles of Biomedical Ethics", no qual desenvolvem a sua teoria do principialismo. Propõem os autores que a dimensão ética da decisão médica seja suportada em quatro princípios, que decorrem das recomendações inscritas nas recomendações do *"Belmont report"*, acrescidas de um novo princípio: "Não maleficência" (6).

➢ *Autonomia*
➢ *Não maleficência*
➢ *Beneficência*
➢ *Justiça*

Beauchamp e Childress exprimem desta forma a sua preocupação com as intervenções excessivas que podem provocar ou prolongar o sofrimento, se forem desproporcionados à circunstância desse doente concreto nesse momento preciso. Estes dois autores alertam também para o facto de os valores e princípios ajustados para avaliação e decisão sobre uma pessoa individual serem igualmente válidos para a avaliação e decisão do ponto de vista dos interesses da comunidade de que todos dependem e para a qual todos contribuem.

Nesta perspectiva, ao processo de cuidar centrado no doente é preciso adicionar a dimensão constituída pela família e conviventes, envolvidos. É essencial ter consciência da importância do sofrimento do doente em estado crítico, mas quando o seu nível de consciência está deprimido pela doença ou pelos medicamentos que o mantêm adormecido, quem mais sofre é a família. Nas circunstâncias de doença aguda com risco eminente de vida a família é quase sempre quem vive as maiores angústias, incertezas e sofrimento, quer na dimensão emocional, quer profissional, familiar e social.

A equipa de profissionais de saúde, por sua vez, quando repetidamente exposta a situações de grande tensão emocional, sofre, expõe-se e resiste o melhor que sabe e é capaz, mas precisa igualmente de apoio e muitas vezes de intervenção específica. Apesar do trauma que a situação do doente lhe possa provocar, espera-se que o profissional supere as suas emoções em benefício dos cuidados com o doente, o que nem sempre é fácil e por vezes deixa sequelas relevantes.

Cuidar de quem cuida é tão importante como cuidar dos doentes que lhe são confiados

O CUIDADO INTEGRAL COM O DOENTE

Do que fica escrito depreende-se que cuidar de doentes em estado crítico, além dos esforços para curar ou tratar as doenças que põem a vida em risco, exige intervenções para aliviar os sintomas com a intenção de minorar o sofrimento do doente e de quem dele cuida. Por definição, essas intervenções estão a cargo de equipas multidisciplinares e por essa razão é necessário um grande empenho na comunicação com os doentes, familiares e profissionais e destes entre si.

Aliviar os sintomas, privilegiar a comunicação e o trabalho em equipa são os pilares dos "Cuidados Paliativos". É pois legitimo concluir que nesta perspectiva, não há contradição entre cuidados intensivos e cuidados paliativos. São ambos parte de um todo, centrado no cuidado integral da pessoa doente.

Se durante a evolução da doença e do tratamento, a cura deixou de ser um objectivo, ou os tratamentos intensivos deixaram de ser justificados, o plano terapêutico deve ser reformulado ajustando-o às necessidades do doente. Daqui deve resultar um plano de intervenção centrado nos cuidados de acompanhamento do doente, agora sem intenção curativa.

Quando a intenção é curativa o plano de cuidados e os limites do tratamento são determinados pelo objectivo de curar, mas quando a intenção deixa de ser curativa e/ou quando os tratamentos disponíveis já foram todos utilizados sem que se tenha obtido o resultado desejado é necessário reequacionar a situação e ajustar os objectivos. Este processo é dinâmico e está indexado a todas as situações em que se decidiu iniciar um novo procedimento, mesmo que este não inclua a artificialização da vida.

Quando o tratamento inclui a artificialização da vida, o médico que a prescreveu deve-se obrigar a decidir quando é que essa intervenção deixou de ser "beneficente" e passou a ser excessiva ou injustificada, pelo que pode ser entendida como "maleficente". Nesse momento é da sua obrigação limitar e suspender os procedimentos tidos por excessivos (4), mantendo e ajustando os tratamentos de acompanhamento e/ou paliativos.

OS LIMITES DA INTERVENÇÃO

Há casos em que o doente não é capaz de sobreviver à gravidade da doença e nessas circunstâncias as obrigações dos Intensivistas incluem a suspensão dos tratamentos tidos por excessivos e/ou injustificados e nos casos em que tal se justifica, o acompanhamento do fim de vida. Os princípios de beneficência e justiça (entendida no sentido do direito aos cuidados de saúde) constituem a base da decisão para instituir procedimentos que podem incluir a artificialização da vida em doentes que, apesar de gravemente doentes e com elevado risco de morte, têm alguma hipótese de sobrevida.

Muitas das admissões em cuidados intensivos ocorrem em circunstância em que o doente tem elevada probabilidade de morte, mas os dados disponíveis permitem admitir que há uma possibilidade de salvar essa vida. São decisões ditadas pela necessidade de conceder o benefício da dúvida, avaliando se há reserva funcional para recuperar as funções vitais. Esta convicção legitima que se admitam em cuidados intensivos doentes com probabilidade de morte superior a 90% e que, se não fossem tratados em cuidados intensivos, morreriam de certeza. Desde que o internamento seja tido como legítimo é igualmente legítimo disponibilizar todos os recursos tidos por justificados e proporcionados para esse caso nessa circunstância. Contudo, tal como decorre do enunciado deste problema, quando se admite em cuidados intensivos um doente com 90% de probabilidade de morrer, a equipa tem 10% de probabilidade de salvar essa vida, sendo essa a razão do seu investimento. Contudo, tem de estar igualmente preparada para se confrontar com a inevitabilidade de em 90% dos casos ter de lidar com a morte. Nos casos em que a resposta aos tratamentos não é a desejável e as medidas de suporte artificial de vida passam a ser consideradas excessivas ou injustificadas, é necessário reformular a estratégia incluindo a possibilidade de suspensão de tratamentos tidos por excessivos e/ou injustificados ("futile", na nomenclatura anglo-saxónica). Nas UCI modernas 40-80% das mortes são precedidas da decisão de suspender medidas de suporte avançado de vida.

Como referem Vincent JL e col: " num período de três meses das 109 mortes ocorridas na sua UCI, em Bruxelas, em 50 casos a morte foi precedida da decisão de suspender tratamentos de suporte artificial da vida". (7). Um estudo prospectivo em UCI francesas, patrocinado por Lemaire e col conclui que 69% dos casos de decisões em situações de fim de vida" incluíram a suspensão de tratamentos de suporte avançado de vida (8). Prendergast and Luce relatam que 90% das decisões que precedem a morte em cuidados intensivos nos EUA são decisões de retirada (78%) ou suspensão (12%) de tratamentos de suporte avançado de vida (9).

"... os Intensivistas, tradicionalmente, centraram a sua acção na cura da doença, na recuperação da saúde e das funções vitais, mas esses objectivos têm agora de ser expandidos para assegurar uma "boa morte" ... a tecnologia actual permite salvar vidas, e impedir mortes evitáveis, mas quando a morte é inevitável, deve permitir que os doentes possam ter uma morte digna e sem mais sofrimento do que o inevitável..." (10)

Nesta matéria a lei portuguesa é particularmente explicita, pois como cita Lopes Cardoso o código penal estabelece que *"... não é "eutanásia" (cf. Arts. 133.º e 134.º C. Penal) a omissão de tratamentos inúteis – antes constitui obrigação do médico, sob pena de agir contra o art. 150 C. penal ..."* e que *"... não é "eutanásia" a interrupção de meios artificiais – antes é obrigação sua, pela mesma razão ..."* e ainda que *"... DNR (Decisão de Não Reanimar) ou suspensão de meios de SAV (Suporte Avançado de Vida) – quer do ponto de vista ético quer do ponto de vista jurídico, não diferem* (4).

A preocupação de todos os que têm responsabilidades na área da Emergência / urgência / cuidados intensivos deve ser a de proporcionar a cada cidadão os cuidados de que precisa no momento em que deles precisa. A possibilidade de concretizar este desígnio depende antes de tudo da logística organizacional que a sociedade criou para responder àquelas necessidades. Quando essas disponibilidades existem, o profissional e a equipa quando confrontados com um caso individual, no qual a vida está em risco, empenham-se em proporcionar os procedimentos mais adequados para salvar essa vida. Contudo essa decisão pode comportar o risco de iniciar tratamentos que durante a evolução da doença se vêm a revelar excessivos e/ou injustificados. Neste momento, os procedimentos, previamente tidos por indicados e adequados, devem ser descontinuados com a preocupação de não provocar maleficência e de assegurar a justiça distributiva.

Os recursos alocados ao tratamento dos doentes críticos são sempre elevados, são cada vez mais requisitados e serão sempre limitados pelo que os Intensivistas têm a obrigação de os gerir com o melhor critério possível.

Acresce que quando a intenção não é curar, tratar ou aliviar o sofrimento, a estratégia da equipa deve centrar-se num plano de continuidade de acompanhamento em sequência com o que foi feito nos cuidados intensivos e/ou um plano de cuidados de fim de vida, que são parte integrante das boas práticas em cuidados intensivos.

Como refere Timothy G. Buchman (ex-Presidente da Sociedade Americana de Cuidados Intensivos):

> "... Temos de tornar os nossos tratamentos em cuidados intensivos tão eficazes e eficientes quanto possível. Mas o maior dos imperativos é o de identificar em tempo oportuno os doentes nos quais os tratamentos com intenção curativa deixaram de poder proporcionar um retorno a uma vida com qualidade e por isso priorizar a intenção paliativa no tratamento desses doentes. Isto exige competências e qualificações adicionais (epidemiológicas, recursos humanos, financiamentos, melhoria contínua de qualidade, ..). Entendo que a formação de um Intensivista se não pode limitar às competências técnicas mas tem de se estender à compreensão dos outros sistemas que tornam possível a existência dos cuidados intensivos. The ICU Model in Europe and the United States (2005 Jun 06) – Timothy G. Buchman, PhD, MD, FACS, FCCM, Harry Edison Professor of Surgery, Professor of Anesthesiology and Medicine, past President. Society of Critical Care Medicine

CUIDADOS INTENSIVOS E CUIDADOS PALIATIVOS

" ... A concepção de que o doente em estado crítico e o doente em estado terminal são necessariamente distintos deu lugar à compreensão de que muitas vezes as duas situações coexistem num mesmo espectro, em particular no âmbito dos cuidados intensivos. É pois cada vez mais consensual que os cuidados intensivos e os cuidados paliativos devem coexistir no tratamento do mesmo doente. Os cuidados paliativos nas UCI evoluíram de um conceito unidimensional centrado na sedação do doente para uma dimensão multi-profissional preocupada com o controlo dos sintomas, com a comunicação com o doente e com a família, com as suas necessidades espirituais e particularmente preocupada com as necessidades dos profissionais de saúde..." (11).

Neste entendimento a relação com a família do doente em estado crítico, em particular se este está em risco de vida e submetido a tratamentos que incluem a artificialização da vida, tem uma importância fundamental. Esta visão da forma de cuidar dos doentes em risco de vida constitui critério de qualidade no funcionamento das modernas UCI e pode ser sistematizada nas seguintes orientações

AS RELAÇÕES DA UCI COM A FAMÍLIA

- ➢ O doente e a família constituem duas faces de um binómio e devem ser encarados como uma unidade a cuidar,
- ➢ A condição do doente e as perspectivas da equipa sobre o seu tratamento, devem ser clarificadas desde o 1º dia,
- ➢ A informação para a família deve ser centralizada num sénior qualificado que se prepara para conversar com a família,
- ➢ A informação deve ser clara, precisa e verdadeira,
- ➢ As informações devem ser regulares e com a frequência que a família precisar,
- ➢ O apoio emocional e organizacional às necessidades da família é sempre importante e nalguns casos é essencial e determinante para o seu equilíbrio emocional e social.
- ➢ É importante manter a esperança quando tal se justifica, sem, contudo, criar expectativas não fundamentadas.

Quando a situação evoluiu ao ponto de se esperar o fim de vida, continua a ser igualmente importante manter o acompanhamento do binómio doente / família, nesta fase centrado, no que se refere ao doente, no alívio dos sintomas, na comunicação e na coordenação do trabalho multidisciplinar em equipa. Estes procedimentos constituem hoje indicadores de qualidade das UCI, na medida em que os cuidados de fim de vida são parte integrante dos cuidados com o doente em estado crítico.

Indicadores de qualidade nos *cuidados de fim de vida* em CI:

- Processo de decisão centrado no doente / família,
- Comunicação dentro da equipa e com o doente / família,
- Continuidade de cuidados,
- Cuidados de conforto e alívio de sintomas,
- Apoio espiritual ao doente / família,
- Apoio emocional e organizacional à equipa da UCI.

CUIDADOS PÓS CUIDADOS INTENSIVOS

O doente que sobreviveu à doença que o levou aos cuidados intensivos tem um tempo de recuperação que depende da gravidade da doença e das sequelas dela resultantes. Contudo a maioria destes doentes necessitam de recuperação, reintegração social e de tratamentos específicos com a intenção de corrigir / tratar as sequelas da doença e dos tratamentos a que foi submetido. Por isso é da maior importância identificar os problemas existentes e antecipar problemas potenciais antes da alta hospitalar, para que seja possível tratar, recuperar, reeducar e prevenir as complicações evitáveis. Nesse sentido a orientação dos doentes para consultas pós-cuidados intensivos, e outro dos modernos indicadores de qualidade da Medicina Intensiva e parte do cuidado integral com o doente em estado crítico (13).

Também nesta dimensão os cuidados de acompanhamento do doente centram-se no alívio dos sintomas, na reeducação funcional, na promoção da reintegração sócio-profissional, na comunicação com o doente e com a família / conviventes e no trabalho de equipa.

CONCLUSÃO

O estado da arte das boas práticas no âmbito da Medicina Intensiva coloca em paridade a dimensão curativa e o acompanhamento do doente em estado crítico.

Os recursos alocados às UCI e o treino diferenciado dos seus profissionais justifica-se pela necessidade de optimizar procedimentos com a intenção de curar e quando tal não é possível tratar com vista à recuperação das "... *situações de doença aguda potencialmente reversíveis, em doentes que apresentam falência de uma ou mais funções vitais, eminente (s) ou estabelecida (s)..*".

A dimensão humana da pessoa em risco de vida exige que o seu plano de tratamento inclua cuidados de acompanhamento bem como cuidados de fim de vida, quando justificado. Estas duas dimensões dos cuidados com o doente crítico, assim como o acompanhamento do doente pós-cuidados intensivos, são de tal forme decisivas na qualidade dos resultados obtidos que devem ser entendidas como indicadores de qualidade no exercício da moderna Medicina Intensiva.

REFERÊNCIAS BIBLIOGRÁFICAS

1. Peter Basket, Jery Nolan et al, Ethics of resuscitation – Resuscitation Nov 2005 – section 8.
2. Derek C. Angus et al, Use of intensive care at the end of life in the United States: an epidemiologic study; on behalf of the Robert Wood Johnson Foundation ICU End-of-Life Peer Group Crit Care Med 2004 Vol. 32, n.º 3 638-43.
3. Suzete Gonçalves 2005 – in atelier temático: saúde – Norte 8015.
4. Lopes Cardoso – comunicação pessoal no Encontro Nacional do Conselho Português de Ressuscitação 1999.
5. Critérios de Idoneidade e de Formação em Medicina Intensiva – 2003, Revista da Ordem dos Médicos.
6. Beauchamp and Childress – Principles of Biomedic al Ethics.
7. Gajewska K., Schroeder M., de Marre F., Vincent J. L: Analysis of terminal events in 109 successive deaths in a Belgian intensive care unit. *Intensive Care Med* 2004, 30:1224-1227.

8. FERRAND E., ROBERT R., INGRAND P., LEMAIRE F.: Withholding and withdrawal of life support in intensive-care units in France: a prospective survey. French LATAREA Group. *Lancet* 2001, 357:9-14.
9. PRENDERGAST T. J., Luce J. M.: Increasing incidence of withholding and withdrawal of life support from the critically ill. *Am J Respir Crit Care Med* 1997, 155:15-20.
10. *Recomendations for the end-of.life care in the ICU: The Ethics Committee of the Society of Critical Care Medicine Crit Care Med* 2001 Vol. 29, n.º 12, 2332-48.
11. DOUGLAS B. WHITE and JOHN M. LUCE, *Palliative care in the intensive care unit: barriers, advances and unmet needs – Critical Care Clinics* 20 (2004) 329-343.
12. Derek Angus and Jean Carlet Ed – Surviving Intensive Care. Springer--Verlag Berlim 2007.

QUEM CUIDA DE QUEM CUIDA

WALTER OSSWALD
Instituto de Bioética, Universidade Católica Portuguesa

Inicio esta singela contribuição citando Carla Nogueira Tavares (Mestranda em Bioética, Enfermeira) que, num trabalho apresentado no decurso da parte escolar do seu curso, afirmava que "Somos vistos como profissionais corajosos, pessoas especiais que fazem trabalho notável mas penoso" para acrescentar "Cuidamos de nós próprios e posteriormente dos outros".

Temos aqui a essência do problema que nos propomos tratar. Na realidade, o pessoal de saúde e muito particularmente o que lida com doentes terminais ou trabalha em serviços como elevada taxa de mortalidade (oncologia, mas também geriatria, medicina interna, infecciologia, cuidados intensivos) é considerado pelos doentes, seus familiares e público em geral como tendo algo de especial, já que enfrenta diariamente o tal trabalho notável e penoso de lidar com a morte provável, anunciada ou iminente e parece não ser especialmente afectado por essa condição. Obviamente mítica, essa espécie de armadura moral contra a tristeza ou o desespero não faz parte da personalidade do profissional, não lhe é concedida como uma prenda especial no começo do seu trabalho em tão duras condições nem é um revestimento protector que possa envergar ao iniciar o seu dia de trabalho, para o despir à saída.

Tem-se chamado a atenção para a vulnerabilidade destes profissionais de saúde: lidam com situações de fim de linha, assistem ao declinar da saúde e das forças, reconhecem a sua impotência para deter o processo, recebem confissões, queixas, lamentos, quiçá gritos de inconformidade ou desespero, pedidos lancinantes provindo dos doentes ou, mais vezes, dos seus familiares. Frequentemente assistem aos momentos finais ou têm de informar os familiares; e deveriam ajudá-los a fazer o seu luto de uma forma digna, espiritualmente construtiva e tendente à esperança. "Trabalho notável mas penoso", sem dúvida.

Acrescente-se que as duas opções aparentemente mais recomendáveis para enfrentar estas situações se podem revelar como becos sem saída: a criação de um estado de indiferença e neutralidade em relação ao sofrimento e à morte dos pacientes, por um lado, e a partilha emocional e altamente personalizada, por outro. A primeira representa uma recusa cobarde e censurável do dever de estar com, de sofrer com (cum passio – compaixão), de ajudar, de acolher e constituiria má prática (médica ou de enfermagem), por ofender os deveres que os profissionais a si mesmo se impuseram, ao elaborar os seus códigos deontológicos. Se nenhuma morte me pode ser indiferente, como proclamou John Donne, a morte de alguém que me está entregue tem de me afectar ainda mais. Mas tal não significa que seja necessário cair no extremo oposto, da vivência pessoal do sofrimento do paciente e do assumir da sua morte como perda trágica, eventualmente experienciada como inêxito, falha, culpabilidade. Se assim acontecer, o profissional revelar-se-á como incapaz de suportar esta pressão e entrará em descalabro emocional e burnout.

Para atingir um plano de aristotélico equilíbrio entre os dois extremos nefastos já referidos, uma situação em que a compaixão, o acolhimento, a compreensão e o interesse estejam presentes, mas igualmente se reconheça a inevitabilidade e se aceite a perda, sem se cair na tentação da obstinação terapêutica, é indispensável que o profissional cuide de si mesmo, pois só assim poderá cuidar dos outros. Terá, antes de mais, de olhar para dentro de si mesmo, de encarar as suas próprias questões existenciais, de procurar estar conhecedor de si e em paz consigo.

Mesmo nestas circunstâncias, na prática, a vida quotidiana dos profissionais de saúde acarreta cargas emocionais gravosas, dilemas éticos, sofrimento e desconforto moral, não raras vezes agravado por conflito entre as atitudes e comportamentos institucionais ou de outros membros da equipa de saúde e as atitudes e comportamentos que ao próprio se afiguram mais correctas e ditadas pelo dever. Acresce ainda que a sensação de fadiga é um facto generalizado, devido à privação de sono (horários longos, urgências) e ao excesso de horas de trabalho (muito mais numerosas do que em profissões que não lidam com vidas humanas, o que é absurdo).

A fadiga acarreta má disposição, aumento da taxa de erro, dificuldade em mobilizar reservas de esforço e de juízo da situação clínica. Outro factor, surpreendente talvez, é a dificuldade de comunicação, o silêncio que se instala, as parcas palavras que se trocam com colegas, doentes, familiares, ou a evasão para a conversa banal, com temas exteriores ao mundo da saúde – ao discutir futebol ou cinema ou carros, o profissional alheia-se da envolvência que o deprime. Este desconforto moral (moral distress – Jameton, Alvita Nathaniel) tem como importante constituinte a dificuldade em lidar com a morte, tantas vezes sentida como derrota e inoportuna lembrança da mortalidade do próprio profissional. Note-se, a este respeito, que a preparação académica que as escolas fornecem é muito deficiente ou até ausente no tema morte; a ideia com que um jovem licenciado sai da sua escola é que as mortes são evitáveis, apenas se manifestam nas estatísticas e não afectam o profissional!

A síndrome de burnout (que poderíamos traduzir por queima) só nos últimos trinta anos tem sido reconhecida e caracterizada como uma resposta duradoura ao stress laboral crónico e apresenta pelo menos três constituintes salientes: o esgotamento da capacidade de entusiasmo ou de interesse pela actividade desenvolvida, a sensação de frustração ou desilusão e de baixo rendimento e, não surpreendentemente, uma posição de não empatia ou até de antagonismo em relação às pessoas que são alvo dos cuidados profissionais. Isto significa, na área da saúde (já que o burnout não é exclusivo desta, surgindo igualmente nos professores e prestadores de serviços sociais), que o profissional ganha animosidade, que obviamente se esforça por suprimir ou controlar, em relação aos seus doentes. A síndrome, note-se, é típica das pessoas psiquicamente normais, não constituindo patologia medicamente tratável. As consequências são, pois, sérias, quer para a instituição (que vê baixar a qualidade e o rendimento dos cuidados), quer para os doentes (confrontados com uma perda de interesse, de humanidade, de solicitude que não sabem interpretar nem podem alterar) e, obviamente, para os profissionais, que se tornam irritados, apáticos ou conflituosos ou optam pelo absentismo ou pela baixa. Em alguns casos, a única solução que se lhes antolha possível é a mudança de ambiente de trabalho ou de especialidade ou ainda o abandono da profissão.

Não dispomos de elementos, senão anedóticos, acerca da frequência e gravidade do burnout entre os nossos profissionais de saúde (embora haja relatos acerca do sofrimento dos profissionais, como p. ex. o de Elizabete Borges acerca dos enfermeiros em Pediatria) mas não há razões substantivas para que a sua incidência seja diversa da registada em outros países e que orça pelos 40-50% de todos os inquiridos (em oncologia, cuidados intensivos, terminais). Enquanto se não levam a cabo os estudos necessários, parece importante apontar as medidas e os procedimentos que podem e devem ser adoptados, para profilaxia do sofrimento moral e do burnout e, obviamente, dos danos que lhes são consequência. Voltamos pois à questão inicial: quem cuida de quem cuida, e acrescentamos-lhe outra interrogação – e como o faz?

1. Em primeiro lugar, o próprio ("Cuidamos de nós próprios, e depois dos outros"). É indispensável que o profissional se interrogue e examine a si próprio, que analise as suas posições e convicções, que verifique o grau e a adequação das suas expectativas. Como vê e entende a fase terminal, a agonia e a morte do ponto de vista filosófico, espiritual, médico? Aceitar a inevitabilidade da morte, o facto de se não tratar de um falhanço ou derrota, mas antes de uma componente irremediável e irrecusável da própria vida e, por isso, de fazer parte da vida e se desejar, como esta, que tenha qualidade, ou seja, que é possível entender a boa morte como corolário da vida boa. Se o profissional proceder a este importante exercício de análise e de introspecção, estará em muito melhores condições para, na sua vida quotidiana, alcançar um certo grau de imunidade (que não é insensibilidade) em relação às mortes a que irá assistir (no duplo sentido de estar presente e de prestar assistência). Terá mais facilidade em retomar a sua vida privada, familiar e social, no fim de um dia de trabalho, sem trazer consigo, para a intimidade do lar ou o calor do grupo de amigos, as inquietações e dúvidas acerca deste ou daquele doente terminal ou moribundo ou a imagem do que faleceu nesse dia. Ser-lhe-á possível continuar a ser um profissional atento, compassivo e competente e ser capaz de "desligar", de se entregar com entusiasmo e interesse à família, aos hóbis, à actividade desportiva.

2. Seria demasiado exigente esta tarefa, se não fosse partilhada com outros e nessa partilha não encontrasse alento e apoio. Outros: naturalmente, os restantes membros da equipa, de modo que as falas redentoras, o quebrar de silêncios embaraçados ou cúmplices, a dissecação franca e honesta dos problemas éticos, o combate à estéril e asséptica neutralidade constituam verdadeira ajuda para todos os intervenientes. Outros ainda são os familiares dos profissionais, a quem se solicita compreensão,

companheirismo, partilha, capacidade de doação. Outros são os voluntários, cuja nobre missão não deve ficar reservada, em exclusivo, aos pacientes e suas famílias. Finalmente, outros são os responsáveis pela gestão dos recursos humanos e pela direcção dos serviços ou instituições, que têm obrigação de ponderar os esquemas de trabalho, as horas de serviço e que podem intervir diversificando actividades, programando férias e participação em actividades de pós-graduação, organizando simpósios e conferências sobre avanços nas áreas em causa, criando motivação para uma crença na melhoria das perspectivas sectoriais. É muito importante frizar este aspecto, pois em todos os inquéritos realizados salta aos olhos a fadiga, a vontade de ter mais tempo livre ou mais férias ("para recuperar") e o desalento com a (aparente) falta de progressos na área a que se dedicam os profissionais inquiridos.

3. É inestimável o apoio que possa ser prestado por um elemento estranho à equipa e que com ela reúna regularmente. Em regra, um(a) psicólogo(a) clínico(a) preencherá de modo ideal esta necessidade. Claro que se não trata de uma consulta de grupo (não há aqui patologia, repita-se) mas de uma conversa libertadora. Claro que a pessoa que vem ajudar deve saber algo sobre as circunstâncias particulares desta problemática e que não pode esperar que se abram as comportas da alma dos participantes, logo que se senta no meio do grupo e aguarda que lhe contem os problemas. Esta tarefa requer conhecimentos, mas também sabedoria e humildade, empatia e respeito.

Cuidar de quem cuida e tem direito a ser ajudado, amparado, cuidado nesta sua tarefa, que é mais serviço do que mera actividade profissional. Cuidar da pessoa que cuida, para que esta possa cuidar melhor dos outros – eis um nobre propósito, que configura uma fecunda e harmónica união dos princípios mais vezes invocados em Bioética, da justiça à solicitude, da beneficiência ao respeito pela vulnerabilidade.

ALGUMAS LEITURAS RECOMENDADAS

BORGES, E. – O sofrimento dos enfermeiros em Pediatria. Nascer e Crescer, 14: 123-125, 2005.
CARLOTTO, M. S. – A síndrome de burnout e o trabalho docente. Psicol. Estudo, 7: 21-29, 2002.

FREUDENBERGER, H. J. – Staff burnout. J. Soc. Iss. 30: 159-165, 1974.
JAMETON, A. – Nursing Practice: The Ethical Issues. Prentice-Hall, Englewood Cliffs, 1984.
MASLACH, C., JACKSON, S. E. – Maslach Burnout Inventory. Palo Alto, Calif., Consulting Psychology Press, 1st ed. 1981, 2nd ed 1986.
NATHANIEL, A. – Moral distress among nurses. www.nursingworld.org/ethics/update/vol 1 no 3 a. htm # moral.
PLANA, A. B., FABREGAT, A. A.,GASSIÓ, J. B. – Burnout syndrome and coping strategies: a structural relations model. Psychol. Spain, 7: 46-55, 2003.
WHIPPEN, D., CANELLOS, G. P. – Burnout syndrome in the pratice of oncology: results of a random survey of 1,000 oncologists. J. Clin. Oncol., 9: 1916--1920, 1991.

ANTROPOLOGIA DA MORTE

MICHEL RENAUD
*Professor de Filosofia da Faculdade de Ciências Sociais
e Humanas da Universidade Nova de Lisboa*

Quem tenta compreender os estudos sobre a morte chega rapidamente a uma conclusão estranha. Por um lado, há muitos livros, artigos e análises de toda a espécie; por outro lado, existem enciclopédias filosóficas temáticas que não lhe consagram nem sequer um artigo de fundo, mas que se contentam com escassas anotações no dicionário das noções. Para alguns autores, contudo, a morte é um tema fundamental sem o qual não se pode compreender a existência humana; para outros, a morte reenvia para a vida e só a vida é pensável. Do mesmo modo, quando tentamos discernir as perspectivas sob as quais a morte é abordada, confrontamo-nos com uma variedade considerável; a morte natural, como fenómeno que atinge todas as formas de vida, a morte humana com o luto dos sobreviventes, a morte na cultura e nas culturas, a morte segundo a filosofia, a morte no cuidado bioético, a morte segundo as crenças religiosas, a morte segundo a fé cristã, etc. Será que existe uma ética da morte ou uma ética face à morte? Sentimos que a morte constitui para as ciências humanas um tema com múltiplas ramificações, de tal modo que a dificuldade reside em ordenar as várias abordagens para evitar dois excessos opostos, que seriam, por um lado, fragmentar e isolar os ângulos de análise com a consequência de não captar o fenómeno da morte na sua unidade, por outro, misturar as várias abordagens numa síntese excessivamente rápida e incapaz de distinguir as várias facetas do problema.

O que não deixa de suscitar ainda o nosso espanto é que, em termos rigorosos, da morte não podemos dizer nada: se ela é o simples «não ser», o simples facto de deixar de existir ou o «não existir». A dificuldade que a filosofia encontra quando se trata de pensar o *nada* invade também a reflexão sobre a morte. Houve quem se dedicasse a reunir pensamentos sobre a morte emitidos por filósofos, pensadores, homens de cultura ou de fé. Verificamos então que as sentenças mais opostas foram propostas, desde Epicuro segundo o qual, tal como se sabe, a morte não deve ser motivo de preocupação: quando o homem está, ela não está, e quando ela está, o homem já não está. Pascal constitui um outro marco neste itinerário de sentenças[1] sobre a morte. Quanto a Heidegger a existência não é pensável sem a morte e o ser humano é um *Sein zum Tode:* a morte é, diríamos como comentário não literal, o que há de mais determinante na existência humana, ela é o horizonte no fundo do qual tudo recebe o seu sentido, ou o seu não-sentido.

1. O ser humano é um ser mortal

Verdade eminentemente banal e ao mesmo tempo dramática, todos os homens são mortais, como afirma já a premissa do silogismo mais conhecido da lógica clássica. Mas o que merece a nossa atenção é a diferença de tratamento que recebe o nascimento e a morte. Salvo raras excepções, um nascimento é um acontecimento feliz, o princípio de um itinerário existencial, o triunfo da esperança sobre as incertezas do futuro, a alegre entrega a um dinamismo temporal e espiritual no qual projectamos os nossos desejos e expectativas. E raramente, salvo os mais idosos que, por exemplo, fazem visitas à maternidade ou que assistem a um baptismo, pensamos que este pequeno ser que começa o seu caminho através da vida morrerá também um dia, dia que imaginamos muito remoto, após uma

---

[1] PASCAL, *Pensamentos,* III, 195: «É indubitável que o tempo desta vida não *é* senão um instante, que o estado da morte *é* eterno, qualquer que possa ser a sua natureza, e que assim todas as nossas acções e os nossos pensamentos devam tomar vias tão diferentes segundo o estado desta eternidade», ou «O último acto é sangrento, seja a comédia tão bela como se quiser em todo o resto: deita-se enfim um pouco de terra sobre a cabeça, e acabou-se para sempre».

velhice de que não se consegue imaginar os traços face ao rosto «cor de rosa», negrinho ou amarelinho do recém nascido. Se feliz é o nascimento, será então a morte um acontecimento profundamente infeliz que põe um termo à nossa esperança e tapa as nossas expectativas?

A primeira coisa que notamos é que a morte enquanto cessação da vida se define em relação com a vida ou a existência. A afirmação de Epicuro não está correcta: a morte não é simplesmente um não ser, um não existir, porque este não ser se refere ao ser: enquanto fim da vida, a morte só se compreende em relação com esta vida de que marca o fim. A morte de uma planta compreende-se a partir da existência da planta, tal como a morte de um ser humano é determinada pela existência de que constitui o fim. De certo modo é o que os filósofos já entenderam quando só falam da morte ao analisarem a vida.

A questão não é desprovida de importância, pensemos com efeito nas representações iconográficas da morte, que têm a sua importância na medida em que reflectem esquemas mentais subconscientes ou quase arquétipos ancestrais. A morte é uma entidade, é algo ou alguém de sinistro – um esqueleto em Jerónimo Bosch – que vem ao nosso encontro e nos mata. Percebe-se o porquê desta representação imaginária: a vida e a morte aparecem como tão contrárias, tão contraditórias que parecem não ter nada em comum. É por isso que a imaginação a faz ver como algo de mau que chega, se aproxima lentamente ou bruscamente de nós, ou nos cai de repente em cima e contra o qual temos que lutar como se se tratasse de um inimigo exterior. Mas a morte pode ser também a amiga invocada para libertar o homem de um sofrimento excessivo ou de uma vergonha que faz da vida um **fardo**. Noutros termos, a morte reveste-se da figura da *alteridade,* maléfica ou benéfica.

Esta consideração de natureza cultural opõe-se ao saber biológico e médico de que ninguém contesta a realidade científica. As causas da morte assim como os seus critérios – hoje a morte cerebral – são determinações objectivas cujo teor é conhecido, mesmo mediante convenções sociais que falam de determinadas doenças levando à morte («morte devida a uma doença prolongada»). Mas as causas da morte situam-se na vida, no corpo ou na mente viva, de tal maneira que o *saber* médico sobre as causas endógenas da morte coexiste com as *representações* psicológicas e espirituais do morrer. Isso ainda não nos faz compreender filosoficamente o que é o tempo da morte; será este tempo um instante ou uma duração? Se temos aprendido que o acto da fecundação dura mais ou menos trinta horas, será que a morte deve ser pensada como um acontecimento atravessado também pela duração temporal? Mas o critério da morte significa não que a pessoa está no processo da vida nos seus últimos momentos, mas que a pessoa já está morta. Noutros termos, a morte como transição entre a vida e a não vida é de difícil compreensão – Aristóteles já o sabia – se, precisamente, a iminência da morte nos últimos momentos da vida ainda não é a morte e se o estado de «morto» não é a mesma coisa que o morrer. O que será a morte entendida como fronteira ténue entre o estar ainda vivo e o estado de já morto? Será ela um acontecimento ou um acto? Se já é difícil compreender o começo da vida humana enquanto começo situado no tempo, ainda mais misteriosa parece a compreensão do fim da vida, enquanto momento final. Do ponto de vista filosófico, é preciso afirmar, diria, que o fim tem duas facetas, uma faceta temporal – é o fim no tempo -, e uma faceta não temporal, dado que é o fim do tempo, para quem morre. A morte é portanto a saída do tempo, a passagem do meu tempo para o não-tempo, do espaço para mim para o não espaço para mim. Mas estas considerações fizeram-nos passar insensivelmente da morte do ser humano em geral – isto é, da morte do outro ou da morte vista de fora – para a minha morte, enquanto acontecimento vivido em primeira pessoa.

O ser humano é mortal, dissemos. Esta mortalidade contém mais do que um saber científico; o mistério da morte provém da associação entre um *saber* quanto à minha mortalidade e a impossibilidade de antecipar a *experiência* vivida da minha morte.

2. O sentido da morte é determinado pelo sentido da vida

A segunda tese vai além da primeira, que se limitou a uma reflexão sobre a mortalidade entendida como fenómeno universal. Se a morte é o fim da vida, o *sentido* do fim é determinado por tudo aquilo que o precede. A verdade deste enunciado implica contudo que não nos limitemos a uma consideração meramente formal da mortalidade, mas que nos abramos à qualidade existencial da vida humana. Superamos portanto a definição da morte com fim temporal para incluir na sua abordagem a questão do sentido. Um exemplo pode eventualmente ajudar a compreender o que está em causa nesta afirmação. Quando falece um malandro, podemos ter pena, porque, no fim de contas se trata de um ser humano, com toda a dignidade que lhe é inerente; enquanto filho desta terra – e filho de Deus –, ele merece todo o nosso respeito. Isso não nos impede de pensar que este malandro não faz muita falta na terra e que a sua ausência não vai, pelo contrário, tornar a vida na terra mais difícil para os outros. Mas quando desaparece do nosso convívio um ente querido, de que conhecemos o valor humano e apreciamos a bondade fundamental, sentimos um vazio, como se este falecimento nos tivesse deixado mais pobres e como que órfãos. Este sentimento de perda depende com certeza dos laços pessoais que nos ligavam ao desaparecido, mas mesmo sem tais laços pessoais a experiência da perda é mais do que a emoção que acompanha a homenagem que, por exemplo, se presta a figuras políticas na altura da sua morte. Existe uma intuição ética da mais-valia ontológica que a presença de muitas pessoas – eventualmente não pessoalmente conhecidas – constitui no nosso mundo. O enriquecimento que provém da presença activa de tais pessoas não é necessariamente objecto de uma consciência explícita durante a vida, uma vez que estamos tão habituados a esta presença que só a sua falta a torna consciente. É por isso que a mudança que a morte de tais pessoas instaura provoca um choque em nós: como vai ser possível viver sem esta presença? Sabemos que ninguém é insubstituível na função social que desempenha, embora possamos acrescentar que há, em tais funções, pessoas mais facilmente substituíveis que outras. Mas a pessoa, contudo, enquanto irrepetível, é propriamente insubstituível e o sentimento desta insubstituibilidade é tanto mais agudo quanto mais valor tinha aos nossos olhos. Assim nas relações pessoais e privadas que nos ligam uns aos outros – por exemplo, nas relações entre pais e filhos – percebemos que faz também parte do luto o reconhecimento implícito da riqueza que se apagou na morte.

    No termo de uma das suas conferências, Paul Ricoeur evocou aquilo que me parece um dos núcleos mais profundos da atitude ética face ao outro. Esta atitude de base poderia traduzir-se na fórmula: «é bom que tu existas». Aí está, de certo modo, o coração do *reconhecimento* ético intersubjectivo, que não tolera aquilo que poderia prejudicar o outro. Ora, numa época tão marcada por uma cultura da morte, tal como repetiu tantas vezes o Papa João Paulo II, é feliz ouvir **ressoar** esta palavra «é bom que tu existas», quando tantas pessoas parecem ter perdido o sentido de viver. Mas na problemática da morte, é a recíproca desta formulação que nos atinge com toda a sua verdade: «a tua existência é um tal bem para mim que a tua ausência criaria em mim um vazio e que a tua morte seria um real empobrecimento humano». Aliás, não será esta formulação o ponto de partida da definição da saudade portuguesa, termo, como se sabe, intraduzível para outras línguas?

Ao pôr um ponto final na vida humana, a morte de uma pessoa leva os próximos a considerar a vida do defunto como totalidade temporal cumprida. Mas o tempo não é somente o tempo objectivo calculado em anos de vida, tempo objectivo que depende da medição astronómica do tempo. O tempo subjectivo enxerta-se na extensão total do tempo objectivo, de que constitui como que o reverso. Mas as duas facetas do tempo não são puramente correlativas; não podemos fazer coincidir a profundidade qualitativa do tempo subjectivo com o desenrolar quantitativo do tempo objectivo. O tempo subjectivo é um tempo preenchido de sentido ou vazio de sentido, qualquer que seja a duração paralela do tempo objectivo. Ora, ao acabar o tempo *objectivo* da existência humana, a morte induz um efeito de totalização quanto ao sentido do tempo *qualitativo* que foi vivido pelo defunto. Este efeito diz evidentemente respeito às outras pessoas que pensam no defunto ou conviveram com ele, e que se representam a sua existência como o sentido de um itinerário existencial que chegou ao seu termo. É deste modo que podemos dizer que o *sentido da morte* é determinado pela qualidade daquilo que foi subjectivamente vivido durante os anos de vida.

Por oposição a esta ideia do sentido da morte, não podemos esquecer que, para muitos, a morte não tem sentido, sendo assim o não-sentido por excelência. Compreendemos esta afirmação em duas acepções diferentes; por um lado, se o sentido da existência supõe que estejamos vivos, então a morte não pode senão apresentar-se como o que não tem sentido. Trata-se aqui de algo de mais importante que um mero jogo de palavra ou subtileza lógica, porque é tão difícil encontrar o sentido da morte que todas as objecções devem ser levadas a sério. Esta afirmação do não-sentido da morte significa e implica contudo que a morte é considerada como separada da existência, como algo que advém do exterior, ao passo que preferimos, contra os esquemas imaginários já evocados, considerar que a morte surge da própria vida. Mas é verdade que se a morte fosse considerada como o inimigo *exterior*, ela deveria ser considerada efectivamente como o não – sentido que se opõe radicalmente tanto à vida como ao sentido da vida.

Por outro lado, considerar a morte como desprovida de sentido compreende-se face à vida encarada na sua força de desejo. Em geral, salvo em determinados casos de pedido de eutanásia e em vidas marcadas pela infelicidade, viver acarreta o desejo de viver. Ora, o desejo não tem fim, pode sempre progredir na tentativa de alcançar os seus objectivos, quer sejam eles materiais ou espirituais; mesmo – ou sobretudo – o desejo de Deus não pode satisfazer-se com uma determinada intensidade que conseguiu alcançar. Segundo a perspectiva da existência terrestre, material e espiritual, a tensão inerente à vida está à espera de um «sempre-mais», ao qual a morte traz uma denegação violenta. Deste ponto de vista, ao pôr um fim às realizações dos nossos desejos e à própria natureza do desejo humano, a morte surge sempre cedo demais. Em relação aos nossos desejos – desejo de viver, de conhecer, de amar –, a morte é o não-sentido, uma vez que todo o sentido da vida reside na força tensional do nosso desejo de viver. Então, como conciliar esta ideia do não-sentido da morte com a tese segundo a qual o sentido da morte é determinado pelo sentido da vida? Para evitar a contradição temos que aprofundar a nossa reflexão.

3. A impossibilidade para cada ser humano de determinar o sentido da vida própria

Quando alguém morre e tentamos apreender o sentido da sua vida pessoal, isto é, o movimento de totalização do seu tempo subjectivo até à sua morte, é evidente que não podemos chegar a um saber de tipo objectivo, como se tivéssemos a intuição completa e fidedigna do valor da existência deste defunto. O sentido da existência vivida pelo morto é objecto de interpretação minha ou nossa, interpretação que cruza outras interpretações e avaliações. Temos portanto que corrigir a ideia segundo a qual este sentido daria origem a uma verdade objectiva e garantida. O sentido da existência, aliás, é abordado no seio de um juízo de avaliação, o qual, tal como todas as avaliações e valorizações, é marcado pela subjectividade do avaliador. Segue-se que ninguém pode pretender atingir uma verdade exaustiva sobre o sentido de um itinerário de vida já completado até à morte. O sentido de uma existência não provém da soma que adiciona todas as avaliações individuais. Mas esta afirmação repercute-se também na avaliação que cada um de nós faz da sua vida. Será que sou o melhor juiz para avaliar o sentido da minha existência até ao momento presente? Clarifiquemos a pergunta mediante dois argumentos suplementares.

A pessoa humana define-se por aquilo que ela é em si ou nela mesma assim como pelas relações que tem ou mantém com os outros. A fenomenologia mostra com toda a evidência necessária que a pessoa vive em situação de intersubjectividade. Já Tomás de Aquino e os escolásticos tinham repetido abundantemente que a pessoa é um ser de relação, um *esse ad*. Segue-se então que o sentido da minha existência passa também pelo reconhecimento que os outros lhe conferem. Na verdade, este *reconhecimento* significa que a *avaliação* ética da existência do outro tem que ser uma *valorização* ética e ontológica. O mesmo raciocínio apoiado na intersubjectividade aplica-se também à avaliação que faço do sentido da minha própria existência: durante a minha vida este sentido não reside só em mim, mas igualmente nas mãos dos outros que olham para mim. Assim como não possuo a verdade do sentido da existência do outro, também não possuo a chave do sentido ético da minha existência. Este sentido existe no cruzamento entre a avaliação que faço da minha existência e a avaliação que outros fazem ou farão da minha vida, sem que este cruzamento dê origem a uma síntese definitiva. Não posso portanto, no decurso da vida tal como à beira da morte, ser o perfeito juiz avaliador do sentido ético da minha própria existência.

Além deste argumento, há uma coisa certa: de todo o modo, a morte impedir-me-ia **de ter** acesso ao sentido preciso e completo da minha existência subjectiva. Que ela surja de improviso ou não, não terei a possibilidade de formular este juízo, ainda que, na sua iminência, possa assistir, tal como relataram muitas narrativas, ao filme quase instantâneo da minha vida. Também poderá ser que a doença mortal me retire a capacidade mental de formar uma avaliação mais ou menos correcta deste sentido. E mesmo se fosse possível, esta avaliação não seria capaz por definição de incluir a dos outros a meu respeito. É quase espontâneo, com efeito, praticar esta avaliação quando somos confrontados com a morte de uma pessoa conhecida, porque o fim biológico da vida nos faz deslizar da perspectiva objectiva, medida em anos de vida, para a avaliação qualitativa, em virtude da qual nos colocamos ao nível da totalização do sentido desta vida. Em geral, são fórmulas breves que resumem esta avaliação: «era um homem bom e justo; era uma excelente mãe e avó, uma excelente profissional, muito exigente para consigo e para com os outros». A história, por sua vez, só retém juízos acerca dos homens que, de um modo qualquer, deixaram um rasto objectivo e externo da sua passagem pelo mundo dos vivos; raros são os que, pelas suas qualidades meramente éticas, marcaram a memória colectiva. Diríamos que dessas excepções fazem parte os santos e as grandes figuras éticas da humanidade. Acrescentemos contudo que não é necessário que este sentido da existência vivida seja esboçado pelos outros ou pelo próprio para que ele exista. Tantas existências admiráveis acabaram no silêncio e quase no esquecimento, de tal modo que não foram recolhidas e preservadas senão na memória de Deus. Mas a nossa argumentação não era destinada a **mostrar** que se deveria, após a morte, explicitar *necessariamente* o sentido da existência na sua globalidade, mas que este sentido é sempre susceptível de ser pelo menos parcialmente configurado.

4. O «antes da morte» ou a morte próxima e preparada

Enquanto acto ou acontecimento, a morte determina três modalidades temporais ou quase temporais, o *antes,* o *durante* e o *depois*. E evidente que as instâncias temporais se modificam segunda a perspectiva adoptada; do *depois da morte* só poderá ser questão na base de raciocínios filosóficos ou de crenças religiosas. Percorramos brevemente as primeiras duas dessas instâncias, começando com a instância do *antes*.

O que precede a morte é evidentemente toda a vida, desde o nascimento; é o que nos lembram os antigos relógios urbanos, por exemplo na Alemanha ou na Itália, por cima dos quais era colocada uma figura ascética acompanhada de uma frase lacónica indicando que cada hora que passa nos aproxima da hora final. Do mesmo modo, com o seu aspecto um pouco lúgubre, as capelas revestidas de ossos, em Roma ou em Évora, por exemplo, têm a função de tornar a morte presente quase em cada dia da existência; assim também faziam outrora as crânios na mesa dos alguns monges e não é preciso fazer muitos desvios para verificar a importância que a última hora adquire na liturgia e nas orações cristãs, como se vê na parte final do *Ave Maria* e do *Salve Regina*. Mas o que é preparar a morte? Não nos referimos aqui nem à cerimónia dos «adeus» com os familiares e entes caros, nem às disposições concretas que os moribundos tomam quanto ao funeral, ao testamento, etc. Mas a minha questão é outra: será possível antecipar o sentido da própria morte?

Seria prematuro responder à questão sem ter previamente evocado a multiplicidade dos sentimentos que são vividos quando a morte começa a **bater à porta**. Provavelmente já ouvimos pessoas com reacções totalmente opostas quando se fala na morte ainda longínqua ou não iminente: «eu não receio a morte, só tenho medo de sofrer»; «tenho medo da morte»; «a ideia da morte angustia-me»; «a morte é natural; é preciso aceitá-la com naturalidade»; «tenho medo do juízo de Deus sobre mim»; «não tenho medo, só curiosidade»; «porquê ter medo? não fiz nada de mal», etc. Segundo Heidegger, é a angústia do nada que a certeza de morrer gera. E é terrivelmente angustiante pensar que quem vive agora pode voltar a ser... nada, um nada de relações humanas, um nada de desejos, um nada de memória e de realizações. Assim falam ou pensam muitos dos nossos contemporâneos, ainda que uma grande parte não se preocupe minimamente com a própria morte durante toda a juventude ou até ter alcançado uma idade bastante avançada. Quanto à resposta da fé reservamo-la para considerações ulteriores. Não se pode portanto ignorar que nem todos reagem do mesmo modo perante a certeza ainda teórica do morrer. Se contudo a morte se afigura mais próxima, seja qual for o motivo, por exemplo a entrada na terceira idade, será possível preparar a morte?

Na linha dos desenvolvimentos anteriores julgamos poder avançar uma ideia de teor ético. O sentido dos actos e dos acontecimentos não está ligado exclusivamente ao seu aparecimento, mas pode ser interpretado e constantemente reinterpretado. Aliás, a possibilidade do perdão reside não na alteração de factos objectivos que ocorreram (ofensas, danos provocados, faltas de respeito pela dignidade da pessoa, instrumentalização do ser humano, etc.), mas na capacidade de reinterpretar ulteriormente de modo diferente o sentido daquilo que foi feito. Deste exemplo, retiramos somente a lição seguinte: o sentido dos actos e dos acontecimentos pode ser alterado, rectificado, antecipado, graças a uma tomada de posição interpretativa a seu respeito. E por isso que a seta dos actos passados pode ser inflectida quanto ao impacto que tem sobre o presente e o futuro. A teologia bíblica está repleta de exemplos desta natureza; toda a tradição vetero-testamentária consiste numa constante reinterpretação de factos e de narrativas anteriores. Do mesmo modo, nos Evangelhos vemos Jesus antecipar o sentido do seu sofrimento na última Ceia que viveu com os seus apóstolos. Se portanto o sentido de fatias de vida pode ser reinterpretado, também pode ser antecipado. É o que se realiza quando, num determinado momento, conferimos um sentido ao acontecimento futuro, garantindo antecipadamente que este esteja preservado do não-sentido que sempre o pode ameaçar. Assim, «preparar a sua morte» não parece uma ilusão quando corresponde à intenção consciente e voluntária de aceitar, ratificar e valorizar aquilo que, com certeza, não se poderá impedir, mas que poderia ser vivido na modalidade explícita da rebelião ou na consciência do absurdo. A preparação da morte faz-se então quando ainda estamos vivos; este acto consciente não eliminará a eventual angústia involuntariamente sofrida no confronto real com a morte, mas confere agora um sentido por assim dizer diferido ao acontecimento da morte, o qual poderá surpreender-nos na altura em que não tivermos tempo nem capacidade mental para pensar nele. Se existe um «testamento de vida» para as eventuais decisões clínicas ou cirúrgicas a nosso respeito num futuro desconhecido, poderíamos comparar a preparação da morte a um «testamento de vida de natureza ética», para uso próprio e não para uso alheio, uma espécie de auto-testamento de vida. Noutros termos, o meu testamento de vida para mim é o sentido que, desde já, quero dar ou conferir ao acontecimento futuro da minha morte.

O animal não pode antecipar o sentido da sua morte, mesmo se pode – de modo muito misterioso para nós – mostrar sinais de uma certa consciência não reflexiva relativamente à iminência da sua morte orgânica. Mas o ser humano tem este privilégio de poder condensar uma sucessão temporal passada, presente ou futura no *sentido* que lhe reconhece ou atribui. Para o cristão, a Eucaristia contém, entre outros aspectos, esta dimensão valiosa de projectar no tempo presente e no futuro a dimensão de um sentido definitivamente adquirido, o da morte e ressurreição de e em Cristo.

5. O «durante a morte» ou a morte como acontecimento e acto

Chegamos ao ponto central da discussão, quer dizer ao morrer como instante. A morte, com efeito, refere-se em primeiro lugar não ao «tempo antes», nem ao que lhe sucede, mas ao acontecimento que a constitui. Costumamos encarar a morte como um acontecimento e não iremos contestar esta maneira de falar, uma vez que, em geral de modo involuntário, ela ocorre ou «acontece» no seio da nossa vida. O que se pode então dizer da experiência do morrer, senão que ela é um grande mistério? Ninguém fez esta experiência até ao fim para voltar e narrar o que viveu. Mesmo as experiências íntimas de proximidade da morte são, como se sabe, primeiras entradas neste mistério, mas entradas com recuperação *in extremis,* de tal modo que ninguém conhece a outra vertente do morrer, a vertente do além desses momentos *in extremis.*

Sem pretendermos esclarecer o não perscrutável, existem contudo alguns aspectos que não podem ser silenciados, aspectos que apresentamos sob forma de breves proposições. Em primeiro lugar, a *morte é a morte de um ser humano;* em seguida, a *morte não é só acontecimento, mas acto ou auto-afeição;* em terceiro lugar, *há uma dimensão espiritual no ser pessoal que morre;* enfim, a *morte espiritual não se identifica com* a *morte natural ou biológica.* Tentemos clarificar de modo quase lacónico cada um destes quatro enunciados.

Será a morte humana somente algo de biológico? Se o homem fosse apenas um organismo vivo, então a sua morte não seria mais do que biológica. Mas se, tal como pensamos, o homem é mais do que um animal, este excedente que o diferencia do animal será também afectado pela morte biológica. Rigorosamente falando a morte é una e não faz sentido adjectivar a morte, como se houvesse várias mortes, morte biológica, morte afectiva, morte psicológica, morte espiritual. Estas expressões contêm, com certeza, algo de profundamente pertinente, mas o termo morte está nelas envolvido numa metaforização que o afasta do seu sentido originário ou básico, ligado à morte biológica. Com a nossa primeira proposição – a morte é a morte de um ser humano – queremos dizer então que a morte biológica afecta também aquilo que no ser humano é mais do que biológico, de tal modo que todas as dimensões especificamente humanas – psicológica, social, espiritual, etc. – sofrem o processo do morrer. «Sofrer o processo do morrer» não significa necessariamente desaparecer totalmente; desaparecer da vista, sim, como é evidente, mas desaparecer da vista e ser totalmente aniquilado não são a mesma coisa. Tal como foi entendido na primeira secção desta análise, a morte do ser humano deve ser pensada segundo a integralidade das dimensões da vida humana. Aceitando como pressuposto, não mostrado aqui, que existe no ser humano uma dimensão espiritual, temos que admitir e questionar o efeito da morte humana sobre a dimensão espiritual do morrer. O primeiro resultado é portanto que o acontecimento da morte contém uma dimensão espiritual implicada pela existência espiritual do ser humano. Em seguida, será a morte apenas um acontecimento? É a face visível da morte dos outros que nos leva a privilegiar o vocabulário do *acontecimento* em referência à morte. Mas se o espírito é acto, actividade e não pura passividade, será legítimo perguntar se, intrinsecamente ligado ao processo biológico do morrer, não está presente também um acto do espírito humano sobre si próprio. É claro que esta dimensão do morrer escapa à vista, uma vez que não discernimos na morte senão a sua face orgânica e visível; é por isso que esta tese da morte como acto do espírito sobre si próprio encontrará uma forte resistência, resistência que se pode compreender. Percebemos porém que tudo depende da ideia que temos da dimensão espiritual do ser humano e da sua compreensão intrínseca. Mas dado que esta dimensão existe na vida, não pode ser ignorada na compreensão filosófica da morte. É por isso que ouso avançar esta tese segundo a qual a morte humana é mais do que acontecimento, mas também acto do espírito sobre si próprio.

Se for verdade, a dimensão espiritual do morrer não é a mesma coisa que a morte como desintegração orgânica. O que será esta dimensão espiritual da morte? Ninguém o pode dizer, ninguém narrou fenomenologicamente esta experiência, mas considero que a única coisa que se pode afirmar a seu respeito é que ela existe. O melhor modo de a aproximar deve fazer-se por analogia à *vida* espiritual de que a morte é a privação. Respeitamos assim o aforismo da segunda secção desta análise: a morte é compreendida na base da compreensão da vida. Ora, da vida espiritual temos uma experiência *vivida;* sabemos que ela tem uma forma e um conteúdo; a sua forma é, de modo sucinto, a unificação qualitativa da vivência temporal; o seu conteúdo reside na orientação do *sentido* dos valores que ela prossegue e consegue realizar, na medida das suas possibilidades e da sua força de vontade. Deste modo, o sentido da vida espiritual não será ele, precisamente, aquilo de que tratámos acima, ao apreendermos a existência no seu sentido e ao falarmos, na morte, do movimento de totalização deste sentido?

Dois pensadores entre tantos outros podem ser evocados neste momento da nossa reflexão, Hegel e Teilhard de Chardin. Quando Hegel analisa a passagem do espírito finito que o homem é, para o Espírito absoluto, múltiplas questões surgem, nomeadamente no que diz respeito ao sentido da morte. A morte é dialecticamente necessária para que se realize esta passagem, esta superação da individualidade humana, esta *Aufhebung*. A morte é assim o momento da negatividade que realiza o ser humano pela sua imersão – termo não hegeliano – no Espírito Absoluto. Será que algo do ser humano é então preservado nesta morte? Não entraremos aqui nessas difíceis questões, mas Hegel não tem dúvida sobre a morte humana: ela é um processo que implica não só o organismo humano, mas o espírito. É por isso que Hegel, após ter tratado da morte ao falar da vida orgânica, retoma o tema ulteriormente, quando o ser humano acede à sua verdade espiritual.

Numa constelação mental muito diferente, Teilhard de Chardin, que faleceu em 1955, não hesitou em pensar a existência humana numa trajectória evolutiva que da Biosfera atravessa a Nooesfera até à unificação total do Cosmos no Ponto Omega. Assim, a morte em Teilhard é também assumida na edificação da Nooesfera pela união de todos os seres pensantes em Deus. Visão de fé em Teilhard, visão mais especulativa em Hegel? De todo o modo, a ideia segundo a qual a morte comporta uma dimensão espiritual tem antecedentes de peso, que nos estimulam a pensar de novo e eventualmente diferentemente deles esta faceta tão misteriosa da morte.

Resta-nos a quarta proposição: a dimensão espiritual da morte não se identifica com a morte espiritual. Se a *vida* espiritual do ser humano tem um conteúdo, do qual a vertente ética não está ausente, a *morte* espiritual seria ou o aniquilamento total deste conteúdo ou a sua total perversão. Mas este aniquilamento seria então ao mesmo tempo o aniquilamento do sentido da nossa existência vivida antes da morte, ou a sua perversão completa, ou a descoberta da sua total ausência, no caso da existência previamente vivida ter sida inteiramente vazia, oca, desprovida de sentido. Percebemos que, nesta hipótese, a morte espiritual seria muito mais dramática que a morte biológica. Ora, quando a linguagem da fé cristã fala do pecado, não será também isso que ela visa? Aliás, a fé sempre compreendeu o mal do pecado como morte espiritual. O nosso itinerário foi exactamente inverso; em vez de partir de uma definição do pecado, foi o caminho da morte biológica até à compreensão da morte espiritual que nos levou a encontrar a presença do mal enquanto morte espiritual. Com certeza, a noção de pecado implica outros elementos, nomeadamente a presença do ser humano «perante Deus», dimensão alheia à nossa análise. Mas limitámo-nos a referi-la para medir a distância que separa a morte do ser humano da morte espiritual. Noutros termos, a morte espiritual ameaça sempre o ser humano também no decurso da sua existência e não somente no seu termo biológico. Uma frase do Evangelho torna-se então quase universalmente válida: «para quê serve ao homem ganhar o universo se **vem a** perder a sua alma?» Esta afirmação poderia ser uma ilustração da diferença entre a morte humana e a morte espiritual.

Os limites de tempo impostos a esta análise não permitem tratar do terceiro momento; com efeito, o «antes da morte» e o «durante a morte» chamam espontaneamente uma terceira vertente, o «depois da morte». Aqui é preciso distinguir o «depois» no tempo dos vivos, que se vêm confrontados com o período de luto, e o «depois» no destino dos mortos. Não é fácil viver saudavelmente o luto; entre os extremos que são o esquecimento imediato e a lembrança permanente e mortífera, a quantas aberrações o luto não pode dar origem! Mas quando se fala do «depois da morte», é o destino dos defuntos que é tomado em consideração e questionado. Ora, não temos a esse respeito nenhuma experiência senão os símbolos com os quais cada cultura envolveu a morte, símbolos que se exprimem nos ritos funerários, nos mitos, nas crenças sobre a viagem no além, etc. Penetrar neste mundo implica uma hermenêutica específica que não nos compete realizar aqui. Mas a última palavra deveria ser dada à filosofia, e sobretudo à fé que cada um dos seres humanos pode nutrir livremente dentro de si próprio.

Deste estudo inacabado podemos tirar pelos menos uma conclusão. Do ponto de vista da antropologia filosófica, a morte compreende-se a partir da vida. Mas a nossa análise do tempo «antes» da morte e do «acontecimento-acto» da morte deram-nos a perceber, julgamos, que a morte humana é mais do que uma morte biológica, o que lhe confere uma dimensão de mistério. A raiz deste mistério, todavia, não se encontra na morte, mas na dimensão espiritual pela qual a existência humana se constitui como um itinerário, uma trajectória de sentido. E podemos acabar citando, quase como comentário desta análise, dois textos bíblicos que respondem um ao outro. O Salmista dirige-se ao Criador e canta: «Se lhes tiras o alento, morrem / e voltam ao pó donde saíram. / Se lhes envias o teu espírito, voltam à vida. E assim renovas a face da terra» (Salmo 104,29/30), salmo do qual o Evangelho segundo São João se faz eco: «O vento sopra onde quer e tu ouves a sua voz, mas não sabes de onde vem nem para onde vai. Assim acontece com todo aquele que nasceu do Espírito» (Evangelho segundo S. João, 3, 8).

NO TEMPO DE MORRER

Daniel Serrão
Instituto de Bioética, Universidade Católica Portuguesa

Era um fim de tarde calmo, de Setembro, e eu estava naquele quarto, modesto, de casa de pescadores do Mindelo, olhando bem nos olhos aquela jovem e recebendo, em cheio, toda a força da pergunta: diga-me, quanto tempo me falta para morrer?

Alguns meses antes, numa biopsia do fémur direito, eu tinha feito um diagnóstico de sarcoma de Ewing e fora-lhe proposto amputar a perna direita por desarticulação coxo-femural.

Maria C. tinha 17 anos e a beleza longilínea e esquiva que marcava uma antiquíssima origem fenícia, tribalmente conservada nas famílias de pescadores de entre Lima e Mondego.

Começara a dançar no grupo folclórico e agora, quase a acabar o Liceu, sonhava ser bailarina, correr em pontas num palco iluminado, rodar como um esguio pião enlouquecido e cair, amparada, nos braços robustos do seu par.

É verdade. Maria C., naquele quarto modesto de uma casa humilde de pescadores, tinha um magnífico sonho de adolescente – ser bailarina.

De certo que ela não sabia porquê. Sabia só que uma força interior a fazia imaginar o seu corpo a mover-se ao sabor de um ritmo desconhecido mas intuído, oculto mas descoberto num recôndito pequeno espaço da sua auto-consciência. Quero com isto dizer que Maria C. não exibia uma superficial escolha, extraída, de leve, dos meios de comunicação social e do seu oportunismo fácil, para a sedução dos jovens ainda permeáveis.

Não. Maria C. vivia uma vocação, ancorada tão fundo no seu eu que ela não conhecia, sequer, as suas invisíveis raízes.

Dou comigo a pensar que esta escondida, secreta origem da força que chamava aquele corpo para o ritmo e a dança, tem de resultar da articulação sucessiva da expressão das informações génicas com as quais se constrói um corpo humano. Outras informações génicas, expressam-se e constroem, por exemplo, um corpo que irá voar, como o corpo da ave que cruza os céus, desafiando a força da gravidade que a todos atrai para o solo.

O corpo do homem, esse, não voa. Mesmo quando se julga asa, na imaginação poética, é "asa que se elançou, mas não voou" (Mário de Sá Carneiro). Mas é o genoma que, ao responder, diferentemente, aos estímulos epigenéticos, logo desde que o corpo humano é uma célula isolada, escondida nas dobras das franjas tubares de uma mulher, é o genoma, dizia, que constrói os corpos humanos, todos diferentes, que povoam a Terra, preparados para desempenhos diferentes e, até, com psicologias diversas. O imortal Cervantes interiorizou que um longilíneo asténico é um sonhador triste, e um pícnico, bem arredondado, é, pelo contrário, um pragmático bem disposto.

Um corpo, construído geneticamente para que nele se manifeste o desejo, inconsciente, de voar, sem asas perecíveis, como no subtil mito helénico, mas antes em obediência ao ritmo musical da dança, esse corpo estará a exprimir uma pura informação, que chegou por meio de uma qualquer via antiga, passada de geração em geração, usando uma "genética" ainda oculta aos nossos olhos científicos; informação que se revelava na dança ritual das jovens virgens que, Semitas, Gregos, Romanos, Celtas celebravam em homenagem à Vida, ao Amor e à Morte. E que hoje é só a estética do movimento expressivo.

Não estará aqui o inconsciente de Jung? Penso que sim, mas não vou agora avançar mais neste argumento.

Maria C. tinha recebido um corpo assim, um corpo ligado ao ritmo, com uma estrutura neuro-muscular obediente a uma secreta vontade de voar, de deslizar como se não tivesse peso e até, um dia, de se debruçar sobre o solo, morta, como um Cisne que não pode mais voar e, portanto, não pode mais viver.

Como conheci Maria C.?

Uma relação fortuita e casual fez com que os Pais soubessem que tinha sido eu a fazer o diagnóstico e procuraram-me pedindo que fosse ver a filha e a convencesse a aceitar a amputação.

Como patologista vivi, muitas vezes, situações deste tipo, sempre de grande dificuldade e de pesada responsabilidade. Além do desconforto ético que era o de ficar atravessado entre o médico que tratava o doente, de um lado, e o doente com os seus familiares, do outro.

Assim conheci Maria C.. Não acamada mas de aspecto saudável, queixando-se apenas de dores na perna que não a impediam de sair e conviver com os amigos da sua idade e do seu grupo de dança. E com o seu jovem namorado.

Pedi aos Pais que nos deixassem sós e assegurei-a, logo, de que só queria ouvir o que tinha para me dizer, nada mais.

Com uma determinação serena disse-me que sabia que a doença daquela perna a podia matar mas que tudo o que sonhava fazer, enquanto pessoa viva, impunha o uso das duas pernas. E foi dura comigo: "sabe bem, doutor, que não poderei dançar com uma perna de pau". "Não quero morrer", concluiu, "aceito todos os tratamentos, mesmo os mais penosos, mas não aceito viver sem a minha perna".

Não chorou. Apenas nos seus olhos perpassava a sombra de uma desilusão, antevendo, talvez, que mesmo conservando a perna, jamais realizaria o sonho de dançar, o sonho que o seu corpo lhe exigia que cumprisse.

Fugi a detalhes técnicos e, tal como o seu médico assistente me tinha autorizado, disse-lhe que, uma vez que não consentia na amputação da perna, iria fazer radioterapia, abrindo para ela todo o leque dos efeitos secundários; mas Maria C. aceitou imediatamente.

Infelizmente sem resultado benéfico e com uma extensa radionecrose da pele da coxa. As pequenas e maléficas células do sarcoma de Ewing apareceram por todo o lado e Maria C. foi mandada para casa com a frase sacramental "já não há mais nada a fazer".

Os Pais procuraram-me de novo, algum tempo depois. Pressenti no olhar da Mãe, que não falava, que me responsabilizava por a filha estar para morrer, já que eu não tinha conseguido convencê-la a deixar amputar a perna. O Pai, porém, pedia-me que a fosse ver a pretexto de aconselhar o tratamento da úlcera da coxa que era o que mais a incomodava.

Logo que entrei percebi que tinha sido Maria C. que manifestara a vontade de falar comigo.

A ferida estava feia e falamos da ferida algum tempo, enquanto mudava o penso e dava indicações à Mãe sobre os cuidados a ter.

Quando ficamos sós, depois de um longo silêncio de penosa expectativa, veio a pergunta directa mas serena: diga-me, quanto tempo me falta para morrer?

Não esperava esta pergunta, nem a serenidade com que foi feita. Apanhado de surpresa respondi assim:

– "Falta o tempo que tens para viver".

E comecei a falar com palavras que me apareciam, vindas não sei de onde. E disse-lhe: "a todos nós e não apenas a ti, Maria C., o tempo que nos falta para morrer é o tempo que temos para nele viver, sem desperdiçar um segundo que seja. Não são as horas dos relógios mecânicos, nem é a sucessão dos dias e das noites, porque este planeta roda à volta da estrela que o ilumina, que fazem o nosso tempo, só o contam. Quem faz o nosso tempo é o fluir, na nossa auto-consciência, das vivências perceptivas do mundo externo, que os nossos sentidos nos oferecem em permanência, é a reflexão sobre os conteúdos que a memória apresenta na auto-consciência e é esta estranha contemplação das ideias abstractas que invento e da emoção com que as cubro, como se eu próprio fosse um outro.

Este tempo vivido não tem que ver com o tempo dos relógios que tu, Maria C., querias que eu quantificasse para ti quando perguntaste – "diga-me, quanto tempo me falta para morrer?".

Desse tempo de relógios e da sucessão dos dias e das noites, quanto te falta, não sei. Mas sei que te falta, como a todos nós, usar o tempo de viver que é criação nossa e tem, por isso, uma dimensão infinita.

Enquanto, na tua auto-consciência, te vês a dançar o Cisne, vives o **teu** tempo da dança que não é o tempo físico da partitura. O Cisne desliza, eleva-se, rodopia e tomba, no tempo da memória visual que não é síncrono com o da representação real, em palco. O tempo vivido, como temporalidade, expande o tempo físico e amplia o espaço real dos acontecimentos percepcionados e memorizados. O palco em que danças, Maria C., é um espaço imenso e o tempo que vives, dançando sobre ele, é quase infinito.

Mas nem só de dança viverá o teu tempo de viver.

Como ser vivo tens um lugar e um tempo no mundo natural. E o mundo natural é muito belo, muito rico e muito presente à nossa volta.

Quando o tempo de cada um de nós está a extinguir-se, a vinculação do corpo de cada um de nós ao mundo natural torna-se mais forte. É como se uma percepção extra-sensorial mais afinada e sensível nos permitisse acolher as coisas e as pessoas à nossa volta numa nova e mais sensitiva auto-consciência. Este acolhimento é uma deferência para com a natureza que nos recebeu e apoiou com toda a generosidade: deu-nos o ar que respiramos, a água que bebemos, os alimentos que ingerimos, o calor e o frio, o sol, a chuva e "os grandes ventos límpidos do mar", como cantou Sophia.

Lembras-te, Maria C., de quantas vezes olhaste "para o calor dos campos com a cara toda" (Pessoa) e te sentiste feliz, sem nenhum outro motivo para estares feliz além deste que era o de estares imersa na natureza como simples coisa natural?

Lembras, que eu sei. Pois lembra-te e vive, com intensidade, esses momentos mágicos de comunhão com o mundo real natural, em que o corpo não pesará e o espírito tomará conta de toda a tua auto-consciência enchendo-a de bem-estar e de paz.»

Falei assim, com temor. Maria C. percebeu mas nada disse.

Quando chegaram as Colegas com braçadas de flores silvestres, vi nos seus olhos, ao deixar o quarto, que as flores, mais do que as palavras das amigas, a estavam a levar para a memória dos passeios de fim de tarde com o seu namorado, pelos campos floridos do Mindelo.

Visitei-a várias vezes até ao dia da sua morte.

Sempre a encontrei calma; e a Mãe dizia-me que ela estava muito sonhadora e que falava do mar e da praia como se estivesse, ali na cama, a olhar o pôr-do-sol.

E falava, até, em casar com o namorado que a visitava todos os dias e era rapaz de poucas falas, mas saudavelmente alegre.

Sempre a encontrei calma. Falando-me de coisas banais e da úlcera que doía e não fechava; o seu olhar, porém, dizia-me, sem dúvidas, que estava a viver o seu tempo, e à sua maneira.

Numa visita, que foi, afinal, a última, a Mãe disse-me que ela tinha pedido para ir ver o mar. E pedia que eu autorizasse essa ida que seria breve. Era outra vez Setembro, sem turbilhões de vento e com Sol já mais macio.

Ao ouvir o pedido, logo recordei o Senhor Manuel Campos, velho lavrador de Armamar, internado na minha Enfermaria de Patologia Médica do Hospital de Santo António, com insuficiência cardíaca por aneurisma da aorta que lhe deformava o esterno e parecia prestes a rebentar.

Um dia, ao fim da manhã, pediu-me para mudar da cama para uma cadeira e ser levado até junto da janela. Não me disse porquê.

Assim se fez e ali esteve o Senhor Manuel por mais de uma hora, em silêncio, enquanto o trabalho na Enfermaria se desenrolava na rotina costumeira. Ninguém lhe deu atenção até que eu vi que a cabeça descaída indicava que estava morto.

O aneurisma não rebentou. Mas este homem do campo que, em toda a sua vida, tinha privado com a natureza – a poda das videiras no frígido Inverno, as sementeiras de Março, quando a terra parecia pedi-las, as colheitas do centeio, as vindimas e a festa da criação do vinho – este homem do campo quis despedir-se dessa natureza com a contemplação, amorosa e em silêncio, das poucas árvores da cerca do Hospital que podiam ser vistas da janela da Enfermaria.

Maria C. também se ia despedir. Do mar.

Morreu, serena, ao fim do dia em que os seus olhos, mais do que contemplarem, na auto-consciência, o mar, puderam vê-lo, uma última vez, em toda a sua grandiosidade natural.

"O mar, principalmente o mar, a metafísica do mar,
o seu embalo místico, na minha alma mística a uma hora mística,
talvez de noite, sem espasmos de lua para transfigurar-te,
ó meu simples desejo de mar!,
talvez de manhãzinha, brisa suave no espelho d' água,
primeiro barco, e qualquer coisa íntima se entreabre,
talvez na tarde morna, insípida, secular..."

Assim falou do mar a poetisa esquecida Maria da Encarnação Baptista numa obra única e solitária a que chamou "Hora Entendida".

É, de facto, no entendimento da Hora, na vivência do tempo pessoal, que se absorve um sentido para a vida que cumpre e esgota o seu tempo.

Diga-me, quanto tempo me falta para morrer?

Faltava-te um ano, 365 dias; sei-o, agora, Maria C..

Mas quando escrevi a certidão do teu óbito, blasfemo e obscuro papel, no qual se pretende encerrar uma biografia, em vez de sarcoma de Ewing e anemia arregenerativa eu quereria ter escrito, como causa de morte, assim:

Morreu porque, tendo consumido o seu tempo pessoal de viver por meio de um corpo orgânico, frágil e perecível, que regressou ao mundo natural, passou para uma outra existência, sem tempo cronológico nem espaço físico, onde as auto-consciências individuais se fundem na auto-consciência universal da qual tudo provém e à qual tudo retorna.

Para muitos de nós, será regressar a Deus. Mas Deus não pode ser nomeado por esta palavra que parece designar uma certa pessoa, à imagem das pessoas que conhecemos à nossa volta.

Sabemos, porém, desde Moisés, que a palavra Iavé designa uma qualidade, não uma pessoa. Para muitos Hebreus que testemunharam a vida e as palavras de um dos seus, que se apresentou como o meio de Iavé se tornar compreensível para a inteligência humana, Yeshua (Jesus na nossa grafia) encerrou a promessa de Iavé. Ao princípio Iavé era apenas a Palavra, o Verbo; com Yeshua passou a ser, também, o acto.

Cada um dos nossos corpos é, igualmente, acto.

Se honrarmos a promessa de amar os outros como a nós mesmos, passaremos de facto a ser Palavra. Eis porque Bento XVI afirmou, recentemente, que no amor pelo outro está a essência de Deus e a possibilidade de O conhecermos nesta forma de vida intra-mundana.

Com a Unidade de Dor, cujo 14º Aniversário hoje se comemora, o Dr. Lourenço Marques deu provas do amor pelo outro que sofre.

E, ainda que não invoque nenhuma motivação transcendental, ao aliviar a dor do seu irmão sofredor, do seu igual que precisa de ajuda, o Dr. Lourenço Marques entrou, em pleno, no mistério da relação humana de cuidado pelo outro que nenhuma neuro-ciência sabe explicar e só tem sentido no âmbito de uma visão transcendental da vida humana.

O crescimento da Unidade de Dor até um Serviço de Cuidado Paliativo foi uma evolução natural; porque fazer o bem tem de ter um bom suporte estrutural.

Mas que não se olvide que o essencial não é a tecnologia mas o exercício de uma actividade misteriosa: o mistério de um ser humano que acolhe, no seu afecto, comovido até às entranhas, outro ser humano que sofre e carece de ajuda.

Como lembra Délio Borges de Menezes na sua tese de Mestrado sobre a Parábola do Bom Samaritano, não foram os profissionais, como o Sacerdote ou o Levita, quem usou de compaixão e cuidado com o desvalido, atacado e roubado pelos salteadores e caído semi-morto na beira da estrada; mas sim o estrangeiro, o samaritano.

No cuidado paliativo são os profissionais que, como bons samaritanos, se debruçam sobre o outro, desvalido e sofredor, lhe cuidam as feridas com o bálsamo do amor e os assistem numa estalagem com boas condições de acolhimento e permanência.

No cuidado paliativo ninguém perguntará, como Maria C. "quanto tempo me falta para morrer"? Mas dirá com perfeita consciência:

Como é bom viver todo este tempo que me é dado, até morrer.

SOBRE A MORTE E O MORRER[1]

J. Lobo Antunes
Professor da Faculdade de Medicina da Universidade de Lisboa

Pediu-me o meu querido amigo Walter Osswald que vos falasse da morte e do morrer. Dada a natureza deste ciclo e a santidade do local é evidente que se espera que o tema seja tratado na perspectiva da bioética. A tentação natural seria de mais uma vez apoiar-me nos princípios que são as trave-mestras (embora por vezes mais usadas como muletas...) da bioética contemporânea, e ajustar, num figurino ortodoxo, o que tem sido a minha experiência de médico, e médico de uma especialidade que trata, como eu gosto de dizer, da porção mais séria do viver.

Afirmei há tempos, e não tenho razão para o ocultar, que quando ouço falar sobre este tema os eticistas tranquilos, que parecem fazer ouvidos moucos à realidade do sofrimento no caminho que se percorre no processo de morrer, me convenço de que nunca conheceram as minhas mortes. Dissertava então sobre viver e morrer com dignidade, e o ensaio que escrevi servir-me-á em parte de sustento para a palestra de hoje.

O que ao tempo me aperreava, e não me libertou deste então, é a inabilidade de exprimir fielmente por palavras a inquietação metafísica e a perplexidade, que me atrevo a chamar de metaética, que me têm acompa-

---

[1] Conferência proferida em 9 de Outubro de 2004 no âmbito do Curso de Mestrado em Bioética organizado pelo Instituto de Bioética da Universidade Católica. Numa versão ligeiramente diferente, este texto foi publicado com o título "Sobre as minhas mortes no livro "Sobre a Mão e outros Ensaios", Gradiva, 2005

nhado ao longo de várias décadas de convívio com a morte, e ao dizer convívio com a morte é exactamente isto que pretendo significar. E este convívio foi e será sempre tormentoso. Durante os anos que trabalhei em Nova Iorque a minha secretária, Mrs Rollnick, tinha o hábito irritante de recortar do New York Times as notícias dos óbitos dos doentes que eu tratara, e colocá-las em cima da minha mesa. Hoje, sinto falta dessa necrologia privada.

Ao longo dos anos tantas vezes eu percebi como a morte me espreitava, como parecia armar ratoeiras mostrando-me o caminho mais fácil, ou assoprando-me ao ouvido que já não era possível a vitória, que deveria vergar-me ao seu jugo, submeter-me à sua vaidade. Na "Guerra e Paz", o Príncipe André, jazendo ferido no campo de batalha de Austerlitz, contemplando o céu "alto" – e Tolstoi chama-lhe assim – olhando Napoleão nos olhos sonhava "sobre a vaidade da grandeza, sobre a vaidade da vida de que ninguém conseguia entender o sentido, e a vaidade ainda maior da morte, cujo sentido ninguém entre os vivos podia igualmente penetrar ou explicar".

Já antes John Donne, poeta inglês do século XVI, dedicara um poema admirável a esta vaidade, só vencedora na aparência:

"Death be not proud, thou some have called thee	Morte não te orgulhes, porque embora te tenham chamado
Mighty and dreadful, for, thou art not so,	Poderosa e terrível, não o és
For, those, whom thou think'st, thou dost overthrow	Por aqueles que pensastes ter aniquilado
Did not, poore death, not yet canst thou kill me;	Não morrem, pobre morte, nem tão pouco me poderás matar
....	....
One short sleep past, we wake eternally,	Um sono breve, e acordamos para a eternidade
And death shall be no more, death thou shalt die	E a morte não existe mais, a morte já morreu

O que tenho para oferecer é pois, em grande medida, a história deste convívio. E é precisamente por uma história que, após esta introdução, algo longa, irei começar.

Esta aconteceu há alguns meses. Tinha acabado de passar a visita clínica na Enfermaria com os alunos do 6.º ano de Medicina que faziam um estágio em Neurocirurgia. Sentámo-nos na Biblioteca e reparei que faltava uma das alunas mais cumpridoras. Explicaram-me que ficara na Enfermaria a concluir uma tarefa qualquer. Passado pouco surgiu esbaforida anunciando – "Eu acho que a doente da cama 8 morreu!" Perguntei-lhe: "Acha?

Então não sabe se ela morreu?" Ela respondeu: – "Não sei, eu nunca vi ninguém morto!"

Afinal não lhe tinham ensinado a morte ou, pelo menos, aquilo que no acto médico é formalmente e, insisto, apenas formalmente, o derradeiro passo ou seja o seu diagnóstico. Era quase médica e nunca vira ninguém morto! Fui com ela verificar o óbito, e o verbo denuncia bem o sentido do acto e a exigência de certeza a que obriga, demonstrando-lhe uma semiologia nova, a da pesquisa de sinais ausentes. Reparem que de todos os diagnósticos este é o único que gera uma certidão.

O que é mais significativo e nos deve fazer reflectir, é que de facto aquela ignorância da morte é no fundo reflexo da enorme dificuldade que ainda hoje temos em lidar com ela. Aos nossos alunos limitamo-nos a ensinar a medicina triunfal, a medicina do progresso científico e tecnológico, em que a morte surge quase, como disse alguém, como uma opção.

Muito se faz para afastar a discussão da morte, e propõem-se até tecnologias para congelar cadáveres, na esperança que um dia a ciência permita que se degelem em vida. De facto, não conseguimos eliminar o receio da morte, esta partida para o desconhecido, um destino sem retorno e sem endereço nas palavras de Lévinas. Há na morte um carácter absoluto, que Heidegger explica no seu "Sein und Zeit" como a certeza por excelência, como possibilidade certa, limitada ao sentido da aniquilação, algo que repugna cada vez mais à medicina e à sociedade do nosso tempo.

Curiosamente, também os médicos não se preocupam a ensinar a morte porque raramente o medo da morte é expresso pelos doentes. Na minha experiência, é excepcional que o medo da morte seja referido pelo doente em situação de morte iminente ou previsível, mas ele esconde-se frequentemente sob o véu do receio de não acordar da anestesia. Por outro lado habituámo-nos a ensinar aos alunos relatos de experiência, e é impossível reduzir a morte a uma experiência.

Voltando à minha aluna. Eu percebi-lhe a inquietação por me recordar que o diagnóstico da morte era, no tempo do meu noviciado médico, o que mais me assustava pelo seu redutor absolutismo. Compreensivelmente este diagnóstico sempre inquietou os vivos. Na época vitoriana alguns fizeram fortuna a fabricar sofisticados caixões com tubos de ventilação e até telefones, caso o "defunto" tivesse sido extemporaneamente sepultado e estivesse simplesmente a dormir. Um homem ilustre que tratei exigiu um electrocardiograma para a verificação da sua passagem, e uma das histórias que conto com mais gosto, é a de um ilustre professor de Cirurgia, tão hábil clínico como astuto comerciante, que foi chamado a satisfazer o desejo da falecida de lhe laquear as carótidas, vontade que comentou assim: – "Logo o que ela se foi lembrar, uma operação tão cara..."

***

Não posso esquecer a minha primeira morte. Era uma rapariga muito jovem que uma leucemia aguda fazia esvair-se em sangue. A minha aflição crescia pela desoladora futilidade das nossas terapêuticas, e naquele momento eu temera acima de tudo a inexperiência dos sentidos que usamos para a pesquisa dos sinais de vida. Afinal toda a semiologia da morte fora aprendida no cinema, incluindo o espelho que, parado o fole, já não se embacia.

Já era então claro para mim, que havia uma distinção afectiva essencial entre o cadáver anónimo que me ajudara a aprender o ofício e o corpo de alguém que conhecera com vida, embora ambos merecessem o mesmo respeito e inspirassem aquele sentimento inefável que Camus descreveu como a ternura egoísta do homem para com o homem.

Cada vez mais parece ignorar-se algo que para mim é fundamental na educação do jovem médico: a importância formativa do cadáver. Há quem acredite que as novas tecnologias de imagem e o mundo virtual que constroem tornaram supérflua a mesa anatómica, assim como os modelos de borracha substituiram a interrogação táctil da carne viva, acto em que se exprime com a mais directa simplicidade a humanidade do médico. É uma das mais absurdas tendências da moderna pedagogia médica.

Quando estudei Anatomia, já lá vão mais de 40 anos, o teatro anatómico era isso mesmo, um teatro. Isto está bem ilustrado numa das mais famosas telas de Rembrandt, a "Lição de Anatomia do Dr. Tulp" (Dr. Túlipa, assim chamado por ter esta flor no seu brazão). Para nós este primeiro encontro era também o teste decisivo das qualidades de sangue frio – ou imperturbabilidade, termo favorito de Sir William Osler – que considerávamos indispensáveis à prática plena da profissão. Não terei apreciado então, talvez pela leveza dos anos, que aquele era o corpo de alguém que um dia vivera, nem tão pouco me afligiam devaneios filosóficos sobre a fragilidade da espécie, ou a perigosidade da vida. Não havia ali um "memento mori". Mas aquelas aulas foram fonte do primeiro encantamento intelectual, ao revelarem como se articulavam as partes da maravilhosa fábrica humana de que falava Vesálio. A mesa anatómica tinha ainda a virtude de demonstrar a veracidade dos textos por que estudávamos e assim enraizar a fé, que o tempo iria abalar, no que se lia nos livros. Não posso por isso esquecer que comecei a aprender medicina com a morte.

Dois anos depois, na cadeira de Anatomia Patológica, encontrávamos a autópsia diagnóstica, a afirmação resoluta do positivismo médico. Aí, para gáudio dos patologistas se desmontava também a insuportável suficiência dos clínicos. "Ubi est morbus?" ("Onde está a doença?") perguntava Morgnagni, fundador da patologia. Aí se desvendava, assim nos demonstravam, a última verdade. Recordo um famoso patologista de Nova Iorque chamar um dos meus mestres neurocirurgiões e dizer-lhe com mórbida ironia para não estar desconsolado, porque nem ele conseguira extrair o tumor na autópsia.

Hoje a autópsia é cada vez mais rara por razões diversas, desde a convicção que as novas técnicas de diagnóstico revelam com precisão as causas da doença – o que é uma injustificada presunção –, ao receio que destape os erros da prática clínica, risco que muitos evitam correr, num tempo terrível de conflitualidade e suspeição. Mas a autópsia era muitas vezes um acto indispensável para encerrar a ogiva do diagnóstico, e satisfazia plenamente a mais fecunda pulsão da ciência: a curiosidade. Por isso se lia nas paredes dos teatros anatómicos de outrora – "Hic est locus ubi mors gaudet succurso vitae" ("este é o lugar em que a morte se orgulha de socorrer a vida").

Mas era na Medicina Legal que a morte, pela primeira vez, nos revelava a sua violenta e tantas vezes cruel humanidade, porque cada um daqueles mortos contava uma história trágica. Muitas vezes, deitados no mármore, com uma corda grossa ao pescoço ou a cabeça quase decepada pelo rodado de um comboio, eu perguntava-me porquê tanto desespero, e meditava na incurável doença da solidão. "As sickness is the greatest misery, so the greatest misery of sickness is solitude", escreveu o mesmo John Donne no capítulo 5 de "Devotions upon Emergent Occasions".

E a propósito conto uma segunda história. Esta é a história de um homem que me consultou por uma dor lombar, que os estudos de imagem revelaram ser causada por um tumor benigno, facilmente extirpável. Isto mesmo lhe expliquei, optimista, e ele parecia captar a minha convicção de que tudo iria correr sem problemas, e falou-me animado da vindima que se aproximava. Na véspera da operação procurou-me uma irmã do doente que me informou que ele se atirara para debaixo do comboio, e confirmava a informação com um breve recorte de jornal, daqueles que dizem secamente que "um indivíduo do sexo masculino, aparentando cinquenta anos, fora colhido perto da estação de ...," etc. Os dois filhos entraram depois de alma vazia, inconsoláveis, naquela inexplicável orfandade, inquirindo apenas o que dissera eu ao pai, talvez suspeitando que eu de algum modo contribuíra pela palavra para tal desenlace (no final fora o verbo...). Disse-lhes o que se passara e da confiança que tentara transmitir, e eles não pareceram enjeitar a informação. Acreditaram e ficaram ligados a mim, voltando mais tarde a pedir nova ajuda.

***

Se tivesse de recomendar dois livros sobre o tema desta reflexão, um seria certamente o de Sherwin Nuland, cirurgião e notável humanista, que se chama "How we die". Isto intrigara já, séculos antes, Montaigne que no seu famoso ensaio "Que philosopher c'est apprendre à mourir" se interroga retoricamente: "Combien a la mort de façons de surprise?". E conta a história de um jovem e promissor capitão que, enquanto se divertia jogando o jogo da pela, recebera uma bolada na têmpora "sans aucune apparance de contusion, ni de blessure. Il ne s'est assis, ni reposa, mais cinq ou six heures après il mourut d'une apoplexie que ce coup lui causa". Esta é certamente a primeira descrição de um hematoma epidural. O que Montaigne pretendia sublinhar é precisamente a brutalidade desta morte, a morte sem despedida.

Meu Pai morreu há poucos meses (e o simbolismo não me escapa), no feriado que se consagrou "como o dia da raça". Uma semana antes recolheu à cama em que creio se conceberam pelo menos cinco dos seis filhos. Os quatro filhos mais velhos sentaram-se então em seu redor e o primogénito perguntou-lhe o que gostaria de deixar como herança aos seus filhos (para além dos seis pacotes de papeis marcados com o nome de cada um). Ele respondeu serenamente: "– A paixão pelo belo!" Admirável e consoladora despedida.

A minha especialidade é de certo daquelas em que esta morte de surpresa mais frequentemente ocorre. Esta é a morte que não autorizámos, a morte à traição. Aqui só há morte, não há morrer, por isso o luto é sempre um soluço incompleto, e a consolação frouxa. Eu recordo uma rapariga, que veio de longe para os meus cuidados, que fez uma paragem respiratória irreversível três horas antes de entrar para a sala de operações para ser operada a um tumor benigno. Desde então passei a operar estes doentes no próprio dia do diagnóstico.

Tal como na novela de Gabriel Garcia Marquez muitas mortes são anunciadas, porque a biologia vai ditando o implacável declive. Ninguém descreveu isto melhor que Tolstoi na sua obra-prima "A morte de Ivan Illitch". Aqui se trata realmente do morrer e esta é a província da medicina paliativa, que eu gosto de chamar de medicina do crepúsculo porque cuida daqueles em que a luz da vida se vai apagando. Goethe no derradeiro momento terá exclamado "Mehr licht"! – "Mais luz!".

Disto falei já um pouco num ensaio a que chamei o *Dever esquecido*. Retomo aqui algumas das ideias principais. É evidente que o primeiro cuidado é o do sofrimento físico extensamente analisado nos manuais sobre a matéria, artificialmente decomposto em mil diabinhos torturantes como num quadro de Bosch. Igual, se não mais importante, é o tratamento do sofrimento psicológico e do padecer existencial. O primeiro nasce da solidão, do sentido de perda, depressão, ansiedade, incerteza. O outro, subtilmente desenhado por Tolstoi, prende-se à noção própria da dignidade e à perda de autonomia e é um valor de certo modo condicionado socialmente. Conforme já escrevi, se esta medicina do morrer parece negar, na sua essência, o sentido positivo do tratar, e pode ser sentida como o reconhecimento cabisbaixo do triunfo do inimigo, ela é também a medicina da última verdade, do conforto do espírito, do alívio prudente do sofrimento, do encontro com o outro, do esforço comunal, da preservação tenaz da dignidade.

A literatura especializada tende a tratar o processo de morrer usando sobretudo o paradigma oncológico, e assume ser a morte um processo susceptível de ser medicamente controlado e sublimado e, num exercício hagiográfico para mim quase irreal, celebra sistematicamente a morte serena, resignada e criativa. Em muitos anos de vida clínica esta é decerto não a regra, mas a excepção. Até a grande inovadora no tratamento dos doentes terminais, "Dame" Cicely Saunders, reconhecia que "a good deal of suffering has to be lived through".

Elizabeth Kübler-Ross num livro admirável, "On Death and Dying", – o segundo livro que recomendaria –, embora socorrendo-se fundamentalmente do paradigma oncológico – e é preciso eliminar a noção que o diagnóstico de cancro é sinónimo de morte inevitável – considera cinco estados sucessivos, e embora nem sempre eles se alinhem na sequência descrita.

A primeira fase é da negação e isolamento. É uma fase temporária que leva a questionar o diagnóstico e o prognóstico, e procurar outros médicos e terapêuticas menos ortodoxas, que podem até comprometer o êxito de um tratamento adequado. A segunda é a da zanga, da raiva, da fúria, e a culpa é uma descarga de metralha disparada em todas as direcções, sem alvo, nem regra. Isto sucede particularmente naqueles doentes habituados a exercer o poder e a controlar o destino próprio e alheio, agora perplexos na sua impotência. A terceira é mais discreta e menos conhecida. É de negociação com Deus ou com os vagos poderes da mãe natureza, que eles pensam que talvez se ocultem neles próprios, no âmago de um corpo doente, e representa uma espécie de regressão à infância, esperando que o bom comportamento seja recompensado com mais algum tempo de vida ou menos sofrimento. A quarta é a depressão e do sentido de perda. Kübler-Ross distingue a depressão reactiva e a depressão preparatória da partida, da separação da terra e dos bens, e do sentimento que não se cumpriu a promessa, que a semente afinal caíra na pedra ou fora abafada pelo tojo. Mais uma vez, isto é magistralmente ilustrado na "Morte de Ivan Illitch". Finalmente a quinta é a da aceitação, e não se deve confundir com a serenidade de quem se prepara para uma felicidade divina, embora isso possa ocasionalmente suceder. É, nas palavras da autora, um estado vazio de sentimentos, uma espécie de "repouso final antes da longa jornada", e é aquela em que a família mais precisa de ajuda, por lhes ser difícil aceitar aquela desistência e o mudo implorar de silêncio e de tranquilidade.

Entre os papéis que meu Pai deixou, encontrava-se a cópia de uma carta de António Flores, neurologista de excepção e colaborador de Egas Moniz, para Miller Guerra, seu discípulo. Flores sofria de um cancro de laringe que o veio a matar. Publico-a porque é testemunho exemplar de uma extraordinária fortaleza espiritual e despojada eloquência.

CARTA

Heidelberg, 16 de Abril de 1956

Meu caro Miller Guerra

Àqueles poucos amigos que têm especial lugar na minha afeição eu desejaria escrever simultaneamente de maneira a não parecer que estabeleço diferença entre eles. Seria preciso para isso escrever algumas cartas de seguida. Ora, quando uma pessoa passa da desconfiança para a certeza de que as pioras da sua voz representam uma reactivação da lesão primitiva, subjugada, mas não jugulada pelos raios X, e da ideia de uma excrescência no pescoço explicável por hipóteses vagamente benignas para o nome claro e inexorável de "metástase" de lesão primitiva da laringe, há, como em todo o acto fisiológico, um tempo de adaptação, mesmo quando os mecanismos estão preparados para tudo. E durante ele o espírito divaga, a acção demora e a correspondência atrasa-se. Depois tudo assenta e nos indivíduos da minha constituição psíquica segue-se uma tranquilidade bem aventurada que se traduz mesmo em reacções nervosas inesperadas, se bem que salutares. Imagine que deixei de ter azia que era fatal 2-3 horas depois das refeições; a relativa insónia dos últimos tempos que me fazia acordar ao fim de 4 $^1/_2$ horas de sono para dificilmente recomeçar, trazendo-me mal estar da cabeça e má capacidade intelectual, transformou-se num sono interminável que vai das 9 horas da noite (!) até às 6 da manhã, com um curto intervalo de meia hora aí pelas 3 da madrugada, e encaro praticamente os meus problemas como se fossem do meu vizinho do lado...

Tudo isto devo à franqueza leal, dispensada todavia com a mais humana doçura de palavras e entoações do Prof. Seiffort a quem agradeci dizendo-lhe que o considerava um grande amigo. Estes alemães tem debaixo da rudez aparente uma alma sensível e Seiffort, como ser um grande médico, é notável violoncelista, fóra humanista.

Tenho-me gasto nos páramos da psicologia, aliás na moda; quer dizer por revivescência daquilo que a medicina nunca pode deixar de ser. E passemos ao prático. O Prof. Becker, uma simpatia, como dizem as senhoras bem, aconselhou-me radioterapia vulgar, como no ano passado em movimento de ampola, à laringe e bombardeamento de electrões (não sei se traduz bem em português – Elektronenschleuder) na região ocupada pelo tumor do pescoço, para acção profilática.

O que pode tudo isto durar como efeito útil até uma possível e provável reprodução é segredo do Destino. Todavia com 73 anos o destino é sempre claro e certo. Portanto, "patientons"! pedindo ao mesmo Destino que nos poupe sofrimento. Do coração desejo a perfeita cura. Peço recomendações à sua mulher e já tenho saudades de o ver. Até lá um grande abraço amigo do seu dedicado

António Flores

P.S. Para minha mulher, se lhe falar, peço o favor de todos os optimismos.

Nada me opõe ao paradigma oncológico mas, infelizmente, muitos dos doentes que eu trato ou emudecem brutalmente, ou vão perdendo a pouco e pouco a capacidade de falar, de exprimir emoções, de decidir ou indicar preferências. Vão, enfim, deixando pelo caminho pedaços da sua humanidade. Quais serão as últimas palavras de quem já não pode falar?

Estou certo que me escaparam muitos mais modos de morrer. Há um no entanto a que gostaria ainda de aludir, aquele que os familiares explicam simplesmente como "morrer de velho" e as notícias de jornal chamam de "morte natural". O termo é, repare-se, de admirável simplicidade pois denuncia que a vida terá vencido as atribulações da doença e se viveu em paz com a natureza que, finalmente, nos pega na mão e nos leva de cena, numa saída discreta. Eu escrevi assim sobre o meu mestre Juvenal Esteves: "Juvenal apagou-se, sem drama e sem pressa, como o sol que a pouco e pouco vai declinando até finalmente desaparecer na linha do horizonte. Juvenal morreu, simplesmente, de ter vivido." Aqui a natureza pede ao médico que a acompanhe, mas não estorve.

É interessante que, como disse, o muito que se tem escrito sobre cuidados paliativos diz respeito fundamentalmente ao padecimento oncológico. O morrer de um velho pouco é tratado, embora exija uma sensibilidade especial para lidar com as mais vulneráveis fragilidades. Há uma espécie de retrocesso ao tempo da infância e os cuidados são até curiosamente semelhantes. Como disse alguém, a velhice é como aprender uma nova profissão, e a minha profissão ainda não o percebeu...

***

Deixem agora o cirurgião falar um pouco das suas mortes. As que mais nos perturbam são, evidentemente, as mortes de que nos sentimos agentes quer por omissão, porque falhámos no acto do diagnóstico ou não fomos lestos no tratamento, e escapou o tempo justo, o "kairos" hipocrático, quer por acção, ou seja, aquelas que decorrem da nossa intervenção directa, que surgem na sequência de um acto cirúrgico. Algumas vezes somos ungidos pelo bálsamo da boa consciência, como sucede em certas cirurgias de urgência, feitas para salvar uma vida, uma cirurgia brava, de adrenalina nas veias, por vezes em resposta à solicitação ambígua que se "faça tudo". Esta ambiguidade é, ela própria, causadora de uma desconfortável inquietação, pela necessidade de determinar até onde ir, porque aqui a fronteira entre vida e morte não tem guarda.

Um dos casos mais dramáticos da minha vida de médico, a que tenho aludido episodicamente, foi o do ciclista Joaquim Agostinho. A história da queda e do transporte de longe é bem conhecida. Quando o encontrei, no serviço de urgência, em coma profundo, ainda com o seu equipamento de ciclista, eu temi que ele não sobrevivesse. Levei-o para a sala de operações sem perder tempo, sem quaisquer exames auxiliares excepto uma radiografia do crânio, e sem anestesista disponível – era feriado nesse dia – na convicção correcta de que tinha o tal hematoma que Montaigne descreveu sem saber. Quando acabei a intervenção ainda pensei que havia uma possibilidade de cura, inspirado, imagine-se, pelo facto da chuva ter parado e no céu se desenhar um arco-íris perfeito! A vida de um clínico é por vezes iluminada por um clarão de esplendorosa irracionalidade. É claro que não havia esperança, mas o treinador que acompanhara Agostinho em toda sua carreira, um homem simples mas sábio, avisou-me que o país ainda não estava preparado para anúncio tão triste. E assim as notícias foram saindo num crescendo de gravidade e num diminuendo de esperança.

Os cirurgiões usam uma expressão muito própria quando morre um doente que operaram. Dizem: "Perdi um doente". Já ouvi os puritanos da ética, os que condenam o paternalismo como execrável pecado, pregar contra esta expressão. Para mim ela representa, pelo contrário, a essência da acção pastoral do médico, algo que me toca como me toca a imagem mais terna do Evangelho, a imagem do bom pastor.

Por vezes a morte ocorre na sequência de um erro claramente identificável, daqueles que os teóricos do erro chamam da "linha da frente". O nosso sentimento em relação a estas mortes vai-se matizando com o tempo. Quando se é novato, mistura-se ao humilhante sentimento de derrota pessoal, a ténue sensação redentora que iremos apurar a técnica, que a experiência assim colhida irá servir a outros, que não mais cometeremos falta semelhante.

Quando se atinge a maturidade, a experiência vai gerando em nós a convicção de que as coisas de um modo geral correm bem, e que mesmo quando não estão a correr bem, acabam bem. Ao mesmo tempo, a reputação que vamos construindo cria da parte dos doentes e das famílias a expectativa do sucesso inevitável. De mim não se espera menos que a cura, e este é um fardo que por vezes bem gostaria de alijar, pois não têm conta os baldes de humildade sobre mim derramados em mais de três décadas de ofício.

Porque a vida de médico se faz sempre de histórias, deixem-me contar uma das mais dolorosas da minha vida de médico. Há um certo tipo de tumores benignos em que tenho ganho uma experiência considerável. Quando fui procurado por um homem com um desses tumores, já idoso, mas muito activo e intelectualmente vivíssimo, expliquei-lhe os riscos da intervenção e disse-lhe que a minha mortalidade ao fim de muitas dezenas de casos era zero. Ele era casado com uma senhora distinta, de grande doçura, e não tinham filhos. A intervenção decorreu sem problemas, mas poucas horas depois fui chamado porque o doente entrara subitamente em coma que apurou-se ser devido a uma hemorragia brutal, sem solução. Fui até ao quarto e acordei a mulher do doente para lhe anunciar, com as palavras mais suaves que encontrei, que a esperança estava perdida. Ela olhava-me incrédula, sem conseguir absorver a brutalidade daquela informação. Fiquei depois largos minutos abraçando aquela criatura tão frágil, no silêncio transignificativo de que falava Lain-Entralgo, porque ainda se não inventaram as palavras para mobilar estes silêncios. A minha intervenção fizera afinal duas vítimas. Não importava reiterar que tudo correra bem, que tal nunca me acontecera antes. O seu olhar parecia dizer simplesmente "Porque nos fez isto?"

O que igualmente me perturba em mortes como esta, mortes que não conseguimos rebobinar em vida, é não lhes perceber a causa. É comum desdobrarmo-nos em explicações técnicas, inventar mecanismos, culpar uma anatomia traiçoeira, mas a verdade é que muitas destas mortes permanecem inexplicáveis, misteriosas. Em tais mortes não há sequer um consolo "heurístico", para usar um termo sério, nem tão pouco autorizam o nosso próprio luto. Mas quando percebemos que fomos directamente os culpados, a expiação é a mais dolorosa, e faz-nos virar a alma do avesso e, nesse avesso, o nosso próprio dedo aponta-nos a culpa.

***

Deixem-me retomar um tópico que já tratei no passado. À medida que ia alinhando estas ideias fui realizando que para além da palavra morte, uma outra saltava como contraponto impertinente neste cenário um pouco sombrio que fui esboçando: é a palavra esperança. A dignidade do homem projecta-se no porvir e é por isso alimentada por esse sentimento inefável que os doutores da Igreja elevaram à categoria de virtude teologal.

Sempre gostei de pensar a doença como uma viagem, por vezes longa, atribulada e imprevisível na sua rota, mas sempre assoprada pela esperança. O papel do médico é fazer o que a deusa (Atena) fez a Ulisses ou seja assegurar que quem cuidamos chegue a casa são e salvo. A morte é o naufrágio que – assim nos educam e assim cremos desde o princípio da nossa vida de médicos – representa a derrota que nos custa, por vezes cegos de orgulho, a aceitar. Tantas vezes me vem à cabeça uma das lendas da nossa história que mais me impressionou quando esta nos era ensinada como uma gesta gloriosa com um pequeno punhado de percalços. Refiro-me ao episódio de Duarte de Almeida na batalha de Toro, o bravo porta estandarte que, decepados ambos os braços, segurou a bandeira com a boca até à cutilada final.

E a esperança não é uma virtuosa pulsão apenas do doente que cuidamos; é, muitas vezes, um sentimento colectivo e solidário, uma espécie de incenso que perfuma as situações mais insólitas. Se a esperança é de facto a última a morrer, não podemos aceitar que seja assassinada pelo médico. Recordo aqui um tio que me era particularmente querido, que acompanhei a fazer uma radiografia ao tórax por uma tosse e uma dor persistentes. A imagem revelou uma neoplasia do pulmão inoperável. Ele olhou para mim e perguntou-me gelado: "– Estou condenado, não estou?" Eu respondi-lhe, porque não fui capaz de me esquivar: "– Provavelmente está, mas vamos dar luta!..."

Noto que o modo como se cuida da esperança é uma das tarefas mais sensíveis no tempo de morrer, um equilíbrio de acrobata entre a verdade e mentira, por vezes piedosa, por vezes cobarde. É bom recordar que a medicina ou, se quiserem, o cuidar de alguém, exige além de saber e sensibilidade, uma virtude surpreendentemente esquecida que é a coragem moral.

***

Ao longo desta reflexão fui aflorando, aqui e ali, um outro aspecto que ainda se trata com a reserva dos tabús, talvez por se entender, erradamente a meu ver, que a profissão de médico se deve cingir a um exercício laico de competências, polarizando o confronto entre o que é objectivo em ciência e o que é irracional na fé. Não é no entanto possível tratar seriamente da morte e do morrer sem dizer uma palavra sobre os valores da espiritualidade e da fé, entendida a primeira como o sentido transcendente da vida, e a segunda como a crença que se exprime na adesão à prática de uma religião organizada.

A reserva de tratar estas matérias nasce de um prurido atávico em discutir as coisas da alma e um secularismo impenitente, porque o paradigma reinante da medicina é o de uma biologia aplicada com uma visão redutora e mecanicista, e até a própria bioética se apresenta em regra com uma roupagem claramente secular.

A questão é muito diversa, por exemplo, nos Estados Unidos em que 80% dos cidadãos crêem no poder da religião, 77% dos doentes hospitalizados desejam que os médicos abordem este tema e, pelo menos 48%, que com eles rezem. A verdade é que um número crescente de escolas médicas americanas tem aulas sobre espiritualidade, embora haja quem tema que tratar com leviandade o problema do efeito terapêutico da oração faça correr o risco de trivializar a religião, e restringi-la a uma dimensão psicossocial, tornando-a simplesmente uma outra prática cultural.

Não me irei alongar neste tópico mas gostaria de sublinhar que é no final de vida que muitas vezes se levantam as interrogações mais sérias, as angustias mais delaceráveis, um clamor de Job: Porquê a mim? Porquê agora? Qual foi o sentido da minha vida? Qual será a minha herança? Não raramente a doença pode ser sentida como a punição de Deus. Contei num ensaio que dá título a um dos meus livros, a história de um padre que morreu de SIDA e cujos cuidados eu ajudei a preparar. Na doença, a sua humildade, resignação e, suponho, fé, ajudaram-no a suportar o fogo de um martírio que ele acreditava ter acendido, e morreu em paz.

Mas a fé pode de algum modo condicionar a acção de quem cuida de doentes graves ou terminais, particularmente oncológicos. Assim, o doente ou a família podem insistir em tratamentos fúteis na esperança de um milagre, quando na realidade o teste da fé não é insistir no milagre, mas colocar a vida das pessoas nas mãos de Deus como um acto de crença. Repare-se que mesmo o mais culto ou o mais agnóstico dos doentes, no fundo acredita na possibilidade do milagre, se não pela intercessão divina, pelo menos pela mão mágica da natureza, ou pelo recurso absurdo, irracional, inconsistente, a medicinas alternativas, o que deve ser sempre interpretado como um sinal de sofrimento e como apelo mudo a um socorro qualquer. Outra atitude é a de que é necessário preservar a vida a todo o custo, porque a vida é uma dádiva de Deus. Finalmente, o considerar o sofrimento como valor redentor é, para mim, difícil de aceitar pois quando não há esperança de cura a extensão do sofrimento perde qualquer sentido e pode transformar-se numa ofensa gratuita à dignidade do outro. A libertação do sofrimento é fonte inesgotável de argumentação ética e a ela se ligam dilemas dilacerantes, como a questão da eutanásia ou suicídio assistido, matéria que deixo fora do âmbito desta reflexão.

Em qualquer dos casos, o exercício da espiritualidade nestas circunstâncias exige uma grande fortaleza de ânimo, além daquilo que alguém chamou de fidelidade criativa. A doença é sempre um acontecimento espiritual que agarra o homem pelo corpo e pela alma e a ambos afecta.

***

Já me alonguei demasiado. Muito mais do que quereria dizer está expresso em vários textos que escrevi. Mas não posso concluir sem uma história final. Há alguns anos cuidei de dois homens, dois amigos, "homens homens" como diria o Padre António Vieira, não "homens brutos" ou "homens troncos" ou "homens pedras" para usar a expressão do "Sermão da Sexagésima". Um era escritor consagrado, um homem que bebia a vida com inesgotável sofreguidão, José Cardoso Pires. O outro era um militar duro, culto, inteiro, Ernesto Melo Antunes. O Zé estava confinado a uma cadeira, com uma hemiplegia esquerda mas o bom hemisfério ainda fervilhava de ideias. O outro morria de uma neoplasia do pulmão que o ia destruindo e o tornara um espectro de si.

Numa manhã de sábado, fui buscar o Ernesto e levei-o de surpresa a visitar o Zé. Ernesto vomitava todas as manhãs após uma quimioterapia que era uma espécie de "napalm" farmacológico, e pouco falou durante o encontro. Esta última reunião destes gladiadores de inteligência que a morte iria em breve levar, e as lágrimas que correram dos seus olhos, foi dos momentos mais profundamente humanos da minha vida de médico. A medicina, reconheço agora, é a mais generosa das profissões, pois dá-nos oportunidades únicas de humanidade, de nos encontrarmos face a face e, para os mais fortes, sem pestanejar, com a nudez de destinos que não controlamos, mas que, de alguma forma, partilhamos. E a pouco e pouco, vamos percebendo que afinal a aventura da vida não termina na morte, porque a vida daqueles que cuidamos e desaparecem se prolonga na nossa. Como diz o herói de Tolstoi antes do último suspiro, "Acabou, a morte. Já não existe mais". E só depois morreu.